hänssler

Dr. John Townsend

Vom Umgang mit NERVENSÄGEN

Selbstbewusst Grenzen setzen

Dr. John Townsend ist ein bekannter Vortragsredner, Diplompsychologe, Komoderator des landesweiten Radioprogramms *New Life Live!* und Mitbegründer der Cloud-Townsend-Klinik und des Cloud-Townsend-Hilfsfonds. Er ist erfolgreicher Mitautor mehrerer Bücher, darunter u. a. *Nein sagen ohne Schuldgefühle*.

Hänssler-Paperback
Bestell-Nr. 394.427
ISBN 3-7751-4427-7

Übersetzung: Dr. Friedemann Lux

Internet: www.haenssler.de
E-Mail: info@haenssler.de
Umschlaggestaltung: oha werbeagentur, Oliver Häberlin, CH-9470 Buchs,
www.oha-werbeagentur.ch
Titelbild: IStockPro, Calgary, Kanada
Satz: Vaihinger Satz + Druck, Vaihingen/Enz
Druck und Bindung: Ebner & Spiegel, Ulm
Printed in Germany

ecpa International Member of the
Evangelical Christian
Publishers Association

*Für alle, die in einer schwierigen Beziehung stecken
und sich nach Licht am Ende des Tunnels sehnen.
Möge Gott Sie segnen.*

Inhalt

Danke

Byron Williamson, Leiter von Integrity Publishers: Für deine Vision und Partnerschaft beim Publizieren. Du glaubst an die Macht der Worte und bist ein Pionier darin, Menschen mit Büchern zu erreichen.

Joey Paul, Integrity-Verleger: Für die Aufwertung, die du dem Schreiben und Publizieren gibst. Deine Unterstützung und Erfahrung waren unbezahlbar.

Rob Birkhead, Marketingchef von Integrity: Für deine Kreativität und die Fähigkeit, Ideen sichtbare Gestalt zu geben.

Sealy Yates, meinem Literaturagenten: Dass du in all den Jahren des Bücherschreibens »für mich« warst und ein Pionier darin, den Menschen durch Bücher Gottes Gnade nahe zu bringen.

Jeana Ledbetter, meiner Literaturvertreterin: Für deine frühe Begeisterung für dieses Buch und die nüchterne Geburtshilfe zu seiner Entstehung.

Anita Palmer, meiner Lektorin: Für deine Kompetenz und Sorgfalt beim Umbau von Gedanken in Worte, die das Gemeinte optimal wiedergeben.

Dr. Henry Cloud, meinem Freund und Partner: Für deine Rolle in den Gedanken, die hinter diesem Buch stehen, und deine Jahre des Dienstes für Gott in der Berufung, Menschen zu ihm zu führen.

Kris Bearss, Lektoratsleiter bei Integrity: Für deine Sorgfalt und dein Bemühen, das geschriebene Wort klar und zugänglich für den Leser zu machen.

Maureen Price und die Cloud-Townsend-Mannschaft: Danke an Jodi Coker, Kevin Doherty, Belinda Falk, Kris Patton und Raul Peña für eure Mühe, Hingabe und Werte, die so viel bedeutet haben.

Der Mannschaft der Cloud-Townsend-Klinik: Dr. John Barrett, Dr. Sharon Bultsma, Laura Crutchfield, Dr. Fran Rodenburg, Brett Veltman und Josh Wilson, für eure Kompetenz und euer Herz in eurer Arbeit, den Heilungsbedürftigen Heilung zu bringen.

Steve Arterburn, Mike Marino und dem Team von New Life Ministries: Paul Barnes, Jamie Clark, Jo Crisp, Maureen Fraser, Sue Haffely, Steve Lee, Terry McIntosh, Karen Mendoza, Dianne Nelson, Larry Sonnenburg und Lisy Voyen, für eure Unterstützung und euer Engagement beim Einsatz von Rundfunk und Medien, um Menschen zu helfen.

Mike Coleman, Chef von Integrity Media Inc.: Für dein Engagement beim Aufbau eines Publikationszweiges, der Menschen hilft, in Christus zu wachsen.

Den Teilnehmern von Monday Night Solutions an der Mariners Church, Irvine (Kalifornien): Für euren Wunsch, emotional, geistlich und beziehungsmäßig zu wachsen.

Drs. Bruce Narramore, John Carter und Phil Sutherland: Für eure Hilfe beim Erlernen der Tiefendiagnose der Charaktere.

Den Dozenten des Dallas Theological Seminary: Für die Bereitstellung der Werkzeuge zum Verständnis biblischer Aussagen und Gedanken.

Tom und Martha McCall und Ted Trubenbach: Für eure Jahre der urgesunden persönlichen Unterstützung.

Denis Beausejour: Für deine Rolle in meinem Leben außerhalb der Arbeit.

Dr. Bob Bey, John und Laurie Carpenter, Chuck Fay und Dr. Eric Prouty: Dafür, dass ihr mir geholfen habt, meine rechte Gehirnseite nicht zu vergessen.

Meiner Frau Barbi, und unseren Söhnen, Ricky und Benny: Ihr seid die beste Familie, die ich mir wünschen kann.

Einleitung

Gestatten: Ihr letzter Nerv

Beginnen wir mit einem kleinen Test. Befinden Sie sich in einer Beziehung zu einem Menschen, die Ihnen öfter die folgenden Gefühle in größerer Dosierung beschert?

- Frust?
- Hilflosigkeit?
- Angst?
- Entfremdung und das Gefühl, allein zu sein?
- Sorgen?
- Das Gefühl, es nicht zu packen?
- Das Gefühl, ungeliebt zu sein?
- Schuldgefühle?
- Verwirrung?
- Groll?

Die Liste ist keineswegs vollständig. Aber wenn Sie sich in ihr wiederfinden, kann das ein Indiz dafür sein, dass etwas in dieser Beziehung echte Probleme bereitet – für Sie und vielleicht auch für andere. Es ist gerade so, als ob das Verhalten, die Worte oder die Einstellung dieses Menschen die Macht haben, Ihre Stimmung, Ihre Zufriedenheit, ja Ihre ganze Lebensqualität zu verändern.

Gut, es könnte sein, dass Ihre Reaktionen mehr mit Ihnen selbst als mit Ihrem Beziehungspartner zu tun haben. Das sollten wir immer abklären, zum Beispiel indem wir prüfen, ob andere, seelisch gesunde Menschen ähnliche Reaktionen gegenüber dieser Person haben wie wir, oder indem wir einen Freund um seine Meinung über unseren eigenen Beziehungsstil bitten. Aber wenn die Person, die uns so nervt, tatsächlich Negatives in die Beziehung hineinträgt, dann haben wir es womöglich mit Mr. oder Mrs. Manipulator zu tun. Oder Herrn bzw. Frau Nervensäge.

Ein Manipulator oder eine Nervensäge ist jemand, der in seinen Beziehungen laufend negative Reaktionen verursacht. Dieses Problem hat zwei Seiten: einerseits das unangenehme Verhalten der Nervensäge, andererseits die Ziele, die Sie selbst ihrem Manipulationstalent bieten. Dieses Buch ist so aufgebaut, dass es Ihnen die nötigen Werkzeuge in die Hand gibt, nicht nur Ihre Situation zu verstehen, sondern auch eine Strategie zu entwickeln, die es Ihnen ermöglicht, die schwierige Person zu verändern und auch selbst anders zu werden und zu wachsen. Aber jetzt schauen wir uns zunächst einmal ein paar praktische Beispiele für solch ein nervtötendes Verhalten an.

Ein Abendessen nicht zum Genießen

Eines Abends sagte meine Frau Barbi: »Linda und Jim haben uns zum Abendessen eingeladen. Wie wär's damit?« Ich war ganz Ohr. Ich mochte Linda. Ihren Mann, Jim, kannte ich noch nicht, aber das mit der Einladung klang gut. Wir riefen an und vereinbarten einen Termin, und zwei Wochen später war es so weit.

Die Unterhaltung bei Tisch machte mir Linda noch sympathischer. Sie war warm, intelligent und humorvoll. Sie war wie

eine offene Tür – einer jener Menschen, bei denen man sich sofort zu Hause fühlt.
Doch Jim war weniger pflegeleicht. Er schien sich zwar für uns zu interessieren, aber die Art, wie er redete, ja sein ganzes Auftreten machte es einem nicht leicht, längere Zeit mit ihm im gleichen Zimmer zu sein. Als Linda zum Beispiel gerade erzählte, wie sie sich kennen gelernt hatten, unterbrach er sie mitten im Satz. »Wenn du's schon erzählst, Linda, dann aber auch richtig. Es war nicht *das* Restaurant, es war das italienische.« Und er erzählte die Geschichte kurzerhand fertig, nach seiner Version, dass es so aussah, als ob Linda eine Trantüte sei, die keine Ahnung hatte.

Ich bedauerte die arme Linda, wollte aber keine voreiligen Schlüsse ziehen. *Vielleicht sind sie halt als Paar so,* dachte ich. *Er bestimmt, wo's langgeht, aber sie ist zufrieden damit und das Ganze ist harmlos.* Ich fand zwar, dass diese Eigenart etwas schnell zu Tage trat – immerhin war dies unser erster Besuch –, aber vielleicht fühlten sie sich bei uns ungezwungen. Ich war bereit, Jim ein paar Vorschusszinsen zu geben. Und benahm *ich* mich denn immer hundert Prozent höflich gegenüber meiner Frau, wenn wir unter Menschen waren?
Aber meine Illusionen verflogen rasch, als ich Lindas Gesicht sah. Sie sah halb verletzt, halb resigniert aus. Was wir da gerade erlebt hatten, schien ihr mehr als vertraut zu sein.

Doch es kam noch toller an diesem Abend. Als wir alle im Wohnzimmer saßen und uns unterhielten, klingelte Jims Handy. Er meldete sich und sprach etliche Minuten ungeniert mit einem Geschäftskollegen, in einer Lautstärke, die unsere Unterhaltung zum Erliegen brachte. Wenn er einen Satz gesagt hatte, den er besonders gelungen fand, sah er uns mit so einem wissenden Lächeln an, als wollte er sagen: *Echt schön, dieser Anruf, nicht wahr?* Linda sah todunglücklich aus, aber sie sagte nichts, und so sagte ich auch nichts. Das ging eine ganze Weile so, dann war das Gespräch zu Ende und wir konnten unsere Unterhaltung fortsetzen.

Etwas später, nach dem Kaffee und dem Nachtisch, boten Barbi und ich uns an, Linda beim Abwasch zu helfen, was sie gerne annahm. Das Essen hatte ihr viel Arbeit gemacht, und sie sah müde aus. Jim sah mich an und sagte: »Komm, ich zeig dir eben unsere neue Stereo- und Videoanlage. So etwas hast du noch nicht gesehen!

Linda sagte: »Gut, macht das, wir waschen inzwischen ab.«

Ich sagte: »Nein, ich kann euch doch erst helfen, das dauert ja nicht lang.«

Jim sagte: »Komm schon, du wirst es nicht glauben, was das Ding alles kann.«

Ich sah Linda an, und sie winkte uns fort und begann, zusammen mit Barbi den Tisch abzuräumen. Barbi sah mich mit einem Blick an, der so viel sagte wie: *Gute Gäste passen sich an.* Ich ging also mit Jim in das Zimmer nebenan.

Jim hatte in der Tat eine tolle Anlage, und da ich in diesen Dingen ein Laie war, war ich interessiert. Doch nach ein paar Minuten wurde mir klar, dass dies keine Kurzdemonstration für Laien war, sondern ein Vortrag für Eingeweihte, bei dem ich bald nur noch »Bahnhof« verstand. Jim fand kein Ende. Ich versuchte wacker, kein Spielverderber zu sein und ihm zu folgen, obwohl mir mehrere Male die Augen zufallen wollten. Ich war erleichtert, als er endlich fertig war.

Als wir den beiden für ihre Gastfreundschaft dankten und aufbrechen wollten, sagte Jim ganz unvermittelt: »Wartet, ich muss euch eben noch zeigen, wie wir das Haus umgestalten wollen. Für eine kleine Führung habt ihr doch sicher noch Zeit.«

Wir hatten bei unserem Babysitter schon Verspätung, und so sagte ich: »Danke, aber wir müssen jetzt wirklich gehen. Vielleicht das nächste Mal.«

Jim sagte: »Kommt, das dauert nur 'ne Minute. Wir haben tolle Sachen vor.«

Mir ging dieser Abend allmählich auf die Nerven, und so sagte ich, jetzt schon etwas nachdrücklicher: »Das tut uns Leid, aber wir müssen uns wirklich auf die Socken machen.«

Jim sagte: »Jetzt kommt, es dauert wirklich nicht lange.«

Linda schaltete sich ein: »Schatz, unsere Gäste müssen jetzt gehen, okay?«

Jim sagte: »Ach so, sind wir für die nicht gut genug? Na, von mir aus, haha!« Es war einer jener Sätze aus der *Ist nur ein Spaß*-Kiste, bei denen man deutlich merkt, dass der Sprecher es eigentlich ernst meint.
Es gelang uns, zu unserem Auto zu fliehen, und auf dem

Nachhauseweg tauschten wir unsere Eindrücke von diesem Abend aus. Auf Barbi hatte Jim ganz ähnlich gewirkt wie auf mich. Sie fand, dass er eigentlich ein netter Kerl war, aber recht schwierig für seine Mitmenschen sein konnte. Wir witzelten etwas darüber, wie lang dieser Abend gewesen war und dass wir jetzt einen zweiten Abend brauchten, um uns zu erholen.

Aber das Fazit dieses Besuchs lautete: *Die arme Linda.* Wir beide mochten sie, und uns beiden tat sie Leid. Sie war eine ganz liebe Frau, die einen nicht gerade pflegeleichten Mann hatte. Wir waren nur einen Abend lang mit ihm zusammen gewesen; sie hatte ihn und seine Eigenarten ständig um sich.

Uns war klar, dass wir Linda und Jim nicht so bald ein zweites Mal als Paar besuchen würden. Linda und Barbi würden sich öfter auf einen Kaffee treffen, und das wäre es dann. In dem bisschen Freizeit, das man hat, möchte man sich mit Menschen treffen, mit denen man auf einer Wellenlänge ist. Schade. Ich mochte Linda wirklich, aber ich hatte das dumme Gefühl, dass unser Abend mit Linda und Jim kein Einzelfall gewesen war. Ich konnte mir nicht vorstellen, dass es viele Paare gab, die es lange in Jims Gesellschaft aushalten konnten.

Alles in allem war es eine verlustreiche Situation. Ich hatte Linda verloren, sie verlor andere – und irgendwo war auch Jim ein Verlierer, weil er keine Menschen um sich hatte, die ihm helfen konnten, anders zu werden.

Mama mia

Es gibt ernstere Situationen dieses Typs, die ich oft in meiner Praxis erlebe. Wie zum Beispiel Tony, ein Akademiker Mitte dreißig, dessen Mutter, Evelyn, solch eine destruktive Person war, dass sowohl seine Ehe als auch seine seelische Gesundheit in ernster Gefahr waren. Sie glauben, so etwas kann *Ihnen* nicht passieren? Es kommt öfter vor, als Sie denken. Hier sind die Fakten.

Evelyn war eine therapieresistente Alkoholikerin. Sie wohnte alleine und bombardierte Tony Tag und Nacht mit Telefonanrufen: »Bitte steig ins Auto und komm, ich bin ja so allein, ich brauch dich.« Manchmal brauchte sie ihn wirklich, etwa weil sie aus Versehen die Gardinen angezündet hatte oder gestürzt war und sich verletzt hatte. Sie weigerte sich, in ein Heim oder betreutes Wohnen zu ziehen, und für eine Zwangseinweisung war ihr Fall wiederum nicht schwer genug. Zu ihren Nachbarn hatte sie keinen Kontakt. Ihr »einziger Freund« war Tony, sie hing wie eine Klette an ihm.
Wenn sie ihn besuchte, machte sie seinen Kindern Angst mit ihren Ausbrüchen. Es war unmöglich, andere Gäste im Haus zu haben, wenn Evelyn da war. Es kam vor, dass Tony sie von der Polizei suchen lassen musste, nachdem sie auf die Straße gerannt war, weil er oder seine Frau Jenny ihr angeblich etwas getan hatten.

Als Tony zu mir kam, war er ein Nervenbündel aus Schuldgefühlen, Groll und allgemeinem Ausgebranntsein. Er fuhr so oft zu seiner Mutter, wie er konnte, aber es war nie genug. Er hatte versucht, mit ihr zu reden, energisch zu sein, sie zu ignorieren und sie dazu zu bringen, Freunde zu finden – alles ohne Erfolg. Jenny hatte ihn anfangs unterstützt, aber nach mehreren Jahren dieses Chaos mit ihrer Schwiegermutter hatte sie die Nase voll und fing an, Tony vorzuwerfen, dass er ein Waschlappen sei. Sie redete schon davon, auszuziehen, damit sie und die Kinder endlich ein normales Leben haben konnten. Es war eines jener »Sie oder ich«-Szenarien.

Es brauchte einige Arbeit, bis Tony seine Beziehung zu Evelyn und auch zu Jenny ins Lot bringen konnte. Er befand sich in einem tiefen Konflikt: Er liebte seine Mutter, aber nicht ihre Kapriolen und hatte Angst, dass sie vollends durchdrehen würde. Nun, er ging an die Arbeit, und mit vereinten Kräften gelang es uns, Strukturen zu schaffen – sie basierten auf den Prinzipien, die Sie in diesem Buch finden –, die die Situation um einiges verbesserten.

Wir haben eine Wahl

Tonys Situation war um einiges anders als die Lindas, aber eines hatten sie gemeinsam: *Ein Mensch, der ihnen nahe stand, beeinflusste ihr Leben auf eine sehr negative Art und Weise.* Dieser Mensch war nicht ein Fremder oder ein Feind, sondern jemand, mit dem sie gerne eine gute, lange und sinnvolle Beziehung gehabt hätten.

Ich hatte Jim und Linda schon lange nicht mehr gesehen. Kürzlich jedoch berichteten mir gemeinsame Freunde, dass Jim sich nicht geändert hatte und dass Linda nach wie vor unter seiner Art litt. Sie erzählten mir auch, dass, soviel sie wussten, Linda keine Anstrengungen unternommen hatte, das Verhalten ihres Mannes zu ändern. Oder vielleicht hatte sie es versucht, aber erfolglos. Vielleicht schob sie sich auch selbst die Schuld zu. Oder dachte, dass es so schlimm nun auch wieder nicht war. Nach dem, was ich über Jim und Linda wusste, glaubte ich nicht, dass sie unbedingt eine Therapie durch einen Profi brauchten. So wie ich es sah, konnte Linda selbst einiges tun, um die Situation spürbar zu verbessern. Die Maßnahmen, die ihr offen standen, sind das Thema dieses Buches.

Bei Tony dagegen war die Lage außer Kontrolle geraten. Er war eindeutig am Ende seines Lateins und seiner Kraft und brauchte Hilfe von außen, um eine Veränderung herbeizuführen.

Wie das Leben so spielt: Das relativ harmlose Problem mit Jim verbesserte sich nicht, wohl aber das viel schlimmere von Tony. Denn Tony erzählte mir: Er hatte keine Wahl mehr, er musste etwas tun. Er dachte an den Bibelspruch, in dem es heißt: »Gott segnet die, die nach Gerechtigkeit hungern, denn sie werden sie im Überfluss erhalten« (Matthäus 5,6). Ich war froh, dass Tony diesen mutigen Schritt tat, und ich hoffte, dass eines Tages auch Linda die richtigen Antworten finden würde.

Wer ist Ihre Nervensäge?

Wohl die meisten von uns können diese Frage leicht beantworten. Sehr wahrscheinlich haben auch Sie einen Jim oder eine Evelyn in Ihrem Leben. Gut, Ihre Nervensäge hat vielleicht nicht dasselbe Verhalten wie Jim oder Evelyn, aber sie ist jedenfalls jemand, der »schwierig« ist. Schwierig als Hausgenosse, als Verwandter oder als Kollege. Sie hat gewisse Eigenschaften, die das Leben und das Lieben komplizierter machen, wenn Sie in ihrer Nähe sind. Der Fall kann leicht, mäßig schwer oder ernst sein.

Es ist wichtig, sich darüber klar zu sein, dass Ihre Nervensäge meistens ein Mensch ist, der Ihnen etwas wert ist, also jemand, der ein gewisses Gewicht, eine Bedeutung in Ihrem Leben hat. Es ist Ihnen lieber, sich mit ihr zusammenzuraufen als die Beziehung zu beenden, denn Sie schätzen ihre positiven Seiten durchaus. Aber ihr Wesen und ihre Verhaltensweisen sind eine schwere Hypothek.
Ihr Mr./Mrs. Manipulator gehört also zu Ihrem Leben und ist Ihnen wichtig. Er/sie kann Ihr Ehepartner sein oder die alte Mutter, der Schwiegervater oder die Verlobte. Es kann ein Kollege sein, ein Nachbar oder ein Freund. Die Beziehung zu Ihrer Nervensäge kann über Blutsbande (Verwandtschaft), Liebe (romantische Beziehung und Freundschaften) und Geld (berufliche Beziehungen) gehen. Blut, Liebe und Geld sind mächtige Kräfte, die Menschen aneinander binden. Sie sind nichts Böses, ja sie sind ein Teil des »Klebstoffs«, der Menschen, Kulturen und Gemeinwesen zusammenhält. Sie sind nützliche Kategorien, die Ihnen helfen, Ihre Beziehungen einzuordnen.

Es gibt alle möglichen Manipulatoren und Nervensägen, auf allen Gebieten des Lebens. Hier einige Beispiele:

- Der Chef, der alles kontrollieren muss.
- Das unselbstständige erwachsene Kind, das wie eine Klette an Ihnen hängt.
- Der Ehemann, der immer so verschlossen ist.
- Die ständig nörgelnde Ehefrau, die nicht einsieht, dass manchmal auch sie Schuld hat.
- Das arme »Opfer«, das ständig gerettet werden will.
- Der superfromme Freund, der immer nur predigt und nie zuhört.

- Die wetterwendische Ehefrau, die mal anhänglich, mal abweisend ist.
- Der Freund, auf den einfach kein Verlass ist.
- Der gewohnheitsmäßige Wahrheitsverdreher, der Lügen und Gerüchte ausstreut.
- Die übermächtige Mutter, die ihren Kindern kein bisschen Freiheit lässt.
- Die launische Kollegin, die das ganze Betriebsklima bestimmt.
- Der Alkohol- oder Drogensüchtige, der seiner Umgebung das Leben zur Hölle macht.
- Der jähzornige Vater, den niemand reizen darf.
- Die klatschsüchtige Tante, die Unfrieden in der Familie sät.

Und so weiter und so fort; die Liste ist unendlich lang.

Was für Nerven tötet sie?

Zu einem Beziehungsproblem gehören immer zwei. Ihre Nervensäge wird dadurch zur Nervensäge, dass sie einen ganz bestimmten, sehr realen Einfluss auf Ihr Leben, Ihre Gefühle und Einstellungen hat. Sie versteht es gleichsam, Knöpfe in Ihnen zu drücken, an die die anderen nicht herankommen.

Die Liste unserer möglichen Reaktionen auf die Nervensägen in unserem Leben ist fast endlos, aber es gibt gewisse Grundreaktionen, die universal sein dürften.

Entfremdung

Sie hätten gerne eine nahe Beziehung zu Ihrer Nervensäge, aber das will einfach nicht gelingen. Dies kann daran liegen, dass sie schlicht nicht auf Sie reagiert und sich in ein inneres

Schneckenhaus zurückzieht. *Ich dringe nicht zu ihm/ihr durch,* lautet eine häufige Klage. Oder es liegt daran, dass ihre Handlungen nicht mit ihren Worten übereinstimmen, sodass Sie entsprechend verunsichert sind. Es kann sogar passieren, dass Sie selbst auf Distanz gehen müssen, weil die Beziehung momentan zu viele Risiken birgt. Gegenüber einer Nervensäge haben wir leicht den Eindruck, dass sie »mich nicht versteht«, d.h. in ihrer eigenen Welt bleibt. Oder auch, dass ihr unsere Gefühle schlicht egal sind. Dieses Phänomen kann zu tiefen Gefühlen der Isolation, Entfremdung und Einsamkeit führen.

Liebesverlust

Oft hat das Opfer einer Nervensäge das Gefühl, dass seine Liebe zu ihr allmählich weniger wird. Es fühlt nicht mehr so viel für sie. Wenn es um eine Ehe- oder Liebesbeziehung geht, hat man den Eindruck, »nicht mehr verliebt« zu sein. Die Nervensäge wird gleichsam zum Liebestöter. Dies kann so weit gehen, dass man den Eindruck hat, dass jede Liebe erstorben ist und nie mehr aufleben wird.

Ob Sie es glauben oder nicht, dies kann ein hilfreiches Symptom sein. Das Gefühl, einen Menschen nicht mehr lieben zu können, bedeutet ja, dass dieser Mensch einen wichtigen Platz in meinem Leben, meinem Denken und Herzen eingenommen hat. Und bei jemandem, der mir sehr wichtig war, sind die Chancen, die Beziehung (mit den richtigen Mitteln) zu »reparieren«, größer als bei jemandem, der mir nie sehr am Herzen lag.

Machtlosigkeit

Vielleicht haben Sie auch das Gefühl, nichts tun zu können, um die Situation, das Verhalten der Nervensäge oder die Beziehung zu verändern. Sie haben alles versucht – gutes Zureden, Argumente, Einladungen, Drohungen, was auch immer –, aber es hat nichts genützt. Dies ist ein typisches Machtproblem; die Entscheidungen und Alternativen scheinen nicht ausgewogen verteilt, sondern ein Monopol Ihres Manipulators zu sein.

In einer gesunden Beziehung haben beide Partner mehr oder weniger das gleiche Maß an Verantwortung, Initiative, Problembewusstsein und Wahlmöglichkeiten. Aber in einer Beziehung zu einer Nervensäge fühlen wir uns oft hilflos, machtlos und frustriert. Wir möchten so gerne, dass es besser wird, aber wie soll das passieren? In diesem Buch soll es ganz gezielt um die Macht und die Möglichkeiten gehen, die Sie haben und derer Sie sich bisher vielleicht noch gar nicht bewusst waren oder die Sie sich nicht getraut haben, einzusetzen.

Erschrecken über sich selbst

Wenn Sie mit Ihrer Nervensäge zusammen sind, erleben Sie es leicht, dass Sie auf einmal Gefühle oder Gedanken haben oder Worte oder Verhaltensweisen benutzen, die Ihnen gar nicht recht sind. Es ist gerade so, als ob dieser Problemmensch die dunkle Seite Ihres Wesens hervorlockt. Sie reagieren wütender, als Ihnen selbst recht ist, sie werden depressiv oder möchten sich am liebsten in ein Mauseloch verkriechen. Vielleicht sind Sie sogar rachsüchtig oder gemein und wollen es dem anderen heimzahlen.
Dies ist ein typisches Warnsignal für Beziehungsprobleme.

Gott hat uns so erschaffen, dass gute Beziehungen unsere guten Seiten hervorlocken: Liebe, Fürsorge und die Fähigkeit, sich zu verströmen und zu verschenken. Wenn Sie sich selbst nicht mögen, wenn Sie in der Nähe Ihrer Nervensäge sind, dann ist es höchste Zeit, etwas zu ändern.

Negative Auswirkungen auf andere Beziehungen

Oft beeinflusst Ihre Nervensäge sogar die Art, wie Sie mit den anderen Menschen in Ihrem Leben umgehen. Es kann sein, dass Sie gleichsam so gebannt auf sie starren, dass es Ihre anderen Beziehungen beeinträchtigt.

Kennen Sie das auch? Sie sitzen mit einem Freund im Restaurant, und plötzlich scheint ein unsichtbarer Dritter mit anwesend zu sein. Ihr Freund ist innerlich so mit der Problemperson in seinem Leben beschäftigt, dass diese im nächsten Augenblick »Ober, zahlen!« rufen könnte. Das ist ein deutliches Symptom, dass die Problemperson das Leben Ihres Freundes bestimmt – und das muss aufhören!

Keine Hoffnung mehr

Die vielleicht ernsteste Wirkung, die unsere Problemmenschen auf uns haben können, ist, dass wir die Hoffnung verlieren, dass sich etwas ändern kann. *Das wird nie mehr besser,* denken wir, *ich glaube, ich geb's auf.*

Dies ist eine sehr ernste Gefahr, denn wir alle brauchen Hoffnung, um leben zu können. Wer keine Hoffnung mehr hat, der gibt auf. In den Sprüchen Salomos heißt es: »Hingehaltene Hoffnung macht das Herz krank, erfülltes Verlangen ist ein Lebensbaum« (Sprüche 13,12 – Einheitsübersetzung).

Sicher gibt es zweifellos auch Menschen, die ihre Freiheit dazu missbrauchen, sich jeder Veränderung zu widersetzen. Doch meine Erfahrung ist, dass in vielen Fällen *jemand im Leben der Nervensäge nicht die Informationen oder nicht die Mittel oder nicht den Mut besaß, um auf eine Änderung hinzuarbeiten*. Man weiß nicht, was man machen soll, man hat nicht die nötige Unterstützung oder man hat schlicht zu viel Angst, um etwas zu unternehmen. Wir werden auf den folgenden Seiten einiges über Hoffnung und wie man sie bekommt sagen.

Wozu Beziehungen gut sind

Manche Menschen, die seit längerer Zeit eine Nervensäge in ihrem Leben haben, haben vergessen (oder nie gewusst), was eine gute Beziehung ihnen bringt. Sie wissen buchstäblich nicht, was »normal« ist.

Beziehungen zu anderen Menschen sind mit der größte Schatz, den man im Leben haben kann. Der Reiche, der keine hat, ist arm; der Arme, der sie hat, ist reich. Gott selbst ist in seinem Innersten ein Beziehungswesen; er ist Liebe (1. Johannes 4,16). Und er hat uns so geschaffen, dass wir Beziehungen brauchen und durch Beziehungen wachsen.

Durch Beziehungen empfangen wir so viel Gutes, was wir zum Leben brauchen. Wir brauchen Liebe, Sicherheit, Geborgenheit, Wärme, Ermutigung, Wahrheit und Ansprache, Vergebung und noch so viel mehr – lauter Dinge, die das Leben reich, sinnvoll und gut machen.

Ohne solide, lang anhaltende Beziehungen verlieren wir so viel. Ärzte und Psychologen berichten uns, dass Menschen mit zu wenig oder ungesunden Beziehungen mehr medizinische und psychologische Probleme haben und allgemein weniger Lebensqualität.

Vergleichen Sie einmal Ihre gesunden Beziehungen mit der Beziehung zu Ihrer Nervensäge – nicht von der moralischen hohen Warte aus, sondern um sich vor Augen zu führen, wie das Leben sein könnte, wenn ... Gott hat diese Person und Sie dazu erschaffen, einander im Leben zu helfen, der Mensch zu werden, den er (Gott) im Sinn gehabt hat.

Damit will ich nicht sagen, dass nicht auch gesunde Beziehungen ihre Krisen haben können. Aber wenn beide Partner dabei sind, zu wachsen, haben sie gewisse Fähigkeiten entwickelt, die es ihnen ermöglichen, Probleme zu überbrücken und zu lösen. Sie stehen zu ihrer Verantwortung; sie öffnen dem anderen ihr Herz und sind bemüht, sein Herz kennen zu lernen; sie tun das Ihre, um die Beziehung wachsen zu lassen; sie vergeben, ändern sich und tun neue Schritte.

»Warum regt der mich so auf?«

»Warum reg ich mich immer so auf? Warum kann ich das, was dieser Mensch mir sagt, nicht einfach abschütteln und denken: ›Du kannst mich mal ...‹?« Hinter solchen Fragen steht die Vorstellung, dass bei mir etwas nicht stimmt, wenn ich negativ auf die mich nervende Person reagiere, und dass ich ihn nicht so ernst nehmen sollte.

Dieses Buch wird Ihnen helfen, in Ihrer Beziehung zu diesem Menschen weniger zu *reagieren* und mehr zu agieren, und dies ist wichtig. Sie müssen sich selbst und Ihre Reaktionen unter

Kontrolle haben. Wir werden Ihnen helfen, zu lernen, besser mit verbalen Attacken, Verantwortungslosigkeit, Verschlossenheit usw. umzugehen. Dies wird Ihnen bei der Veränderung Ihrer Situation und des problematischen Menschen helfen.

Wer liebt, macht sich verletzbar. Aber hören Sie gut zu: *Die Tatsache, dass andere Menschen einen tiefen Einfluss auf Sie haben, sagt möglicherweise etwas sehr Gutes darüber aus, wer Sie sind.* Wenn Sie fähig sind, einen anderen Menschen so wertzuschätzen, dass er Ihnen den letzten Nerv rauben kann und Sie sich so richtig machtlos vorkommen, dann sind Sie ein Mensch, der lieben und sich binden kann, und das ist etwas Wunderbares. Diese Fähigkeit ist einer der wichtigsten Aspekte des Menschseins. Wer fühlen, wertschätzen, verletzbar und frustriert sein, lieben und hassen kann, der zeigt damit, dass er innerlich lebendig und nicht tot ist.

»Normaler« Schmerz

Cathy und Dave waren verlobt, aber hatten gewisse Probleme. Um es kurz zu machen: Er war ein sehr ichbezogener Mensch, und sie war es allmählich müde, ständig sein Ich »streicheln« zu müssen und nie von ihm gefragt zu werden, wie *sie* sich denn fühlte. Dave sah nicht recht ein, dass er ein Problem hatte. Er kam mit in meine Sprechstunde, um Cathy einen Gefallen zu tun. Er fand, dass sie zu viel erwartete und dass sie beide glücklich und zufrieden wären, wenn sie ihre Erwartungen etwas herunterschraubte.

Cathy war nicht vollkommen, aber ich musste ihr Recht geben, dass Dave ziemlich egozentrisch war. Dass sie sich so viel öfter einsam, bedürftig und machtlos fühlte als Dave, war ihr ein echtes Problem. Sie sagte mir: »Vielleicht sollte ich mehr wie Dave werden. Ich dringe einfach nicht zu ihm durch.«

Ich antwortete ihr: »Vergessen Sie das. Wenn Sie auch so narzisstisch wären wie Dave, würde keiner von Ihnen an Ihrer Beziehung arbeiten.«

Sie saßen beide in meinem Büro, als ich das sagte. Dave hörte es gar nicht gerne, aber nach und nach sah er ein, dass es normal war, dass die Situation Cathy wehtat, und unnormal, dass sie ihm nicht wehtat. Er begann, an seinem Narzissmus zu arbeiten. Das brauchte seine Zeit, und die Verlobung ging darüber in die Brüche, doch zum Schluss gelang es Dave, einiges bei sich zu ändern, und er heiratete schließlich eine andere Frau (und Cathy einen anderen Mann).

Wenn Sie gerade durch den Schmerz einer schwierigen Beziehung gehen, sind Sie in guter Gesellschaft, denn Gott geht es ganz ähnlich. Er liebt uns leidenschaftlich, und ob wir es glauben oder nicht, wir können ihm »den letzten Nerv rauben«. Lesen Sie einmal, wie es Gott das Herz zerriss angesichts gewisser schwieriger Menschen:

> Ach, wie könnte ich dich im Stich lassen, Ephraim? Wie könnte ich dich aufgeben, Israel? Sollte ich dich vernichten wie die Städte Adma und Zebojim? Nein, es bricht mir das Herz, ich kann es nicht; ich habe Mitleid mit dir! (Hosea 11,8 – Hoffnung für alle)

Es ist ein Bild, das unter die Haut geht: Der allmächtige Schöpfergott macht sich so verletzbar, dass ihm das Herz bricht! Trotz seiner ungeheuren Macht können die Wesen, die er liebt, ihn zutiefst aufwühlen.

Wer sich von niemandem mehr ärgern oder auf die Nerven gehen lässt, der schneidet sich von dem ab, was wirklich wichtig ist im Leben. Wer mit einer emotionalen Hornhaut durchs Leben geht, die nichts erschüttern kann, bei dem stimmt etwas nicht. Vielleicht hat er sich, als Ergebnis einer gescheiterten Beziehung, von seinem eigenen Herzen abgekapselt. Er hat einen Menschen als hoffnungslosen Fall aufgegeben und sich in die Welt der Geschäftigkeit, der Arbeit oder der Süchte geflüchtet. Oder er leidet, wie Dave, an einer solch massiven Ichsucht, dass andere Menschen für ihn nur Objekte, aber keine Personen sind. Was auch immer der Grund dafür ist, es ist ein höchst ungesunder Zustand.

Der jüdische Holocaust-Überlebende und Friedensnobelpreisträger Elie Wiesel hat es so ausgedrückt: »Das Gegenteil von Liebe ist nicht Hass, sondern Gleichgültigkeit.« Und C. S. Lewis schreibt ähnlich:

> Lieben heißt, sich verletzbar machen ... Die Alternative zum Schmerz oder jedenfalls zum Risiko des Schmerzes ist Verdammnis. Der einzige Ort außerhalb des Himmels, an dem man total sicher vor all den Gefahren und Unwägbarkeiten des Liebens ist, ist die Hölle.[1]

Innerlich zu versteinern und seine Gefühle zu verlieren, ist also nicht die Antwort. So finden wir nicht zum Leben und zum Lieben. Eines der größten Ziele dieses Buches ist vielmehr, dass Sie *lernen, sich tief für den anderen und die Beziehung zu ihm zu engagieren, aber dabei die Freiheit zu haben, auf eine gesunde und effektive Art und Weise so auf ihn einzugehen, dass Sie ihm zur Veränderung verhelfen.*

Schmerz und Verletzung

Doch es ist ein Unterschied zwischen Schmerz (der »nur« wehtut) und Verletzungen. Der Umgang mit Ihrer Nervensäge kann Ihnen wehtun und negative Gefühle verschaffen – das ist der Preis der Liebe. Aber wenn Sie es zulassen, dass sie Sie regelrecht verletzt, Ihnen Wunden schlägt, dann ist das nicht gut, weder für Sie noch für Ihr Gegenüber. Bildlich gesprochen: Ein paar emotionale blaue Flecken sind in Ordnung, aber dass Sie auf der Intensivstation landen, das darf nicht sein. Hier sind Maßnahmen notwendig, und dieses Buch wird sie Ihnen zeigen.

Je wichtiger jemand uns ist, umso eher kann er uns nerven. Unsere Nervensägen sind Menschen, die uns wichtig sind, und dies hat einen (meist guten) Grund. Menschen, die uns etwas bedeuten, gewähren wir Zugang in unser Inneres, den wir anderen Menschen nicht geben.
Es ist wichtig, dies zu verstehen: Nervensägen können uns in einer Weise berühren, wie es andere nicht können. Die Möglichkeiten, dies zu tun, sind äußerst vielfältig und die Wirkung dessen ist enorm. Unsere Nervensäge bringt uns (oder brachte vielleicht früher) Augenblicke der Nähe, Intimität, Leidenschaft, des Spaßes und der inneren Gemeinschaft, aber

ihre dunkleren Seiten bringen uns Frust, Entfremdung, Machtlosigkeit, Traurigkeit und das Gefühl, nicht geliebt zu sein. Die Intensität ihres Einflusses auf uns ist direkt proportional zu der Tiefe unserer Beziehung zu ihr.

Mit anderen Worten: *Wenn dieser Mensch Ihnen nicht so wichtig wäre, könnte er Ihnen nicht so auf den Nerv gehen.* Die launische Supermarktkassiererin ist kein großes Problem für Sie, die launische Schwiegermutter sehr wohl.

Vor kurzem bestellte ich in einem Fastfood-Restaurant einen Hamburger. Der junge Mann, der meine Bestellung entgegennahm, war kurz angebunden und ungeduldig. In solchen Situationen stelle ich den Betreffenden manchmal zur Rede, in extremen Fällen beschwere ich mich sogar bei der Geschäftsführung. Ich hatte als Student selbst etliche Jahre einen Kellnerjob und bin in Sachen Bedienung pingelig. Doch in diesem Fall sagte ich nichts. Ich dachte einfach: *Der ist wohl mit dem linken Bein zuerst aufgestanden, oder vielleicht bilde ich mir das auch ein. Was soll's? Vielleicht macht er seiner Freundin das Leben schwer.*

Etwas später am gleichen Abend war einer meiner Söhne etwas kurz angebunden zu mir. Ich war sofort auf hundertachtzig und sagte etwas in dem Stil: »So geht man nicht mit seinem Vater um, und wenn du deine CD-Sammlung wieder sehen willst, wirst du deinen Ton gefälligst ändern!« Es war kein Höhepunkt in meiner Vaterkarriere. Mein Sohn hatte sich etwas danebenbenommen, und ich behandelte ihn wie einen Schwerverbrecher. Nein, ich halte meine Kinder nicht für Nervensägen im Sinne dieses Buches (für was sie mich halten, ist eine andere Geschichte), aber diese beiden Beispiele illustrieren etwas Wichtiges: *Die Menschen, die uns am nächsten stehen, haben den größten Einfluss auf uns.*

Falsche Abhängigkeiten

Manchmal begeben wir uns selbst ins Schussfeld der Nervensäge, aus Gründen, die nicht besonders gesund sind: Wir erwarten etwas von ihr, das sie uns nicht geben kann oder für das wir besser selbst sorgen sollten.

Wir wählen die Menschen, mit denen wir umgehen, aus verschiedenen Gründen – manche gut, manche weniger gut. Ob wir uns dessen bewusst sind oder nicht, wir *wollen* etwas von den Menschen, die uns wichtig sind. Die Dinge, die wir wollen, können gute Dinge sein, zum Beispiel Kameradschaft, Tiefgang, Anerkennung, Reife, Ordnung, Bereitschaft zu Verantwortung, Spiritualität; dies sind die Kennzeichen wirklich guter Beziehungen.

Aber es gibt auch eine andere Liste von Eigenschaften, eine, die problematisch sein kann. Nicht, dass diese Dinge falsch oder schlecht wären, aber man sollte sie vielleicht besser nicht von dieser besonderen Person erwarten. Manche schüchternen, konfliktscheuen Menschen zum Beispiel suchen sich, anstatt zu lernen, sich besser durchzusetzen, einen aggressiven, rechthaberischen Partner, der ihnen die Arbeit abnimmt. Oder jemand, der sich ungeliebt fühlt, sucht sich einen Freund, der ihn pausenlos mit Liebe und Rücksichtnahme überschüttet, ohne ihm mit unangenehmen Wahrheiten auf die Füße zu treten. Oder ein »zerstreuter Professor« hängt sich an einen Menschen, der einen Ordnungskomplex hat.

Es ist kein Fehler, die Stärken in dem anderen Menschen zu suchen, aber Vorsicht, wenn Sie ihn dazu benutzen wollen, Ihre eigenen Defizite aufzufüllen! Dergleichen ist eine Garantie dafür, dass eines von zwei Dingen passieren wird: Entweder Sie erleben eine große Enttäuschung, weil der andere Ihnen nicht genug geben kann, oder aber er wird übermächtig, distanziert oder lieblos, weil er sich wie Ihr Vater/Ihre Mutter vorkommt oder (schlimmer) sich einbildet, mit Ihnen machen zu können, was er will.

In solchen Konstellationen bekommt Ihre Nervensäge eine große Macht über Sie, denn Sie benutzen sie ja als Nothelfer für ein Gebiet Ihres Lebens, mit dem Sie selbst nicht zurechtkommen. Dies ist eine gefährliche Situation, und dieses Buch will Ihnen helfen, frei zu werden von solchen Abhängigkeiten von den falschen Menschen.

Hoffnungsmacher

Die Hoffnung, die wir Ihnen bieten – dass Veränderung möglich ist –, gründet sich nicht auf Wunschdenken. In den vielen Büchern über »schwierige« Menschen, die ich gelesen habe, habe ich eine Menge nützliche Beschreibungen dieser Menschen gefunden, aber die Lösungsvorschläge vermitteln oft ein Gefühl der Hoffnungslosigkeit. Die Autoren scheinen davon auszugehen, dass diese Menschen sich nie ändern werden – also: Ändere *du* dich oder gib's halt auf oder arrangiere dich mit dieser Situation; die Menschen sind nun mal so, wie sie sind …

Änderung ist möglich

Vor kurzem hörte ich eine Lebenshilfesendung im Radio, in der ein Psychologe als »Briefkastenonkel« Anrufe von Hilfe suchenden Menschen entgegennahm. Eine Anruferin klagte darüber, dass ihr Mann so wenig mit ihr redete und zu viel Geld ausgab. Der Psychologe sagte etwas in dem Stil: »Das ist ein Charakterproblem, das ändert sich nicht. Entweder Sie lernen, damit zu leben, oder Sie lassen sich scheiden.«

Ich regte mich auf, als ich das hörte. Es stimmt einfach nicht, dass Menschen mit Charakterproblemen sich nicht ändern können. Ich möchte gewiss nicht leugnen, dass es sehr schwierige Fälle gibt, aber sowohl die Bibel als auch die Forschung und meine eigene Erfahrung zeigen mir, dass es Hoffnung gibt. Nervensägen können sich ändern – tief und nachhaltig ändern. Ich und viele andere haben dies immer wieder erlebt.

Gott ist seit Ewigkeiten ein Spezialist im Verändern schwieriger Menschen. Einer der Hauptautoren der Bibel, der Apostel Paulus, schreibt, dass er, bevor Gott ihn umkrempelte, »der schlimmste von allen Sündern« war (1. Timotheus 1,15).

Machen wir es uns klar: *Eigentlich sitzt Ihre Nervensäge am kürzeren Hebel.* Gott hat verschiedene Dinge in ihr Leben »eingebaut«, die dafür sorgen können, dass sie frei von ihrer negativen Seite wird und auf den richtigen Kurs kommt. Es gibt eine ganze Menge, was Sie (und durch Sie Gott) tun können. Hiob sagt nicht umsonst über Gott: »Ich erkenne, dass du alles vermagst, und nichts, das du dir vorgenommen hast, ist dir zu schwer« (Hiob 42,2). Wir reden von Gottes Allmacht, die auch durch Sie wirken kann! Die sieben Schlüssel zur Veränderung, die wir in Teil III vorstellen werden, setzen Sie in den Stand, dem schwierigen Menschen in Ihrem Leben mit Liebe, Wahrheit, Nüchternheit und diversen anderen Dingen zu begegnen. Sicher, es gibt keine letzte Garantie, dass Ihre Nervensäge sich wirklich ändern wird, wir haben immer noch unseren Willen und können Fehler machen. Aber es ist gut und wichtig, das ganze Bild zu sehen.

Ihr Ziel

Helfer zur Veränderung sein – das braucht Arbeit, Zeit und Kraft. Sie werden immer wieder die Hoffnung brauchen, dass das, was Sie in der Beziehung zu Ihrer Nervensäge erreichen wollen, auch tatsächlich möglich ist. Hoffnung, die nicht auf Wunschdenken gründet, sondern auf dem, was real möglich ist, wird Ihnen eine Vision geben, die Sie durchträgt.

In Kapitel 4 werden Sie lernen, sich Ziele für Ihre konkrete Situation zu setzen. So viel schon hier: *Es geht darum, die Qualität Ihrer Beziehung dadurch zu heben, dass der andere bewusst anfängt, sein negatives Verhalten und seine Einstellungen zu ändern.*

Klingt Ihnen das zu einfach? Aber es enthält alles, was Sie brauchen. Ihr Ziel ist eine Verbesserung der Beziehung zu der Problemperson in Ihrem Leben, also zum Beispiel mehr Intimität, mehr Freiheit, mehr Übernahme von Verantwortung, weniger Kritik, weniger beherrschen wollen. Aber die psychische Situation dieser Person ist wie eine Verstopfung in Ihrem Beziehungsrohr, eine Blockade, die das Gute, das Sie für diese Beziehung wünschen, unmöglich macht. Ihre Hoffnung ist, dass dieser Mensch endlich »aufwacht«, zu seinem Anteil an dem Problem steht und anfängt, sich zu ändern, worauf die Verstopfung sich aufzulösen beginnt und das Wasser Ihrer Beziehung endlich frei fließen kann.

Ich habe in meiner Beratungspraxis und meiner persönlichen Erfahrung viele Beispiele dafür erlebt, dass Veränderung und Wachstum möglich sind:

- Der Chef, der alles kontrollieren muss, fängt an, seinen Leuten mehr Freiheit zu geben.
- Der 30-jährige Sohn wird endlich erwachsen und beginnt, selbstständig zu werden.
- Der verschlossene Ehemann kommt aus seinem Schneckenhaus heraus.
- Die ständig nörgelnde Ehefrau entschuldigt sich und fängt an, vor ihrer eigenen Haustür zu kehren.
- Das ach so arme Opfer wird stärker und nimmt sein Leben selbst in die Hand.
- Der ständig Bibelsprüche zitierende Freund fängt an, das Leben so zu sehen, wie es ist.
- Die ständig verspätete Freundin wird verlässlicher.
- Der Wahrheitsverdreher fängt an, ehrlicher zu werden.
- Die Mutter, die sich immer nur um sich selbst drehte, beginnt, sich für die Probleme anderer Menschen zu interessieren.
- Der Alkoholiker sucht endlich Hilfe.
- Der jähzornige Vater lernt es, sich zu beherrschen.
- Die notorische Klatschbase beginnt, ihre Zunge zu zügeln.

Wir sprechen hier nicht davon, dass Menschen zu Heiligen werden, und das womöglich noch über Nacht. Solch unrealistische Träume können Ihre Beziehung vollends ruinieren. Sie wünschen, dass es besser wird, vielleicht sogar viel besser; geben Sie sich damit zufrieden; perfekt werden wird es nicht.

Weglaufen gilt (meistens) nicht

Es kann einen etwas erschlagen, schwarz auf weiß zu lesen, was so eine Nervensäge alles anrichten kann und wie es dazu kommt. Da liegt die Frage nahe, ob es sich überhaupt lohnt, in diese Beziehung zu investieren. *Warum muss ich mir das noch länger antun? Warum nicht einfach einen Schlussstrich ziehen?* Nun, manchmal kann es in der Tat das Beste sein, eine Beziehung zu beenden (mehr darüber später). Und es kommt vor, dass man tiefe Schrammen davonträgt, weil man nicht rechtzeitig ausgestiegen ist. Wenn Sie zum Beispiel in echter Gefahr durch einen gewalttätigen Ehepartner sind, wird kein vernünftiger Mensch Ihnen raten, um jeden Preis durchzuhalten. Es kann sein, dass die Bewältigung Ihrer Probleme eine vorübergehende Trennung erfordert. Aber »vorübergehend« ist nicht dasselbe wie »für immer«. Wir werden weiter unten noch sehen, dass eine zeitweilige Trennung sehr nützlich sein kann, wenn es einen systematischen Krisenplan gibt.

So weit so gut. Aber nach meiner Erfahrung ist das andere Extrem weitaus häufiger: *Die meisten Menschen geben bei ihrer Nervensäge viel zu schnell auf.* Sie haben ein begrenztes Repertoire von Reaktionen, die alle nichts bringen, ja die Sache manchmal nur noch schlimmer machen, was die Auswahl der Strategien noch mehr einschränkt, sodass sie schließlich entnervt aufgeben. Dieses Buch wird Ihnen Strategien und Möglichkeiten zeigen, mit denen Sie die Situation umdrehen können. Halten wir also hier fürs Erste fest: Außer in ganz bestimmten Ausnahmefällen sollten Sie die Beziehung nicht aufgeben, sondern an ihr festhalten – aber auf eine andere Art als bisher. Stellen Sie sich den Problemen, lernen Sie, wie man sie lösen kann, und dann ran an die Arbeit!

Bedenken Sie auch, dass Sie ja in diese Beziehung viel investiert haben. Dieser Mensch ist eine wichtige Person in Ihrem Leben; sehr wahrscheinlich haben Sie viele, viele Stunden, Tage, ja Jahre in seiner Nähe verbracht. Eine Beziehung ist eine Investition an Zeit und physischer und seelischer Energie. Lohnt es sich wirklich, sie frustriert aufzugeben, wenn Sie echte Möglichkeiten hätten, sie zu verbessern? Zu viele Menschen verlassen übereilt ein Schiff, das dann doch nicht sinkt.

Liebe gibt nicht auf

Auf eine tiefere Ebene gebracht: *Zum Wesen der Liebe gehört es, dass sie nicht aufgibt.* Liebesbeziehungen (im Gegensatz zu bloßen Arbeits- oder Geschäftsbeziehungen) sind dazu da, sich zu entfalten, zu wachsen und zu reifen, in dem Maße, wie die beiden Partner wachsen. Liebe – das heißt, dass es mit der Zeit immer besser wird und nicht immer schlechter. Ihre Nervensäge ist nicht jemand, der Sie mit einem Achselzucken den Rücken kehren. Sie sind durch viele Bande mit ihr verbunden. Es lohnt sich, zu prüfen, wie die Liebe, die Sie einst hatten und so gerne wieder hätten, wieder lebendig und erneuert werden kann.

Wir leben in einer Zeit und einer Kultur, wo manchmal auch Beziehungen als Wegwerfartikel behandelt werden. »Du hast dich schon wieder mit deinem Mann gestritten? Warum ziehst du nicht einfach aus?« Und so weiter. Dieses Denken wird noch dadurch verstärkt, dass es ja (scheinbar) keinen Mangel an Alternativen gibt. Viele meiner Single-Freunde sind oft unzufrieden mit den Menschen, mit denen sie gerade ausgehen, aber der Markt ist ja soo groß ... Man sucht sich halt einen anderen Job, eine andere Gemeinde oder eben andere Freunde.

Lassen Sie sich warnen: Der Beziehungsschmetterling, der von einer Blüte zur anderen flattert, hat unangenehme Ähnlichkeiten mit dem Serienmörder, der gerade dabei ist, sich das nächste Opfer auszusuchen. Sie mögen erleichtert sein, mit dem so unmöglichen A Schluss gemacht zu haben; aber wird es mit B (oder C oder D) besser sein? Gott hat unser Leben nicht als stressige Serie von lauter mehr oder weniger turbulenten Kurzzeitbeziehungen gedacht, zumindest nicht, was die wichtigeren Menschen in unserem Leben betrifft.

Vor vielen Jahren wurde in einem Fernsehinterview ein Filmstar, der als Frauenheld bekannt war, als »Super-Lover« tituliert. Worauf der Star erwiderte: »Nein, ich bin kein Super-Lover. Ein Super-Lover ist jemand, der seit fünfzig Jahren glücklich mit derselben Frau verheiratet ist.«

Die Tatsache, dass Sie dieses Buch lesen, bedeutet (hoffentlich), dass Sie noch nicht das Handtuch geworfen haben in der Beziehung zu Ihrem Problemmenschen. Vielleicht ist er eine ausgeprägte Nervensäge und Sie machen gerade den letzten Versuch. Oder er ist ein milder Fall und Aufgeben ist keine Option. Oder Sie befinden sich irgendwo in der Mitte und sind sich nicht ganz sicher: *Will ich mit diesem Menschen weitermachen oder nicht?*

Und dann gibt es natürlich noch die Menschen, die aufgrund der Umstände gar nicht aussteigen *können*. Sie werden vielleicht in ihrer Arbeit gemobbt, aber sie brauchen diese Arbeitsstelle. Oder mit vier Kindern ist an Scheidung nicht zu denken. Oder die alte Mutter aus der Einliegerwohnung hinauswerfen geht nicht. Wenn Sie sich in einer solchen Situation befinden, dann hoffe ich, dass dieses Buch Ihr *Ich kann hier nicht raus* in ein *Ich will hier nicht raus* verwandelt. Sie können einer der vielen Menschen werden, die es geschafft und ihrer Nervensäge geholfen haben, pflegeleichter zu werden.

Was – *ich??*

Und jetzt die schlechte Nachricht: Es könnte sein, dass Sie – jawohl, *Sie* – für einen anderen Menschen eine Nervensäge sind! Das ist kein schöner Gedanke, aber ein sehr wichtiger. Wir erinnern uns: Ein Mensch, zu dem wir in einer engen Beziehung stehen, ist uns wichtig und er prägt unser Leben. Es kann gut sein, dass Ihre Eigenarten jemand anderes schier in den Wahnsinn treiben ...

Da möchten Sie Ihre Frau in ein bestimmtes Restaurant ausführen. Sie sagt, dass sie dieses Restaurant nicht mag, und Sie machen ihr ein schlechtes Gewissen: »Jetzt will ich dir etwas Besonderes bieten, und du bist undankbar!« Oder Sie manipulieren Ihren Verlobten gerne, etwa so: »Du wolltest doch dieses Wochenende gerne mal meine Eltern besuchen, nicht?« Es könnte sogar sein – halten Sie sich fest –, dass Sie in einer Art Doppelspiel die Nervensäge Ihrer Nervensäge sind! Wie heißt es noch in Matthäus 7,5? »Zieh erst den Balken aus deinem eigenen Auge; dann siehst du vielleicht genug, um dich mit dem Splitter im Auge deines Freundes zu befassen.«

Doch Vorsicht: Ob Sie eine Nervensäge sind oder nicht, können Sie nicht einfach aus der Reaktion des anderen ablesen. Wenn Sie Ihrem Mitmenschen auf den Schlips treten, kann das durchaus sein Problem sein und nicht Ihres. Da hat Ihre Teenagertochter Sie einen Dackel genannt, Sie verwahren sich dagegen, und schon schmollt sie: »War doch nur ein Spaß, warum musst du so empfindlich sein?« Aber die Sache ist nicht spaßig, sondern erfordert, dass Sie sich wehren. Unterscheiden Sie in Ihren Beziehungen konsequent zwischen Mein und Dein; Sie haben Ihren Teil der Verantwortung, und der andere seinen. (Mehr darüber weiter unten.)

Wie man es macht

Mit der Hoffnung alleine ist es noch nicht getan. Wenn Sie die Beziehung zu der Problemperson in Ihrem Leben verbessern wollen, brauchen Sie auch die richtigen Werkzeuge. Die Kapitel dieses Buches wollen Ihnen helfen, die folgenden konkreten Schritte zu tun:

Ihre Nervensäge verstehen. In Kapitel 1 werden wir darstellen, wie Nervensägen denken, fühlen und sich benehmen. Wir werden uns anschauen, was für eine Verdrahtung hinter der kindischen, kontrollierenden, abweisenden usw. Fassade steckt. Sie werden sehen, wie es dazu kommt, dass ein Mensch »schwierig« wird. Nervensägen haben eine ganz besondere Art, sich selbst, die anderen und die Welt zu sehen, und es hilft, wenn Sie darum wissen.

Die Krankheit erkennen. Kapitel 2 stellt Ihnen Hilfen zur Verfügung, um Ihre ganz besondere Situation richtig zu diagnostizieren. Sie müssen wissen, was hinter dem Verhalten Ihres Problemmenschen steckt, wie ernst die Situation ist und wie Sie seine Unarten zu bewerten haben.

Sie müssen ferner erkennen, *warum es bisher nicht geklappt hat.* Oft verstehen wir ja die Welt nicht mehr, weil Strategien (Konfrontieren, Erinnern, Bitten und Betteln), die *uns* sofort zu einer Änderung unseres Verhaltens bringen würden, bei der Nervensäge nicht funktionieren. Kapitel 3 wird Ihnen helfen, zu verstehen, warum dies so ist, sodass Sie nutzlose Strategien aufgeben und durch solche ersetzen können, die zu Ergebnissen führen.

Sie werden ferner sehen, dass *Veränderung möglich ist.* Nach Kapitel 4 werden Sie ein deutlicheres Bild davon haben, was Sie gerne verändert hätten bei Ihrer Nervensäge – sowohl äußerlich als auch innerlich.

Und schließlich werden Sie die verschiedenen konkreten *»Schlüssel«* kennen lernen, die Sie einsetzen müssen, um eine Veränderung herbeizuführen. Dies macht den Großteil dieses Buches aus, die Kapitel 6–11. In diesen Kapiteln machen wir Sie mit sieben Werkzeugen bekannt, mit denen Sie an Ihrer Situation und Ihrer Beziehung arbeiten können:

Schlüssel 1: *Gott* – also derjenige, der Veränderung überhaupt möglich macht.

Schlüssel 2: *Ihr Leben* – die verschiedenen Möglichkeiten, wie Sie als ein reifer werdender Mensch die Beziehung beeinflussen können.

Schlüssel 3: *Andere Menschen* – die wichtigen Hilfen, die gesunde, vernünftige andere Menschen Ihnen bringen können.

Schlüssel 4: *Ihre Einstellung* – wie Sie auf den schwierigen Menschen in Ihrem Leben zugehen, durch welche Brille Sie ihn und sein Problem betrachten.

Schlüssel 5: *Ihre Worte* – was Sie sagen müssen und wie Sie es sagen müssen.

Schlüssel 6: *Ihr Handeln* – Maßnahmen, die Sie vielleicht einüben müssen (z.B. dass Sie Konsequenzen ziehen).

Schlüssel 7: *Der Zeitfaktor* – erkennen, wie die Zeit Ihnen helfen kann, zu Veränderungen zu kommen, und diese Hilfe richtig nutzen.

Es kann sein, dass Ihre Situation eine »Generalstrategie« mit dem Einsatz verschiedener der oben genannten »Schlüssel« erfordert. Oder auch, dass schon ein paar Ideen und Gedanken genügen, um die Dinge in Bewegung zu bringen. Die meisten Menschen mit einem Nervtöter machen die Erfahrung, dass es ein kombiniertes Vorgehen mit mehreren aufeinander abgestimmten Schlüsseln und Schritten braucht, um zu Ergebnissen zu kommen. Ihr großer Vorteil dabei ist, dass *Sie* es sind, der den ganzen Prozess steuert, und nicht die Nervensäge. Es macht allen Sinn der Welt, dass Vernunft sich gegen Unvernunft, Gesundheit gegen Krankheit durchsetzt.

Achtung, fertig, los!

Also: Fangen Sie an, lesen Sie weiter. Lernen Sie, die Dinge durch eine neue Brille zu sehen. Tun Sie noch mehr: Betrachten Sie dieses ganze Unternehmen als eine Serie von Glaubensschritten. Glauben heißt, mit Gottes Liebe und Macht und Möglichkeiten rechnen, auch wenn wir sie nicht sehen können. Die Prinzipien, die wir Ihnen in diesem Buch vorstellen, gründen letztlich in Gottes Wesen, Worten und Gnade.

Und jetzt schauen wir uns genauer an, warum Ihre Nervensäge so ist, wie sie ist und wie sie die Welt erlebt.

Teil I

Ihre Nervensäge verstehen

Kapitel 1

Ein Blick hinter die Kulissen: Wie Nervensägen verdrahtet sind

Ich sprach mit Brian und Cindy, zwei Freunden von mir, über ihren Sohn Dylan. Dylan war Mitte zwanzig und ein Problem für sie. Er hatte sein Studium abgebrochen, war zurück ins Hotel Mama gekommen, hatte keine feste Arbeit, war notorisch undankbar und zeigte Anzeichen von Drogenmissbrauch. Die beiden hatten versucht, mit ihm zu reden, ihn moralisch aufzubauen und ihm zu helfen, eine Arbeitsstelle zu bekommen und auszuziehen. Seine Reaktion: Groll, Anschuldigungen und Ausreden.

Und jetzt saßen wir also zusammen und sie berichteten über die Gesamtsituation, damit ich die nötigen Informationen hatte, um ihnen zu helfen und eine Strategie für den Umgang mit ihrem Sohn zu entwickeln. Aber während wir so sprachen, fiel mir bei Cindy etwas auf. Erst nur ein wenig, aber dann immer mehr.

Cindy kam nicht darüber hinweg, dass Dylan nicht auf sie und Brian hörte. Immer wieder, mit einer Bemerkung nach der anderen, zeigte sie mir, dass sie es nicht wirklich akzeptiert hatte, dass er das Leben anders sah als sie. Während Brian sich hier mehr der Realität zu stellen schien, schien Cindy einfach hilf- und fassungslos zu sein.

Sie sagte zum Beispiel: »Ich kann's nicht glauben; wir haben

ihm doch alles gegeben.« Oder: »Warum hört er nicht endlich auf uns und wird erwachsen?« Oder: »Wir haben versucht, vernünftig mit ihm zu reden, ihm zu helfen, aber er tut so, als ob wir gegen ihn sind.«
Lauter an sich ganz natürliche Reaktionen, wenn jemand mir das Leben schwer macht und sich einfach nicht ändern will. Aber an irgendeinem Punkt muss man diesen ersten Schock überwinden, die Realitäten akzeptieren und anfangen, etwas zu unternehmen. Und hierzu war Cindy noch nicht bereit.

Ich merkte, dass nichts Konstruktives geschehen würde, solange Cindy in ihrer »Protestphase« verharrte. Sie würde weiter fassungslos staunen über das Nicht-erwachsen-werden-Wollen ihres Sohnes, das mir aus vielen anderen Fällen ein vertrautes Phänomen war. Dieses Staunen würde sie jedes Mal, wenn Dylan zeigte, was für einer er war, neu ins Stolpern bringen, und sie würde nie in der Lage sein, ihn richtig anzupacken.

Und so benutzte ich ein Bild, das sich in ähnlichen Situationen schon mehr als ein Mal bewährt hatte. Ich sagte: »Cindy, stell dir vor, du bist im Zoo. Du kommst gerade an dem Löwenkäfig vorbei und siehst, dass die Tür weit offen ist und der Löwe herauskommt. Er sieht dich. Was passiert wohl als Nächstes?«

»Na, ich nehme an, er wird mich fressen.«

»Wahrscheinlich«, sagte ich. »Und warum macht er das?«

»Weil er Hunger hat?«

»Sicher. Aber noch aus einem anderen Grund: *So sind Löwen nun mal.*«

Cindys Gesichtsausdruck änderte sich; ich sah förmlich, wie ihr der Groschen fiel. »Du ... du meinst, Dylan macht das auch alles, weil er so ist?«

Ich antwortete: »Ja, genau. Es gibt sicher noch mehr Ursachen. Aber der springende Punkt ist, dass Dylan dir zeigt, *wie er ist und dass er anders ist als du*. Du erwartest, dass ein Löwe auf deine klugen Argumente hört und brav zurück in den Käfig geht. Das würdest *du* machen, das ist das Vernünftige. Aber Löwen sind nun mal anders. Sie wollen hinaus und jagen und fressen.«

Ich fuhr fort: »Du erwartest dauernd, dass Dylan endlich kapiert, was Sache ist, dass er einsieht, wie er sich das eigene Leben verbaut und das seiner Mitmenschen schwer macht. Du erwartest, dass er das tut, was *du* tun würdest, und bist ganz fassungslos, dass er nicht auf dich und die Vernunft hört und immer wieder Mist baut.«

Brian sagte zu Cindy: »Du, Schatz, da ist was dran. Jedes Mal, wenn wir versuchen, eine Strategie zu entwickeln, bist du wie gelähmt, weil du es nicht fassen kannst, dass er so egoistisch ist.«

Ich fügte hinzu: »Und bestimmt ist er ein Meister im Hinhaltespiel, wenn er so tut, als ob er auf dich eingeht und sich eine Weile bessert. Sobald du dann den Zügel lockerst, fällt er prompt in den alten Trott zurück.«

Cindy sagte: »Das kommt mir irgendwie bekannt vor.«

Ich sagte: »Klar hat Dylan Probleme, und er macht euch Probleme, und die müssen wir lösen. Aber es wird hier keinen Durchbruch geben, solange du, Cindy, darauf bestehst, dass Dylan jemand ist, der er – jedenfalls heute – nicht ist. Du musst es akzeptieren, dass er anders ist als dein Wunsch-Dylan und ganz anders als du selbst. Er sieht das ganze Leben anders. Wenn du das einsiehst, dann kannst du ihn verstehen und ihm helfen und etwas Neues bauen.«

Cindy sah traurig aus. Ich wusste, was jetzt in ihr vorging. In ihr begann ein Trauerprozess. Sie fing an, sich von ihrem Traum-Dylan zu verabschieden und den realen Dylan zu akzeptieren, und das war ein herber Verlust für sie. Aber ich wusste auch, dass dieses Abschiednehmen, so weh es tat, ein entscheidendes Hindernis auf Dylans Weg in das Erwachsenenleben wegräumen würde.

Was geht hier vor?

Vielleicht geht es auch Ihnen so wie Cindy: Sie stehen fassungslos vor Ihrer Nervensäge und können nicht verstehen, warum sie »so was macht«. Oder ihre Eskapaden verwirren Sie einfach. Was Sie brauchen, ist das Wissen, wie so ein schwieriger Mensch »verdrahtet« ist; erst dann werden Sie bereit sein, die richtigen Schritte zu tun.

»Bereit sein« – das klingt fast ein wenig wie die Vorbereitungen zu einem Krieg. Und in einem gewissen Sinne befinden Sie sich in einem Krieg; Sie kämpfen darum, einem Menschen, der bisher keinerlei Lust dazu gezeigt hat, eine Umgebung zu schaffen, in der er wachsen und anders werden kann. Dies ist nicht ein Kampf um Macht oder Besitz, sondern wenn Sie gewinnen, gewinnt auch Ihre Nervensäge und Ihre Beziehung zu ihr. Schauen wir uns also die Psychologie der Nervensäge an.

Dem Problem auf den Grund gehen

Um die Nervensäge zu verstehen, müssen wir gleichsam hinter ihr nerviges Verhalten schauen. Ihre Verhaltensweisen und Einstellungen können ein großes Problem sein, aber sie sind nicht *das* Problem. Sie sind lediglich Symptome der Art, wie sie das Leben sieht, und es ist wichtig, dies zu verstehen. Wie Jesus gesagt hat: »Ein gesunder Baum trägt gute Früchte, ein kranker Baum dagegen schlechte« (Matthäus 7,17). Es bringt nichts, an den Früchten herumzudoktern, wenn man nicht den ganzen Baum behandelt.

Als Psychologe bin ich ständig mit diesem Problem konfrontiert. Da sind die Eltern eines Drogensüchtigen, die wissen wollen, was die beste Entzugstherapie ist, aber an das, was sich in der Seele ihres Sohnes ändern muss, denken sie nicht. Oder der Ehemann einer kaufsüchtigen Frau, der ihr die Kreditkarten abnimmt, aber nicht darüber nachdenkt, *warum* sie sich pausenlos neue Kleider kaufen muss. Oder die junge Frau, die ihren Freund auffordert, die andere Freundin in seinem Leben abzuschaffen – ohne sich zu fragen, woher seine Untreue kommt. Wenn wir uns nur auf die Symptome konzentrieren, ist das Ergebnis nur zu oft, dass die Krankheit sich einen anderen Teil der Beziehung aussucht. Das, was die Frucht hervorgebracht hat, ist immer noch da und infiziert alles.
Suchtexperten kennen das Phänomen des »trockenen Alkoholikers«, d.h. eines Menschen, der durch Willenskraft und Dis-

ziplin mit dem Saufen Schluss gemacht hat, ohne sich je zu fragen, *was* er da im Alkohol ersäufen wollte, und der dann anschließend oft in Depressionen fällt oder aggressiv wird – die Probleme, die er mit dem Alkohol betäuben wollte.

Bleiben Sie also nicht bei den Worten und Verhaltensweisen Ihrer Nervensäge stehen (obwohl Sie sich selbstverständlich auch mit ihnen beschäftigen müssen), sondern untersuchen Sie, was hinter ihnen steht.

Es beginnt von innen

Dazu schauen wir uns am besten die seelische Grundstruktur von uns Menschen an, also die typische Art, wie wir das Leben, uns selbst, die Welt und andere Menschen wahrnehmen und erfahren. Diese Grundstruktur nennt man auch *Charakter*. Unser Charakter, das ist unser (ob nun gutes oder schlechtes) inneres Gepräge, unsere Werte, Gefühle und Gedanken und die Art, wie sie miteinander verknüpft sind und das, was wir tun oder sagen, bestimmen.

In einem anderen Buch haben Henry Cloud und ich den Charakter definiert als *das System der Fähigkeiten, die man braucht, um die Herausforderungen des Lebens zu meistern*. Das Leben stellt uns immer wieder vor Aufgaben: Wir müssen mit bestimmten Menschen zurechtkommen, gut arbeiten, unsere große Leidenschaft finden usw. Dies gilt nicht nur für die Erziehungsarbeit mit unseren Kindern, sondern auch für alle Beziehungen zwischen Erwachsenen. Die Menschen brauchen eine bestimmte Kombination von Fähigkeiten, die man Charakter nennt und die ihnen hilft, das Leben zu meistern.

Ein gelungener Charakter hat sechs Grundaspekte, die man wie folgt beschreiben kann:

- Die Fähigkeit, sinnvolle Beziehungen einzugehen und zu pflegen
- Die Fähigkeit, Eigenverantwortung für mein Leben zu übernehmen
- Die Fähigkeit, damit zu leben, dass ich und die anderen nicht vollkommen sind
- Die Fähigkeit, kompetent zu arbeiten und Aufgaben zu übernehmen
- Die Fähigkeit, eine innere moralische Struktur aufzubauen
- Die Fähigkeit zu einem geistlichen Leben und einem Gottesbezug

Ich glaube, es ist deutlich, dass jemand, der diese Fähigkeiten besitzt, gute Voraussetzungen hat, das Leben zu meistern. Und dass umgekehrt viele Lebensprobleme auf Defizite bei diesen Fähigkeiten zurückzuführen sind. Sie haben das vielleicht schon in Ihrem eigenen Leben erfahren – in der Liebe, im Beruf, bei Ihren persönlichen Angewohnheiten und Verhaltensweisen. Jemand, der Schwierigkeiten hat, sich verletzlich zu zeigen, hat Probleme mit Nähe. Der, der Macht immer an andere abgibt, hat kein eigenes Leben und keine Selbstkontrolle. Jemand, der nicht akzeptieren kann, dass er nicht vollkommen ist, schämt sich seiner selbst. Und so weiter.

Wir alle haben bei mindestens einer dieser sechs Grundfähigkeiten unsere mehr oder weniger großen Schwächen und Probleme, und geistlich, emotional und beziehungsmäßig wachsen heißt unter anderem, diese Schwächen und Probleme zu erkennen und an ihnen zu arbeiten.

Wenn mein Problem nicht »mein« Problem ist

Charakterprobleme haben alle: Sie, ich und unsere Nervensägen. Was die Nervensäge zur Nervensäge macht, sind nicht diese Probleme an sich, sondern die Tatsache, dass sie *nicht bereit ist, sich ihnen zu stellen und Verantwortung für sie zu übernehmen.* Sie sieht sie nicht als etwas, was sie angehen und ändern kann, und fragt nicht danach, wie sie auf ihre Mitmenschen wirken.

Und damit sind wir bei einem ganz zentralen Punkt. Zu einem gesunden Entwicklungsprozess gehört es, dass man versucht, seine Lasten und Aufgaben zu schultern und durch sie reifer zu werden. Nicht so bei der Nervensäge; sie verharrt in ihrem unreifen Zustand und macht keine Anstalten, erwachsen zu werden. Sie ist in echter Gefahr, sich nie zu ändern, ja immer noch kindischer und schwieriger zu werden, wenn nicht starke Veränderungsanstöße von außen kommen.
Es ist enorm wichtig, dies zu verstehen. Jeder hat Probleme und Schwächen. An diesem Punkt setzt ja der Prozess der Heilung und des Erwachsenwerdens an. Aber der Mensch, der sich weigert, sich mit seinen Schwächen und Macken zu beschäftigen *und vor allem damit, wie sie auf andere wirken*, hat ein noch viel tieferes Problem, ja er *ist* ein Problem.

Mein Leben als Mr. Sarkastisch

Beim nächsten Beispiel muss ich etwas bekennen. Auch ich war einmal eine Nervensäge. Ich habe einen bissigen Humor, der zwar mir und meinen Freunden Spaß macht, aber gelegentlich zu weit gehen und Menschen verletzen kann. Wenn ein Freund zu spät zum Kaffee kommt und sich entschuldigt, sage ich zum Beispiel: »Ist schon gut, so was bin ich gewöhnt in dieser bösen Welt.« Meine Freunde, aber auch Menschen mit dem sprichwörtlich dicken Fell finden diesen Spruch nicht weiter schlimm. Aber jemand, der mich nicht gut kennt oder vielleicht etwas sensibel ist, fühlt sich womöglich herabgesetzt oder angegriffen.

Lange Zeit sah ich in meiner sarkastischen Ader kein Problem. Aber dann fing meine Frau Barbi, die eine sanftere Seele ist, an, mir zu sagen, dass ich manchmal andere verletzte. Erst fand ich, dass sie es übertrieb und etwas in andere Menschen hineinlas, das gar nicht da war. Bis vor einigen Jahren ein ehemaliger Mitschüler mir sagte: »Ich hatte immer Angst, wenn ich in deiner Nähe war und andere waren dabei.« Ich fragte nach dem Grund dafür, und er antwortete: »Na, weil du immer irgendwas sagtest, dass ich mir wie ein Idiot vorkam.«

Ich musste an Barbis Vorhaltungen denken, und der Groschen fiel. Ich fühlte mich furchtbar und entschuldigte mich bei meinem Freund, der sehr liebenswürdig zu mir war. Und ich fing an, daran zu arbeiten, harmlosere Witze zu machen. Ich habe das Ziel noch nicht erreicht, aber nach dem, was die Leute mir so sagen, scheine ich einige Fortschritte gemacht zu haben. Ich möchte niemanden verletzen, und die Entdeckung, dass ich viele verletzt hatte, gefiel mir damals gar nicht.

Aber warum erzähle ich dieses Beispiel? Nun, bevor mein Mitschüler mich mit meinem Problem konfrontierte, machte ich anderen Menschen das Leben schwer *und kümmerte mich nicht darum.* Selbst nachdem Barbi mit mir gesprochen hatte, weigerte ich mich, mein negatives Verhalten einzusehen und an mir zu arbeiten, sodass ich zumindest auf diesem Gebiet eine echte Nervensäge war.

»Mir tut nichts Leid«

Ein ernsteres Beispiel ist das einer Frau, die ich kannte, die so gehässig war, dass ihre erwachsenen Kinder nichts mehr mit ihr zu tun haben wollten. Sie hatte sie furchtbar verletzt, und sie alle hatten in ihrem Gefühls- und Beziehungsleben tiefe Narben davongetragen.

Ich versuchte, sie als Freund zu begleiten, aber man konnte nicht längere Zeit mit ihr zusammen sein, ohne dass sie die nächste Tirade über ihre Verwandten, Freunde oder wen auch immer begann.

Bevor ihre Kinder es mit ihr aufgaben, hatten sie sogar einen regelrechten Familienrat einberufen. Sie hatten sich mit ihr an einen Tisch gesetzt und versucht, endlich zu ihr durchzudringen. Sie wollten eine Beziehung zu ihr, sie wollten, dass die Enkel eine Oma hatten. Aber sie deutete alles als persönlichen Angriff und sprach monatelang nicht mehr mit ihnen. Pastoren und Freunde versuchten ihr zu zeigen, wie destruktiv sie war. Entweder sie beschimpfte sie oder beschwerte sich, dass sie gemein zu einer alten Frau wären. Sie ließ niemanden an sich heran. Das Letzte, was ich von ihr hörte, war, dass sie ganz allein in einer Zwei-Zimmer-Wohnung hauste und kaum jemanden hatte, der ihr half, weil sie alle vergrault hatte. Auf ihrem Kühlschrank klebte ein Blatt Papier, auf das sie geschrieben hatte: *Mir tut nichts Leid.*

Das ist das Motto dieser Frau. Das ist ihr Leben. Sie war nicht bereit, in den Spiegel zu schauen, nicht bereit, anders zu werden. Was für ein Elend brachte sie damit über sich und ihre Kinder und Enkel! Wie leer wurde ihr Leben!
Wie ganz anders, wenn ein Mensch sagt: *»Es tut mir Leid!«*, und anfängt, Buße zu tun und sich zu ändern. Dann feiert der Himmel! »Genauso ist im Himmel die Freude über einen verlorenen Sünder, der zu Gott zurückkehrt, größer als über neunundneunzig andere, die gerecht sind und gar nicht erst vom Weg abirrten!« (Lukas 15,7).

Wenn zwei nicht das Gleiche tun

Man muss unterscheiden zwischen Fällen wie dem der verbitterten alten Frau und solchen, wo jemand zwar ernste Probleme in seinen Beziehungen hat, aber nicht damit, dass er sich diesen Problemen nicht stellen würde. Ein solcher Mensch kann einem durchaus auf die Nerven gehen, aber nicht auf die gleiche Art; der Schaden rührt hier nicht daher, dass ihm sein Verhalten und seine Sünden egal sind.

Ein Beispiel: Eine Frau, mit der ich in einer Organisation zusammenarbeitete, war entschieden zu kritisch und herrisch. Sie konnte nicht gut zuhören, und ich merkte, dass ihre Art nicht gut für die Moral und Produktivität der Organisation war. Sie schreckte die Leute richtig ab; es war eine ernste Situation.

Aber als ich mit ihr über das Problem redete, war sie zugänglich und erschrak über sich selbst. Sie hatte gar nicht gemerkt, wie sie mit den anderen umging; nein, so wollte sie doch gar nicht sein! Sie bat mich und andere um Hilfe: »Sagt es mir, wenn ich euch zu sehr rumkommandiere!« Sie begann, in einen Hausbibelkreis zu gehen, der ihr Hilfe und Unterstützung bot. Sie las Bücher zu dem Thema. Sie betete und suchte in der Bibel nach Antworten für ihr Charakterproblem.

Ihr herrisches Verhalten war ein schweres Problem, aber im Laufe der Zeit machte sie große Fortschritte. Was war in diesem Fall anders als im vorigen Beispiel? *Diese Frau war in hohem Maße bereit, Verantwortung für ihr Leben zu übernehmen und an sich zu arbeiten, und sie war entschlossen, sich zu verändern.* Sie war eine »schwierige« Kollegin – aber ihre Bereitschaft, ihre Probleme wirklich als *ihre* Probleme zu sehen und entsprechend anzugehen, änderte alles. Sie brauchte nicht erst ihre Arbeitsstelle oder ihre Freunde zu verlieren oder als Notfall auf der Couch des Psychiaters zu landen, um anzufangen, sich zu ändern.
Diese Frau ist keine echte Nervensäge. Sie ist veränderungsfähig und veränderungswillig, weil sie möchte, dass es ihren Mitmenschen gut geht und dass sie selbst an Reife zunimmt. Dies sind gute Motive, um an sich zu arbeiten. Einstein hat einmal gesagt: »Die Menschen wären arm dran, wenn ihr einziges Motiv, Gutes zu tun, die Angst vor der Strafe nach dem Tod oder die Hoffnung auf eine Belohnung im Jenseits wäre.« Diese Motive haben durchaus ihren Platz, aber sie sind nicht so wichtig, wie wir manchmal denken. Das höchste Motiv ist immer noch die Liebe – die Liebe zu Gott und zum Mitmenschen. Jesus sagt: »Ich habe euch genauso geliebt, wie der Vater mich geliebt hat. Bleibt in meiner Liebe« (Johannes 15,9).

Schwach sein ist keine Sünde

Ich habe eine andere Freundin, die ernste Probleme hat, die ihre Verwandten und Freunde sehr belasten. Sie hat eine lange und traumatische Geschichte des Missbrauchs und der Verletzung durch andere Menschen hinter sich, die die meisten von uns sich gar nicht vorstellen können. Sie ist durch massive finanzielle, emotionale, beziehungsmäßige und medizinische Probleme gegangen, die teils mit ihrer Biographie zu tun haben, teils auch nicht. Sie hat den Großteil ihres Lebens hart und geduldig an ihren Problemen gearbeitet und ist langsam, aber sicher daran gewachsen und hat sich verändert. Aber geheilt ist sie noch lange nicht. Manchmal zieht sie sich völlig zurück, und ihre Freunde rufen sie dann an oder besuchen sie, damit die Verbindung zu ihr nicht abreißt. Manchmal hat sie heftige emotionale Ausbrüche, und dann sind ihre Freunde wieder gefordert. Oder die nächste Krise kommt, und dann bleiben liebe Menschen bei ihr, bis sie überstanden ist.

Aber eine Nervensäge ist sie eigentlich nicht. Sie hat härter an sich gearbeitet und mehr aufgegeben als die meisten anderen Menschen, die ich kenne. Sie hat eine sehr tiefe, persönliche Liebe zu Gott. Sie liebt auch ihre Freunde und hasst es, wenn sie ihnen zur Last fällt. Sie versucht, mit dem wenigen, was sie hat, anderen zu helfen.

Die Freunde dieser Frau sind nie böse auf sie. Sicher, ihre Probleme führen sie manchmal an die Grenzen ihrer Kraft, aber nie haben sie den Eindruck, dass sie ihre Hilfe ausnutzt oder dass sie sich gehen lässt. Manchmal müssen sie ihr geradezu sagen: »Ruf uns an, wenn es dir nicht gut geht. Es ist nicht gut, wenn du uns nichts sagst.«

Und ich weiß noch etwas: Die Kämpfe und Probleme, die diese Frau heute hat, sind nichts im Vergleich zu denen, die sie früher hatte. Manchmal kann man die Fortschritte, die ein Mensch gemacht hat, erst ermessen, wenn man sich anschaut, wo er herkommt. Dann staunt man nur so, wie er sich verändert hat.

Der Fall dieser Frau ist etwas völlig anderes als das Nervensägen-Syndrom. Diese Frau gehört zu denen, die die Bibel die *Schwachen* nennt – Menschen, die das Leben gezeichnet oder zerbrochen hat. Schwach sein ist keine Sünde, sondern ein Problem, das unseren ganzen Einsatz an Hilfe und Liebe erfordert. Ja, es ist ein Vorrecht und ein Segen, einem solchen Schwachen zu helfen, das Leben zu meistern und zu wachsen: »Wohl dem, der sich des Schwachen annimmt! Den wird der HERR erretten zur bösen Zeit« (Psalm 41,2 – Luther).

Vielleicht haben auch Sie einen solchen Schwachen in Ihrem Leben, und seine Schwäche strapaziert Ihre Nerven und Geduld. Betrachten Sie dies als *Ihr*, nicht als sein Problem; hier sind vor allem Sie gefordert. Manchmal erinnert der Schwache uns an unsere eigenen Schwächen, und wir reagieren allergisch darauf. Oder wir überfordern uns bei unseren Hilfeversuchen und haben dann den Eindruck, dass dieser Mensch uns die letzte Kraft nimmt, obwohl wir an uns selbst Raubbau betreiben. In solchen Fällen besteht die Lösung darin, dass wir uns erst mal mit unseren eigenen Problemen auseinander setzen.

Sicher gab es auch in Ihrem Leben schon Zeiten, in denen Sie sich schwach fühlten und Sie waren dankbar dafür, Freunde zu haben, die Verständnis hatten und Sie durchtrugen. Ich werde nie die Menschen vergessen, die mir halfen, als ich selbst in

tiefen Depressionen steckte. Dass ich wieder aus ihnen herausfand und heil werden konnte, lag zum großen Teil daran, dass diese Freunde da waren.
Also: Das anstößige oder verletzende Verhalten Ihrer Nervensäge an sich ist (außer es bringt Sie in Gefahr) im Grunde zweitrangig. Der Kern des Problems ist ihr Unvermögen oder ihre Weigerung, es als *ihr* Problem zu sehen und etwas zu seiner Lösung zu unternehmen.

Die Nervensäge folgt anderen Gesetzen

Kehren wir zurück zu Cindy und ihrem Sohn Dylan. Wir können Cindys Hilflosigkeit jetzt besser verstehen. Cindy ist ein Mensch, der auf Kritik und Bitten reagiert. Wenn jemand ihr sagt: »Das und das stört mich«, dann nimmt sie dies ernst (manchmal fast zu ernst), weil sie doch keinem Menschen wehtun will, und ändert sich.

Meistens ist der Partner einer Nervensäge (nennen wir ihn die »Nicht-Nervensäge«) so wie Cindy. Sie ist sehr selbstkritisch, hört auf das, was andere ihr sagen, und versucht, die Situation zu klären, Beziehungen zu heilen und allgemein ein besserer Mensch zu werden. Das ist etwas Gutes. Wenn man beim Thema »Rücksichtnahme auf die Mitmenschen« schon Schlagseite haben muss, dann sicher besser in der Richtung »zu viel« als »zu wenig«.

Die Nervensäge folgt anderen Gesetzen. Worte, Konfrontationen, verletzte Gefühle der Mitmenschen oder auch das Nachdenken über sich selbst bringen sie nicht dazu, sich zu ändern. Sie flüchtet sich in Ausreden, findet, dass es doch alles nicht so schlimm ist, oder schiebt die Schuld den anderen zu. Also aufgepasst: Was bei Ihnen funktioniert, funktioniert nicht unbedingt auch bei Ihrer Nervensäge.

Der Nabel der Welt

Die Nervensäge hat ihre eigene Art, die Welt zu betrachten. Die meisten Menschen (nun ja, mehr oder weniger) sehen ein, dass nicht nur ihr eigenes Leben wichtig ist, sondern auch das der anderen. Es ist ihnen peinlich, wenn sie durch Unreife, Verantwortungslosigkeit oder Egoismus anderen wehtun. Sie können mit den anderen mitfühlen. Sie merken es, wenn sie etwas falsch gemacht haben, und unternehmen etwas.
Die Nervensäge dagegen neigt dazu, sich als den Nabel der Welt zu sehen. Was für sie zählt, ist immer nur, was *sie* tut, braucht oder durchmacht, und das macht sie zu einem schlechten Partner im Lösen von Problemen. Manchmal wird sie wütend. Oder sie hält sich für das arme, verfolgte Opfer. Oft fällt es ihr schwer, mit anderen mitzufühlen, und mehr noch, zu merken, *wo und wie sie andere verletzt*. Und es fällt ihr sehr, sehr schwer, selbst in den Spiegel zu sehen und sich ihren hässlichen dunklen Flecken zu stellen.

Wenn Sie also (was meist Zeitverschwendung ist) mit Ihrer Nervensäge diskutieren und den Eindruck haben: *Wir sprechen nicht die gleiche Sprache,* dann haben Sie wahrscheinlich Recht. Sie versuchen, liebevoll, offen, hilfreich und konstruktiv zu sein, und es will und will nicht besser werden? Womöglich empfindet Ihre Nervensäge Sie als den großen Nörgler, Polizisten und Oberlehrer. Oder auch (was das Schlimmste ist) Sie sind ihr schlicht egal. Dies ist eine harte Wahrheit, aber eine, um die Sie wissen müssen, und wir werden uns in einem späteren Kapitel noch ansehen, wie Sie darauf reagieren können.

Es tut weh, wenn man sich einem anderen Menschen öffnet und kaum eine Reaktion von ihm bekommt. Aber seien Sie sich darüber klar, dass genau dies ein Teil Ihres Problems ist. Suchen Sie sich Menschen, mit denen Sie über dieses Problem und Ihre Gefühle reden können; Sie werden ihre moralische Unterstützung brauchen bei Ihrem Versuch, die Beziehung zu Ihrer Nervensäge zu verändern.

»Warum soll ich mich ändern?«

Oft ist die Nervensäge schon seit längerer Zeit so und fühlt sich eigentlich ganz wohl in ihrer Haut. Sie hat sich daran gewöhnt, ihre Mitmenschen zu kontrollieren und zu manipulieren. Oder sie »bestraft« sie tagelang mit Schweigen und Schmollen. Oder sie stürzt sich in eine Einkaufsorgie nach der anderen, nach dem Motto: *Das Girokonto wird schon wieder voll werden ...*

Das Kennzeichen von zunehmender Reife ist zu wissen und zu akzeptieren, wo man steht, aber zugleich entschlossen, mit Gottes Hilfe nicht dort zu verharren, sondern weiterzugehen. So ein Mensch will heil werden, reifer, anders werden – um seinetwillen, um Gottes willen und um seiner Mitmenschen willen. Er möchte nicht so bleiben, wie er ist. Und deshalb besteht eine Ihrer ganz großen Aufgaben gegenüber Ihrer Nervensäge darin, ihr zu helfen, unzufrieden mit sich selbst zu werden, und den Willen zur Veränderung zu wecken.

Auch die guten Seiten sehen

Bei den Vorarbeiten zu diesem Buch stieß ich auf viel Material, in dem »schwierige« Menschen als durch und durch böse, krank oder schlecht dargestellt wurden. Nun gibt es zweifellos Menschen, die böse, krank oder schlecht sind, aber die Wahrscheinlichkeit ist groß, dass Ihre Nervensäge auch ein paar sehr gute Eigenschaften hat, die Sie nicht aus dem Blick verlieren sollten. Sie ist zum Beispiel ein herzlicher Mensch, ist humorvoll, gewissenhaft und ordentlich, ist beliebt usw. usw.

Wenn Sie dies nicht wahrnehmen, sehen Sie Ihre Nervensäge nicht so, wie sie wirklich ist, und die Gefahr, dass sie sich von Ihnen schlecht gemacht und abgelehnt fühlt, wächst entsprechend. In der Sache fest, aber im Umgang herzlich – das ist keine schlechte Regel, die Sie sich schon jetzt merken sollten. So wollen wir ja alle behandelt werden, und das funktioniert am besten.

Warum sieht sie es nicht ein?

Das ist eine wichtige Frage, deren Beantwortung für Ihre Strategie gegenüber Ihrer Nervensäge entscheidend ist. Es gibt verschiedene Gründe, warum Menschen sich aus der Verantwortung herausstehlen. Hier einige der wichtigeren:

Mangel an Wissen und Erfahrung

Manchmal ist das Problem einfach ein mangelhaftes Verständnis der Welt der Beziehungen, der Gefühle, des inneren Reifens und der Spiritualität – also dessen, was man auch die innere Welt oder die Tiefendimension des Lebens nennt. Es kann sein, dass Ihre Nervensäge diese Welt nie richtig kennen gelernt hat. Vielleicht, weil sie liebevolle, aber hart arbeitende Eltern hatte, die nie die Zeit hatten, über diese Dinge zu reden. Oder weil sie in ihrem Leben so viel Chaos erlebt hat, dass sie (verbranntes Kind scheut das Feuer) sich darauf verlegt hat, ihre inneren Probleme dadurch zu überdecken, dass sie ständig beschäftigt ist und andere Menschen manipuliert.

Bei solch einem Menschen ist die emotionale Sensibilität zu wenig ausgeprägt. Wenn Sie ihm sagen: *Du bist zu grob zu mir, du tust mir weh,* denkt er, dass Sie eine fremde Sprache sprechen. Er weiß tatsächlich nicht, was Ihre Worte bedeuten. *Er* will Ihnen doch nur die Meinung sagen, und *ihm* tut es nicht weh, wenn jemand sehr direkt zu ihm ist. Er kämpft nicht gegen Sie, er kennt einfach nicht Ihre Gefühlswelt. Für solch eine Nervensäge ist es oft hilfreich, sich einer festen Gruppe anzuschließen (z.B. einer Selbsthilfegruppe oder einem Hauskreis), in der sie damit beginnen kann, sich dem Leben und der Welt der Beziehungen zu öffnen.

Angst

Manche schwierigen Menschen wollen sich nichts sagen lassen oder nicht in den Spiegel schauen, weil sie schlicht Angst haben. Sie haben Angst davor, als hoffnungsloser Fall betrachtet zu werden. Manchmal halten sie sich selbst für einen hoffnungslosen Fall. Oder sie haben Angst, dass die anderen sie ablehnen oder sie verlassen werden. Wieder andere sind voll Angst, dass sie dann, wenn sie wirklich erkennen, was sie tun, es ihnen zu viel wird und sie es nicht verkraften.

Ich hatte einmal einen Mann zur Therapie, der mit seiner kalten, kurz angebundenen Art die Leute vor den Kopf stieß. Er hatte zwei Scheidungen hinter sich, seine Kinder wollten nichts mehr von ihm wissen, und auch im Beruf gab es große Probleme. Wer ihn erlebte, hatte den Eindruck, dass er unberührt über diese Dinge hinwegging. Wenn jemand ihm sagte, wie unsympathisch er wirkte, antwortete er: »Das ist nicht mein Problem.« Er schien ein Mensch zu sein, wie er egoistischer und rücksichtsloser nicht sein konnte.

Aber das war noch nicht alles. Als er sich in unseren Gesprächen sicherer fühlte, veränderte sich etwas in ihm. Er fing an, seine Bedürftigkeit und innere Einsamkeit zu spüren. Er merkte, dass er (wie wir alle) Menschen und Beziehungen brauchte. Und dann merkte er noch etwas – dass er Angst hatte, große Angst. Angst davor, dass er dann, wenn er sich öffnete, so verletzbar werden würde, dass andere Menschen ihm wehtun könnten.

Ironie des Schicksals: Er hatte die ganze Zeit die Menschen von sich weggestoßen, weil er Angst hatte, dass sie ihn verlassen würden. Worauf sie ihn natürlich erst recht verlassen hatten.

Dieser Mann begann nun endlich, sich seinen Problemen zu stellen und Hilfe zu suchen bei Menschen, die ihm diese Hilfe geben konnten. Und siehe da, das Blatt wendete sich; er ergriff die ausgestreckten Hände und erlebte die Liebe und Wärme, die er eigentlich immer gesucht, aber der er nie recht getraut hatte. Sein äußerer Panzer bekam Risse und er wurde nach und nach offener, sanfter und einfühlsamer. Für die Nervensäge mit all ihren Ängsten gibt es viel Hoffnung, wenn sie nur bereit ist, den Blick nach innen zu wagen.

»Ich bin etwas Besonderes«

So lautet die Lebensphilosophie so mancher Nervensäge. Sie glaubt (ob nun unbewusst oder bewusst), dass sie privilegiert ist, jemand, der eine bessere Behandlung verdient hat als der

Rest der Welt und für den die normalen Regeln nicht gelten. *Beim Bäcker warten, bis ich an der Reihe bin? Mit mir nicht!*

Jemand mit dieser Einstellung ist oft so von sich selbst eingenommen, dass für die Bedürfnisse und Gefühle der anderen kein Platz mehr bleibt. *Freunde, Nachbarn, Kollegen sind dazu da, meine Bedürfnisse zu stillen, und wehe, sie wagen es, ein Eigenleben zu haben.*

Manchmal sind diese Menschen in einem Milieu aufgewachsen, in dem sie nie Grenzen aufgezeigt, nie ein realistisches Bild von sich selbst vermittelt bekamen. Kein Mensch in ihrer Umgebung hat es auf sich genommen, ihren »Ich-Ballon« liebevoll platzen zu lassen, um ihnen zu zeigen, dass andere Menschen genauso wichtig sind wie sie.

Ich erinnere mich da an Rich und seine Frau Margaret. Margaret war eine Nervensäge von der verwöhnten Sorte. Mit ihrem Egoismus war sie auf dem besten Wege, ihre Ehe zu zerstören. Um dem Problem genauer auf den Grund zu gehen, versuchte ich es mit einer bekannten Kommunikationsübung. Ich sagte: »Ich hätte gerne, dass jetzt jeder von Ihnen dem anderen eine Sache sagt, die ihn an ihm nervt. Daraufhin soll der andere dies jeweils mit seinen eigenen Worten wiederholen, wenn nötig, mehrmals, so lange, bis der Partner sagt: ›Jetzt hast du verstanden, was ich dir sagen möchte.‹«

Margaret fing an. Sie sagte: »Rich, wenn was nicht stimmt, sagst du erst nicht, was los ist, und dann schreist du auf einmal mich und die Kinder an. Das frustriert mich und macht mir Angst.«

Ich schaute Rich an, und er sagte: »Also, du willst mir sagen, dass ich mich zuerst immer ins Schneckenhaus zurückzieh und dann explodiere, und das macht dich wütend, du kriegst Angst, und du hättest gerne, dass ich damit aufhör.«

Ich sah Margaret an, und sie nickte. Jawohl, ihr Mann hatte sie verstanden.

Jetzt war Rich an der Reihe. Er sagte: »Wenn ich dir sage, dass wir ein Problem haben – selbst wenn ich das ganz nett und höflich mache –, dann redest du das entweder klein oder gehst an die Decke. Dann komme ich mir so richtig allein vor in unserer Ehe.«

Ich sah Margaret an. Sie sagte: »Das mach ich, weil du immer so negativ bist.«

Ich sagte: »Halt! Das war keine Wiederholung mit anderen Worten, das war schon eine Reaktion. Versuchen Sie's noch mal.«

Margaret sagte: »Du machst immer aus einer Mücke einen Elefanten.«

»Warten Sie«, sagte ich, »Sie erzählen Rich, was *Sie* denken. Sie sollen doch sagen, was *er* denkt. Noch einmal, bitte.«

Diesmal war sie auf Rich und mich wütend. Sie sagte heftig: »Soll das hier eine Schulstunde sein, oder was?«

Ich antwortete: »Nun, etwas lernen wollen wir schon. Sie werden so lange nichts von Ihrer Ehe haben, Margaret, bis Ihnen das, was Rich fühlt, nicht genauso wichtig ist wie das, was Sie fühlen.« Und an diesem Punkt begannen wir zu arbeiten.

Die Nervensäge, die sich für etwas Besonderes hält, reagiert oft genervt, wenn man ihr die Meinung sagt. Sie empfindet es als Beleidigung, ein Angriff auf das überhöhte Bild, das sie von sich hat. Sie ist verärgert oder schießt zurück: »Das ist ja gar nicht wahr!«

Eine traurige Reaktion, denn wenn sie sich die Wahrheit sagen lassen würde, könnte sie das retten. Wenn ihr bewusst würde, wie einsam ihr Egoismus sie macht und dass sie ja gar nicht der Mensch ist, für den sie sich hält, würde ihr klar werden, wie leer es in ihrem Schneckenhaus ist. Dann könnte sie sich von der Liebe und Wahrheit, die Gott und liebe Menschen ihr bieten, füllen, verwandeln und neu aufbauen lassen. Es funktioniert; ich habe es schon oft erlebt. Wenn man ihr richtig begegnet, gibt es durchaus Hoffnung für die verwöhnte Nervensäge.

Neid

Neid ist eine der schlimmsten Folgen des Sündenfalls. Ein neidischer Mensch wird todunglücklich und macht andere unglücklich. Was ist Neid? Neid ist *die Erwartung, dass das, was mich glücklich machen wird, das ist, was ich nicht habe.* Der Neider ist ständig hungrig und leer. Er ist nie zufrieden und gönnt den anderen nichts.

Neid ist nicht dasselbe wie sich etwas zu wünschen. Wünsche können etwas sehr Gutes sein – dann nämlich, wenn sie uns antreiben, etwas zu bekommen, was wir wirklich brauchen:

den richtigen Arbeitsplatz, gute Freunde, gute Gelegenheiten usw. Wenn solch ein Wunsch erfüllt ist, führt dies zu innerer Ruhe und Zufriedenheit.

Bei dem Neider ist es gerade andersherum. Wenn er die ersehnte Beförderung, das Haus oder die Frau bekommen hat, ist ihm das nicht genug. Ehe er sich versieht, gibt es etwas anderes, was er unbedingt haben muss und ohne das er nicht glücklich sein kann. Mancher Neider ist erst dann glücklich, wenn andere unglücklich sind; dann erst ist für ihn die Welt in Ordnung.

Die neidische Nervensäge ist chronisch unglücklich. Aber sie sieht das nicht als *ihr* Problem. Das Problem ist die Ehefrau, die sie nicht genug unterstützt, der Chef, der zu viel von ihr verlangt, die Wirtschaft, die so daniederliegt, die Gemeinde, die ihr nicht genug bietet, die Kinder, die nicht folgsam sind usw. Und ihre Mitmenschen spüren natürlich diese chronische Unzufriedenheit; was sie auch tun, es ist für sie nicht genug. Der Neid entzieht aller Liebe und Freundlichkeit ihre Kraft.

Die Lösung unserer Neidprobleme hängt immer damit zusammen, dass wir uns über die Folgen des Neids klar werden (also die religiöse, zwischenmenschliche und emotionale Verarmung, die er bewirkt) und Dankbarkeit lernen. Der Dankbare lebt nach dem Sprichwort: Glücklich ist nicht, wer das hat, was er will, sondern wer das will, was er hat.

Emotionale Probleme

Es kommt vor, dass ein Mensch eine emotionale oder psychische Störung hat, die ihm den Blick für das, was er macht, trübt. Eine akute Depression macht es dem Betroffenen schwerer, zu sehen, wie sein Verhalten auf seine Mitmenschen wirkt. Angst- und Panikzustände sowie Süchte können ebenfalls das Denken der Nervensäge beeinträchtigen. Eigentlich fühlt er sich gar nicht wohl in seiner Haut, aber der Schmerz ist so groß, dass er gleichsam nicht mehr »normal funktionieren« kann. Hier kann Seelsorge bzw. das therapeutische Gespräch gute Ergebnisse bringen.

Sünde

Vergessen wir nicht, dass wir alle dazu neigen, unsere eigenen Wege zu gehen, weg von Gott und seiner Liebe. Wir sind die geborenen Zielverfehler. Das ist das Wesen der Sünde und des Bösen. Die Sünde hat viele Gesichter, darunter auch manche der gerade angesprochenen Gründe, warum Nervensägen sich aus ihrer Verantwortung herausstehlen. Manche Menschen sind sich der dunklen Seite ihres Wesens sehr wohl bewusst und bringen sie in der Beichte vor Gott und andere Christen. Andere nehmen ihre Sünde auf die leichte Schulter oder merken sie gar nicht. Wieder andere lassen sich haltlos von der Sünde beherrschen.

Es kann sein, dass Ihre Nervensäge innerlich blind ist oder gar gegen Gott aufbegehrt, sodass sie nicht erkennen kann, wie es in ihr aussieht und wo sie Gottes heilende Gnade und Macht braucht. Hier können Buße und Umkehr zu Gott in einem sehr direkten Sinne erforderlich sein.

Übernatürliche Ursachen

Es gibt den Teufel, und seine Lieblingsbeschäftigung ist es, Menschen aus Gottes Händen zu reißen. »Seid besonnen und wachsam und jederzeit auf einen Angriff durch den Teufel, euren Feind, gefasst! Wie ein brüllender Löwe streift er umher und sucht nach einem Opfer, das er verschlingen kann« (1. Petrus 5,8). Ich habe persönlich schon die übernatürliche Macht dämonischer Besessenheit erlebt und glaube, dass sie eine Realität ist, so wie dies auch die Bibel lehrt. Wenn es ein Ziel des Satans ist, uns von Gott fortzulocken, dann macht es Sinn, dass hinter der Verdrängungs-, Verweigerungs- oder Verschiebetaktik der Nervensäge im konkreten Fall auch dämonische Ursachen stehen können.

Aber die Bibel lehrt uns auch, immer das ganze Bild zu sehen. Nicht hinter jedem Problem steckt der Teufel. Aber hinter manchem schon, und wenn Sie einen Verdacht in dieser Richtung haben, sollten Sie sich in Ihrer Kirche oder Gemeinde Menschen suchen, die Vollmacht und Erfahrung in solchen Dingen haben – und die darum wissen, dass auch psychologische und medizinische Faktoren eine Rolle spielen können.

Psychiatrische und medizinische Probleme

Es kommt auch vor, dass Gesundheitsstörungen körperlicher oder seelischer Art die Fähigkeit eines Menschen, die Realität zu sehen, beeinträchtigen. Denkstörungen, psychotische Prozesse, Halluzinationen und dergleichen können es ihm unmöglich machen, zu verstehen, was um ihn herum vorgeht. Wenn Sie einen konkreten Verdacht in dieser Richtung haben, ist es kein Fehler, einen Psychiater oder Neurologen zu Rate zu ziehen.

Was auch die Gründe dafür sind, dass Ihre Nervensäge so ist wie sie ist, vergessen Sie Folgendes nicht: Sicher, sie ist verantwortlich für die Verhaltensweisen, mit denen sie Sie in den

Wahnsinn treibt, und sie muss sich ändern. Aber sehr wahrscheinlich ist sie in ihrem Leben selbst das Opfer von seelischen Verletzungen durch ihr nahe stehende Menschen geworden, und diese Verletzungen haben sie zu jemandem gemacht, der selbst anderen solche Wunden zufügt. Sie ist, wie im Grunde wir alle, beides: Täter und Opfer. Halten Sie hier die richtige Balance.

Und egal, welche Ursachen hinter dem Verhalten Ihrer Nervensäge stecken, benutzen Sie die in Teil III dieses Buches dargelegten »Schlüssel«, um ihr zu helfen, sich diesen Ursachen zu stellen. Ob Sie sie dazu bringen wollen, ein Problem zuzugeben, ein Verhalten zu ändern, sich in ihrer Einstellung zu mäßigen, sich einer Selbsthilfegruppe anzuschließen oder anderweitig Hilfe zu suchen – die Schlüssel geben Ihnen die nötigen Werkzeuge in die Hand, Ihrer Nervensäge zu helfen, den nächsten Schritt zu tun.

Die Realität ist größer als wir

Sie finden Ihre Nervensäge furchtbar? Kopf hoch: *Mit ihrer Verweigerungs- oder Verdrängungstaktik macht sie sich nur selbst Probleme.* Das ist nicht böse gemeint. Es ist einfach wahr, und es bedeutet, dass es für diesen schwierigen Menschen (und für Sie) Hoffnung gibt.

Die Wirklichkeit ist größer als wir. Wie in der Einleitung schon erwähnt, hat Gott uns so geschaffen, dass dann, wenn wir nach seiner »Gebrauchsanweisung« leben, unser Leben ganz gut verläuft. Aber wenn wir eigene Wege gehen, erleiden wir Schiffbruch. Man kann nicht auf Dauer gegen die Schwerkraft, den Magnetismus oder nukleare Strahlung ankämpfen. Die großen Realitäten setzen sich immer durch. Ob im Guten oder im Bösen: Wir werden ernten, was wir gesät haben.

Das aber bedeutet, dass das mangelnde Problembewusstsein der Nervensäge und ihre Weigerung, Verantwortung zu übernehmen, früher oder später zu Turbulenzen in ihrem Leben führen – und die können ein großer Ansporn sein, sich zu ändern. Es ist nur logisch, ja richtig, wenn ein Mann, der leicht aufbraust, Schwierigkeiten mit seinen Freunden und Kollegen bekommt. Es ist das Natürlichste von der Welt, dass eine Mutter, die sich ständig einmischt, eines Tages kaum noch Besuch von ihren erwachsenen Kindern bekommt. Es ist völlig in Ordnung, wenn Eltern ihren 30-jährigen Sohn dazu drängen, endlich auszuziehen und sich eine Arbeit zu suchen, auch wenn es im Hotel Mama schöner war.

Nein, dergleichen ist keine »Strafe«, so wenig wie es eine Strafe ist, wenn jemand, der sich ohne Schirm in einen Wolkenbruch stellt, anschließend nass bis auf die Haut ist. Sondern so funktioniert die Welt nun einmal, und wer mit den Gesetzen lebt, die Gott in seine Schöpfung eingebaut hat, der fährt auf Dauer besser als der, der gegen sie lebt.

Vielleicht denken Sie jetzt: *Aber meine Nervensäge hat keine Probleme, sie erntet nicht, was sie gesät hat. Es geht ihr prächtig; der, der leidet, bin ich!* Ich kann gar nicht mehr zählen, wie oft ich diesen Einwand schon gehört habe. Und die große Preisfrage, die ich Ihnen hier stellen möchte, ist diese: *Könnte es sein, dass Sie Ihrer Nervensäge helfen, sich vor den Folgen ihres Verhaltens zu drücken?*

Denken Sie einmal darüber nach. Wie oft haben Sie Ihre Nervensäge schon »gerettet«, wenn die Probleme kamen? Vielleicht sind Sie immer für sie da. Oder Sie machen leere Drohungen, die dann einfach verpuffen. Oder Sie trauen sich nicht, ihr die Meinung zu sagen. Es lohnt sich, zu untersuchen (und wir werden dies im Folgenden noch tun), ob nicht möglicherweise Sie selbst ein Teil des Problems sind. Wenn sich zeigen sollte, dass dem so ist, ist das keine Katastrophe, sondern etwas Gutes, denn jetzt können Sie darangehen, die Situation zu verändern.

Kapitel 2

Die Krankheit erkennen: Ihre konkrete Situation verstehen

Aber jetzt Schluss mit dem allgemeinen Teil; wenden wir uns Ihrer konkreten Situation zu. Je besser Sie über die Eigenheiten Ihrer Nervensäge Bescheid wissen, umso effektiver werden Sie die sieben »Schlüssel« in Kapitel 5–11 einsetzen können.

Solch eine Detailanalyse Ihrer Nervensäge ist leichter gesagt als getan. Nur zu leicht kommen die Gefühle, Erinnerungen und Frustrationen, die bei einer solchen Analyse unwillkürlich in uns hochkommen, unseren Gedanken in die Quere. Aber solange wir nicht, bildlich gesprochen, »die Krankheit diagnostiziert haben«, werden wir von unseren Erlebnissen und Gefühlen hin- und hergerissen und mehr oder weniger hilf- und machtlos auf der Stelle treten.

Gönnen Sie sich also zur Lektüre dieses Kapitels etwas Abstand von Ihrer Problemsituation, zumindest innerlich, vielleicht aber auch äußerlich. Verkriechen Sie sich in die Stadtbücherei, bleiben Sie nach Feierabend an Ihrem Schreibtisch in der Firma, übernachten Sie bei einem Freund oder sogar in einem Hotel, damit Sie Ihre Situation nüchtern und ohne Druck analysieren können.

Und jetzt geht's los.

Was ist das Problem?

Fragen Sie sich, wie sich die Handlungen oder Einstellungen Ihres Nervtöters auf Ihre Beziehung zu ihm und das Leben allgemein auswirken. Denken Sie daran, dass zu einer funktionierenden Beziehung immer zwei gehören. Beide Partner haben ihre Bedürfnisse und Erwartungen. Bei solchen Dingen wie Liebe, Respekt und Verantwortung sollte es ein vernünftiges Geben und Nehmen geben. Was verhindert bei Ihnen dieses Geben und Nehmen? Hier einige Beispiele:

- Mein Verlobter trinkt zu viel Alkohol.
- Meine Ex-Frau führt einen Kleinkrieg um das Sorgerecht.
- Mein Mann ist immer so abweisend.
- Meine Frau schiebt bei allem und jedem mir die Schuld in die Schuhe.
- Ich kann meinem Abteilungsleiter nichts recht machen.
- Der Kollege X verbreitet Lügen über mich.
- Mein Mann ruiniert uns mit seinen teuren Hobbys.
- Meine Kollegin wird mit ihrer Arbeit nie fertig.
- Mein Vater macht mir Angst mit seinen Wutausbrüchen.
- Meine Teenagertochter lässt sich nichts mehr sagen.
- Meine Frau gibt zu viel Geld aus.
- Mein Mann lädt sich Pornos aus dem Internet herunter.
- Meine Schwiegermutter besucht uns dauernd.
- Meine Freundin ist mal überanhänglich, mal richtig zickig.
- Mein Freund rückt nicht mit der Wahrheit heraus.
- Meine Frau lässt mich nie ausreden.
- Auf meinen Freund ist einfach kein Verlass.
- Mein erwachsener Sohn weigert sich, selbstständig zu werden.

Wie Sie aus dieser kurzen Liste ersehen können, kann das Problem, das die Nervensäge verursacht, ein allgemeines Lebensproblem sein, wie z.B. eine Sucht, finanzielle Risiken oder Untreue. Es kann auch ein Beziehungsproblem sein, wie der Verlust von Vertrauen, Sicherheit oder Liebe. Und es kann beides sein. Aber was immer es auch ist, es ist wichtig, möglichst exakt zu formulieren, *was* da nicht stimmt. Mit frustrierten Allgemeinplätzen wie *er/sie ist einfach unmöglich* ist niemandem geholfen.

Es kann gut sein, dass Ihre Nervensäge Ihnen gleich mehrere Probleme bereitet, was es Ihnen natürlich schwieriger macht, sich auf eines von ihnen zu konzentrieren. Sie kann zum Beispiel (was gar nicht so selten ist) launisch *und* verantwortungslos *und* drogensüchtig sein. In solch einem Fall arbeiten Sie alle diese Probleme heraus. Beachten Sie dabei bitte, dass nicht alle Probleme gleich wichtig sind, und konzentrieren Sie sich auf die dringenderen. Der jähzornige Ehemann, der seine Socken auf dem Fußboden liegen lässt, sollte sich sicherlich zuerst um seinen Jähzorn kümmern. Beschränken Sie sich auf die »wichtigen« Verhaltensweisen oder Einstellungen, also die, die Sie echt in Gefahr bringen, Ihnen schlaflose Nächte bereiten und die Beziehung kaputtmachen. Dies ist ein Krieg (hoffentlich ein Krieg der Liebe); suchen Sie sich die Schlachtfelder aus, die die wichtigen sind.

Wie schwer ist der Fall?

Ein Problem kann unterschiedlich schwerwiegend sein. Auch dies ist wichtig für Ihre Strategie. Wenn es nicht sehr schwer, sondern lediglich lästig ist (die Schwiegermutter wird zum Beispiel manchmal ausfällig, aber sie kommt ja nur alle drei

Monate zu Besuch), können Sie Ihr Vorgehen in aller Ruhe planen und müssen vielleicht nicht unbedingt eine regelrechte Therapie durch einen Experten in die Wege leiten.

Wenn der Fall halbschwer ist (der Vater bekommt öfter Jähzornanfälle, und die Familie leidet darunter), werden Sie schon mehr Zeit, Kraft und Ressourcen einsetzen müssen. Und in wirklich schweren, dringenden Fällen (der tobsüchtige Sohn rennt mit dem Brotmesser durch die Gegend) kann es nötig sein, dass Sie rasch und entschlossen handeln und zum Beispiel die Nachbarn um Hilfe bitten, die Polizei holen oder gefährdeten Familienangehörigen eine Bleibe für die Nacht besorgen.

Es geht hier darum, dass Sie die Schwere Ihres Problems realistisch einschätzen. Sind Sie vielleicht unrealistisch? Ich kenne Menschen, die jedes kleine Fehlverhalten als Kapitalverbrechen betrachten und so Freunde unnötig vergraulen. Für sie ist jemand, der zu spät zum Essen kommt, gerade so schlimm wie ein Einbrecher. Fragen Sie sich genau, wo auf der Skala von »leicht lästig« bis »lebensgefährlich« das Fehlverhalten Ihrer Nervensäge einzuordnen ist; das wird Ihnen helfen, Ihre Strategie zu planen.

Zu den Wurzeln: Was geht in der Nervensäge vor?

Hier müssen wir etwas tiefer graben. Wie bereits erwähnt, sind es gewisse grundlegende Charaktereigenschaften, die einen Menschen zu einem Problemmenschen machen. Sein Lebensproblem ist in der Regel das Ergebnis tieferer Prozesse. Was nicht bedeutet, dass er nicht auch für sein Verhalten und dessen negative Folgen verantwortlich ist; vor Gott sind wir alle verantwortlich: »Alle Menschen haben gesündigt« (Römer 3,23). Doch *für sein Verhalten verantwortlich sein ist nicht dasselbe wie Macht über es haben*. Die erwachsene drogensüchtige Tochter ist für ihren Drogenkonsum verantwortlich, aber dies bedeutet noch lange nicht, dass sie die Macht hat, mit den Drogen aufzuhören. Der pornosüchtige Ehemann hat die Pflicht, mit seinem Pornokonsum aufzuhören, aber dies heißt nicht, dass er das auch fertig bringt. In uns allen (jawohl, auch dann, wenn wir Christen sind) sind dunkle, starke Mächte am Werk, und wir brauchen Gnade, Liebe, Hilfe, Wahrheit, Weisheit und Zeit, um anders zu werden.

Sie ist hart, diese Botschaft der Bibel: Wir sind für unsere Sünden verantwortlich, aber wir können uns nicht aus eigener Kraft ändern. Das aber heißt: Wir müssen über den Tellerrand unserer Möglichkeiten hinaus auf Gott schauen und seine Antwort auf dieses Dilemma.

Es kann gut sein, dass Ihre Nervensäge keinerlei Versuche unternimmt, sich zu ändern, ja dass sie überhaupt nicht einsieht, dass sie ein Problem hat – womit sie natürlich noch weiter von Gottes Lösung entfernt ist; wer sich selbst die Augen verbindet, wird niemanden bitten, ihm die Binde abzunehmen. Aber ob der schwierige Mensch in Ihrem Leben nun um seine Lage weiß oder nicht – so, wie er ist, darf er nicht bleiben. Aber anders werden kann er nur durch Gottes Hilfe und Gnade.

Bitte beachten Sie, dass es nicht reicht, dass Ihre Nervensäge ein paar lästige Gewohnheiten ablegt. Ihr Inneres muss sich ändern, sonst laufen Sie Gefahr, dass sie lediglich das eine

Negativverhalten durch ein anderes ersetzt. Gehen Sie die Wurzel an, nicht nur die Früchte.

Mögliche Ursachen

Schauen wir uns noch einmal die Beispielliste vom Beginn dieses Kapitels an und fragen wir uns, was für Ursachen die dort genannten Probleme haben können. Ich habe für jedes der Beispiele zwei mögliche Ursachen genannt, die eine eher oberflächlich, die andere ernster. Es kann durchaus sein, dass bei Ihrem Nervtöter beide Ursachen vorliegen – oder noch ganz andere, in meiner Liste unerwähnte.

Die Tabelle soll lediglich eine Anregung sein und Ihnen zeigen, wie es zu negativen Verhaltensmustern kommen kann. Falls der Fall Ihrer Nervensäge Ihnen zu kompliziert oder verwirrend erscheint, zögern Sie nicht, einen Seelsorger oder Therapeuten um Rat zu fragen; solche Gespräche können sehr fruchtbar sein und Sie ein gutes Stück weiterbringen.

Problem	**Mögliche Ursachen**
Mein Verlobter trinkt zu viel Alkohol.	• Er ist noch nicht erwachsen geworden. • Er versucht, einen inneren Schmerz zu betäuben.
Meine Ex-Frau führt einen Kleinkrieg um das Sorgerecht.	• Sie versucht, mich zu »bestrafen«. • Sie hat eine Neurose.
Mein Mann ist immer so abweisend.	• Es fällt ihm schwer, aus sich herauszugehen. • Er ist ein Egoist.

Problem	Mögliche Ursachen
Meine Frau schiebt bei allem und jedem mir die Schuld in die Schuhe.	• Sie fühlt sich hilflos und sucht einen Schuldigen. • Sie will nicht zugeben, dass sie auch ihren Teil zu den Problemen beiträgt.
Ich kann meinem Abteilungsleiter nichts recht machen.	• Er ist ziemlich perfektionistisch. • Er sieht nicht den anderen Menschen.
Der Kollege X verbreitet Lügen über mich.	• Er scheut sich, Menschen direkt zu konfrontieren. • Er ordnet die Menschen in »schwarz« und »weiß« ein.
Mein Mann ruiniert uns mit seinen teuren Hobbys.	• Er ist zu spontan bei seinen Käufen. • Die anderen in der Familie sind ihm egal.
Meine Kollegin wird mit ihrer Arbeit nie fertig.	• Sie ist faul. • Sie ist jemand, der nicht Nein sagen kann.
Mein Vater macht mir Angst mit seinen Wutausbrüchen.	• Er mag es nicht zugeben, wenn er einmal nicht Recht hat. • Er fühlt sich hilflos, wenn er niemanden kontrollieren kann.
Meine Teenagertochter lässt sich nichts mehr sagen.	• Sie rebelliert gerade gegen jegliche Form von Autorität und Ordnung. • Sie ist innerlich einsam und von anderen isoliert.
Meine Frau gibt zu viel Geld aus.	• Sie ist etwas unreif. • Es ist für sie lediglich eine Art Ersatzbefriedigung.

Problem	Mögliche Ursachen
Mein Mann lädt sich Pornos aus dem Internet herunter.	• Er flüchtet sich in eine Fantasiewelt, um etwas Unangenehmes in der Realität zu verdrängen. • Er fühlt sich von seiner Frau im Stich gelassen oder bevormundet.
Meine Schwiegermutter besucht uns dauernd.	• Sie braucht jemanden und hat noch nicht die Richtigen gefunden. • Sie ist jemand, der aufdringlich ist und keine Grenzen respektiert.
Meine Freundin ist mal überanhänglich, mal richtig zickig.	• Sie ist unselbstständig. • Sie ist jemand, der aufdringlich ist und keine Grenzen respektiert.
Mein Freund rückt nicht mit der Wahrheit heraus.	• Er hat Angst vor möglichen Konflikten, wenn er ehrlich ist. • Friede, Freude, Eierkuchen ist ihm wichtiger als die Wahrheit.
Meine Frau lässt mich nie ausreden.	• Sie duldet keine anderen Meinungen. • Sie glaubt, dass jemand, der eine andere Meinung hat, sie nicht liebt.
Auf meinen Freund ist einfach kein Verlass.	• Gute Absichten sind ihm wichtiger als Zuverlässigkeit. • Er sagt zu oft Ja und kann seine Zusage dann nicht einhalten.
Mein erwachsener Sohn weigert sich, selbstständig zu werden.	• Er ist zu faul, sein Leben in die Hand zu nehmen. • Er ist nicht lebenstüchtig.

Spielen Sie nicht Psychiater!

Diese Beispiele und Informationen sollen Sie nicht dazu animieren, Ihre Nervensäge komplett zu analysieren, damit Sie sie profimäßig »therapieren« können. Sie müssen nicht zurück bis Adam und Eva gehen und alles über ihre Familiengeschichte, ihre innere Welt, ihre Sünden, ihre Zerbrochenheit oder ihre Probleme kennen. Es reicht, dass Sie das allgemeine Bild kennen – das, was in die Augen fällt und real ist und von der Erfahrung und anderen Beobachtern bestätigt wird –, damit Sie wissen, wie Sie am besten reagieren. Versinken Sie nicht im Morast der Einzelheiten.

Wie tief reichen die Ursachen?

Wir haben uns oben schon einmal angesehen, wie ernst das Lebensproblem der Nervensäge ist. Dort bewegten wir uns auf der Ebene der äußeren Symptome, also bildlich gesprochen der »Frucht«, und es ging darum, wie stark das Problem der Nervensäge ihre Mitmenschen in Mitleidenschaft zieht. Jetzt sind wir auf der Ebene der Ursachen, bildlich: der »Wurzel«, und hier geht es bei der Frage, wie ernst das Problem ist, darum, wie ausgeprägt das Charakterproblem der Nervensäge ist. Auch dies wird Ihnen helfen, die richtige Strategie zu entwickeln.

Ein Beispiel: Ist die emotionale Distanziertheit Ihres Ehepartners so heftig, dass er mit niemandem in seinem Leben über mehr spricht als die Nachrichten und das Wetter? Oder kann er im Prinzip über persönliche Dinge, die ihn bewegen, sprechen, aber nicht sehr tief gehend? Oder öffnet er sich gegenüber Dritten, nur nicht gegenüber Ihnen? Dies ist eine wichtige Information.

Ein anderes Beispiel: Ist die Unselbstständigkeit Ihrer erwachsenen Tochter so massiv, dass sie keinerlei Schritte unternimmt, sich abzunabeln, und es als ihr gutes Recht betrachtet, dass Sie hinter ihr herputzen? Oder hatte sie schon einmal eine eigene Wohnung und ist dann frustriert ins Elternhaus zurückgezogen? Oder bittet Sie sie um Geld, das sie sich gut selbst verdienen könnte?

Oder der Vorgesetzte, der ständig nur kritisiert: Findet er pausenlos das Haar in der Suppe, ohne sich dessen bewusst zu sein? Oder fehlt ihm nur die Balance zwischen Lob und Kritik? Oder behandelt er die anderen normal, aber hat etwas gegen Sie?

Je besser Sie wissen, wie ernst das Problem Ihrer Nervensäge ist, umso effektiver werden Sie es angehen können.

Wie kooperativ ist Ihre Nervensäge?

Dies ist, wie wir in Kapitel 1 schon sahen, der Ausgangspunkt für alles andere. Sehr wahrscheinlich ist Ihre Nervensäge nicht bereit, ihren Teil der Verantwortung zu übernehmen – sowohl für das Lebens- bzw. Beziehungsproblem als auch für die dahinter stehenden Ursachen. Vielleicht sieht sie gar kein Problem. Oder sie hat Angst davor, es zu sehen, oder denkt, dass es alles Ihre Schuld ist oder »nicht so schlimm« usw. Es ist sehr wichtig, dass Sie darum wissen, denn der Schlüssel zur Lösung des Problems liegt nun einmal letztlich bei der Nervensäge selbst und nicht bei den anderen. Die Verantwortung für das Problem liegt auf *ihren* Schultern.

Fragen Sie sich also: Wie stark ist die Weigerung Ihrer »schwierigen Person«, das Problem als »ihr« Problem zu sehen? Ist sie minimal, d.h. braucht Ihre Nervensäge lediglich jemanden, der ihr einmal sagt, »was Sache ist«, und sie auf den Boden der Tatsachen zurückholt? Ist sie mittelschwer, d.h. ist die Nervensäge sich ihres Tuns bewusst, aber redet es klein oder versteckt sich hinter Ausreden und Entschuldigungen? Oder ist sie so schwer, dass sie die Probleme flugs Ihnen oder Dritten in die Schuhe schiebt (*Wenn du nicht nur immer ...*)?

Leugnet Ihre Nervensäge ihr Verhalten kurzerhand ab, obwohl es offen zu Tage liegt und es Zeugen gibt? Oder ist sie jemand, die zwischen Zugeben und Verdrängen hin- und herlaviert? Solange sie sich geliebt und angenommen fühlt, gibt sie zu, dass sie schwierig ist, aber wenn sie sich bedroht fühlt, kann sie sich plötzlich an nichts mehr erinnern ...

Mit der schwierigste Fall ist die Person, die ihr anstößiges Verhalten offen zugibt, aber der dieses Verhalten und wie es auf andere wirkt schlicht egal ist. Sie sagt quasi: *Jawohl, das tue ich und so bin ich – was soll's?* Ein so eklatantes Defizit muss angegangen werden, bevor man an weitere Schritte auch nur denken kann; in der Regel wird dies ohne Grenzen und Sanktionen nicht gehen.

Ein Beispiel: Ein Freund von mir war im Begriff, wegen einer anderen Frau seine Frau und Kinder zu verlassen. Ich hatte ihm klipp und klar gesagt, was er sich, seiner Frau und den Kindern damit antun würde. Er war sich zwar dessen bewusst, wollte sich aber trotzdem scheiden lassen. Darauf sagte ich ihm: »Sei dir darüber im Klaren, dass du dann sehr wahrscheinlich keinen großen Kontakt mehr mit deinen Kindern haben wirst, ganz zu schweigen von den Unterhaltszahlungen, zu denen dich der Scheidungsrichter verdonnern wird. Und wenn ich als Zeuge befragt werde, werde ich gegen dich aussagen. Das macht mir keinen Spaß, aber was du hier vorhast, verletzt deine nächsten Mitmenschen; du denkst nur an dich selbst.«

Er war wütend auf mich, dass ich so ein »Verräter« war. Doch zum Glück sprach er noch mit mehreren anderen, die ihm alle bestätigten, dass er in sein Unglück rannte. Es war nicht Mitleid für seine Familie, das ihn schließlich von seinem Vorhaben abbrachte, sondern die schlichte Angst davor, seine Kinder und sein Geld zu verlieren. Aber diese Angst bremste ihn lange genug, um zur Besinnung zu kommen und den Heilungs- und Wachstumsprozess zu beginnen. Dieser Prozess war mühsam. Seine Frau brauchte lange, um sich von den inneren Wunden zu erholen, und noch länger, bis sie ihm wieder vertrauen konnte. Doch nach und nach gelang es ihm, seine Probleme zu bearbeiten, und am Ende fanden er und seine Frau wieder zueinander und die Gemeinschaft war viel tiefer und besser als zuvor.

»Kann nicht« oder »will nicht«?

Dies ist ein sehr wichtiger Aspekt bei der Analyse Ihrer Nervensäge: *Kann* sie nicht anders oder *will* sie es nicht? Oder liegt vielleicht eine Kombination von beidem vor? Es ist logisch, dass die »Kann nicht«-Nervensäge eine bessere Ausgangslage hat als der beharrliche »Will nicht«-Typ. Sie weiß ja, dass sie krank ist und einen Arzt braucht, und ist schnell bereit, Gottes ausgestreckte Hand zu ergreifen. Sie ist wie ein gebrochener Arm, der einen Gipsverband braucht. Aber der schwierige Mensch, der nicht *will*, muss oft die Konsequenzen seiner Sturheit am eigenen Leib erfahren, bevor er endlich die weiße Fahne hisst und zugibt, dass auch er »nicht kann«. Er ist mehr wie ein erschlaffter Muskel, der nicht bewegt werden will.

Woran merkt man, mit was für einem Fall man es zu tun hat? Nun, achten Sie darauf, wie wichtig dem Betreffenden seine Mitmenschen sind. Tut es ihm wirklich Leid, dass er mit seinem Verhalten anderen wehtut und Probleme macht? Wenn ja, ist er womöglich gar keine echte Nervensäge, sondern lediglich ein Mensch, der schwach ist (vgl. dazu in Kapitel 1: »Schwach sein ist keine Sünde«). Ist er jemand, der in seinem Leben allgemein Rücksichtnahme zeigt und zu seiner Verantwortung steht? Das weist in die »Kann nicht«-Richtung. Oder sind ihm seine Mitmenschen und sein Verhalten egal? Dann ist er eher ein »Will nicht«-Typ.

Man beachte, dass »will nicht« sich auch als »kann nicht« verkleiden kann, und dies ist gar nicht so selten. Hierbei ist die Nervensäge raffiniert genug, um zu sehen, dass die Leute netter zu ihr sind und sie eher »retten«, wenn es so wirkt, als ob sie einfach nicht anders kann, obwohl sie sich doch solche Mühe gibt. Und so wählt sie nicht die rebellische Tour, sondern die des vom Leben ach so Verletzten.

Ich hatte zum Beispiel in einer Gruppentherapie eine Frau, die die anderen immer lieblos kritisierte, dann lachte sie und sagte: »War nur ein Scherz!« Wenn die anderen in der Gruppe ihr das vorhielten, brach sie in Tränen aus und sagte: »Das meine ich doch gar nicht so, das sind die Wunden aus meiner Vergangenheit.« Worauf die Leute, die sie angegriffen hatte, sie trösteten, anstatt dass sie sich entschuldigte und sie tröstete. Ich ließ das ein paar Mal durchgehen, weil ich mir erst nicht sicher war, ob die Frau nicht nur etwas Dampf ablassen musste. Aber sie verhielt sich weiterhin so, und ich merkte, wie sie den anderen damit wehtat. Und so sagte ich ihr eines Abends: »Amy, ich glaube, du bist ein sensibler Mensch, aber ich habe nicht den Eindruck, dass du so schwach bist, wie es den Anschein hat, und auch nicht, dass dir dein Verhalten wirklich Leid tut. Ich glaube, du willst einfach andere fertig machen, ohne die Konsequenzen tragen zu müssen. Das ist nicht fair und nicht gut, für dich nicht und für die anderen nicht.«

Amy war natürlich beleidigt und drauf und dran, die Gruppe zu verlassen. Aber die anderen machten ihr klar, dass sie sie mochten und dass sie ihnen wichtig war, aber dass auch sie den Eindruck hatten, dass sie ihre Kritiksucht durchaus zügeln konnte, wenn sie wollte. Es zeichnet Amy aus, dass sie schließlich einsah, dass sie ihr ganzes Leben lang Angst davor gehabt hatte, andere zu konfrontieren. Zuvor schlug sie mit Worten um sich, wenn sie über etwas wütend war, und suchte nicht das direkte Gespräch. Jetzt lernte sie nach und nach, wovor sie Angst hatte und wie sie ehrlicher werden konnte, ohne Schaden zu erleiden.

Geben Sie sich nicht mit den Auskünften und Beteuerungen Ihrer Nervensäge zufrieden. Achten Sie darauf, was Sie und neutrale Zeugen beobachten. Taten sagen mehr als Worte. Gott will, dass wir ehrlich sind, und wenn jemand das nicht ist, sollte in Ihnen ein rotes Warnlicht angehen. Achten Sie auf die versteckten Signale.

Immer mit der Ruhe

Die Analyse Ihrer Nervensäge erfordert Zeit und Kraft. *Keine falsche Eile!* Wahrscheinlich ist es am besten, hier schrittweise vorzugehen, sodass Sie zwischendrin Zeit und Muße haben, um über Ihre Entdeckungen nachzudenken. Sie sollten die Art und Schwere des Falles weder über- noch unterschätzen. Darum ist es wichtig, dass Sie, bevor Sie mit der Analyse beginnen, schon ein Stück weit Ihre eigenen Hausaufgaben gemacht haben, denen wir uns im nächsten Kapitel zuwenden werden. Es gilt, Ihren Blick möglichst ungetrübt zu halten von Ihrem Schmerz, Ihren Reaktionen und Wahrnehmungen. Wenn Sie sich daran halten, werden Sie Ihrem schwierigen Menschen umso besser dabei helfen können, reifer zu werden und sich zu verändern.

Teil II

Die Vergangenheit loslassen, die Zukunft beginnen

Kapitel 3

Klar Schiff machen: Warum es bisher nicht geklappt hat

»Okay, Karen«, sagte ich. »Ich stimme dir zu. Wenn das, was du mir da sagst, stimmt, hast du es mit deinem Vater echt schwer.«

Karen, eine Freundin von mir, die Mitte dreißig war, hatte mir gerade weitere Geschichten über ihren Vater erzählt. Ich kannte ihn nicht, aber er schien der reinste Albtraum zu sein. Karen hatte mir im Laufe der Jahre immer wieder einmal ihr Leid geklagt. Ihr Vater war gemein und herabsetzend zu ihrer Mutter. Sie selbst kritisierte er in jedem Gespräch ohne Rücksicht auf Verluste. Wenn sie mit ihm in Gesellschaft war, war er so aggressiv, dass sie sich für ihn schämte. Oder er war tagelang beleidigt, wenn etwas nicht so ging, wie er es wollte. Für alle in der Familie war er eine negative Person. Und jetzt also hatte Karen mich um meine Hilfe gebeten. Sie sagte: »Was soll ich bloß mit ihm machen?«

Ich fragte sie: »Nun, wie viel trägst du selbst zu dem Problem bei?«

Die Frage schien sie nicht erwartet zu haben. »Wie meinst du das?«, sagte sie. »*Er* ist doch das Problem.«

»Es ist mir klar, dass er wirklich schwierig ist. Aber ich würde gerne wissen, was für eine Rolle du dabei spielst.«

»Welche Rolle? Von was redest du? *Ich* bin doch diejenige, die er jedes Mal zusammenschreit. *Ich* bin diejenige, die ihn anschließend anrufen muss, um wieder Frieden zu schließen. *Ich* muss Mutter wieder aufrichten, wenn er sie so fertig gemacht hat. Er hat meine ganze Kindheit zur Hölle gemacht. Du willst doch wohl nicht sagen, dass ich auch so bin wie er?«

»Nein, nein«, protestierte ich. »Du hast mir doch erzählt, dass ihm nie etwas Leid tut, und ich würde nie behaupten, dass du auch so bist, dazu kenne ich dich zu gut! Aber nach dem, was du mir im Laufe der Jahre alles erzählt hast, habe ich den Eindruck, dass du durch manche deiner Reaktionen die Sache noch verschlimmert hast.«

»Was für Reaktionen?« Sie sah mich misstrauisch an, und ich nahm ihr das nicht übel. Aber sie hatte mich um Rat gefragt, und das Letzte, was ich wollte, war, dass ihr Vater sie weiter tyrannisierte. Ich musste es wagen.

»Okay«, erklärte ich, »wenn er dich kritisiert hat, beschwichtigst du ihn. Wenn er sich unmöglich verhalten hat, rufst du ihn an und entschuldigst dich. Wenn er ausnahmsweise friedlich ist, bist du ganz glücklich und denkst, dass er jetzt endlich anders wird, während er in Wirklichkeit nur neue Kräfte sammelt, und wenn er dann wieder explodiert, verstehst du die Welt nicht mehr. Du gehst auf Zehenspitzen, um ihn ja nicht zu reizen, und die anderen machen das genauso, sodass ihn niemand mit seinem Tun konfrontiert. Du sagst ihm auch nicht, dass er Hilfe oder Seelsorge braucht, weil ihn das dann womöglich in Rage bringen würde. Deine Mutter hat keine Chance gegen ihn, aber du hast ihr noch nie vorgeschlagen, bei Freunden oder in einer Gemeinde oder woanders Hilfe zu suchen, damit sie sich nicht mehr von ihm einschüchtern lässt. Und wenn dein Bruder und deine Schwester wütend auf ihn sind, vermittelst du, damit er ja keinen Ärger hat.

Karen, dein Vater ist wirklich ein sehr schwieriger Mensch, und dafür ist vor allem er selbst verantwortlich. Aber ich möchte, dass du erkennst, dass du ihm durch dein Verhalten dabei hilfst, so gemein zu bleiben, und dass das nicht so bleiben muss. Es gibt ein paar Dinge, die stehen in *deiner* Verantwortung, und es wäre schön, wenn wir beide uns diese Dinge einmal ansehen könnten.«

Karen mochte dieses Gespräch gar nicht, aber sie hörte mir aufmerksam zu. Ich war stolz auf sie. Sie fiel mir nicht vor Begeisterung um den Hals; das hätte keiner gemacht. Aber als unser Gespräch zu Ende war, setzte sie einige der Schritte, die ich ihr empfohlen hatte, in die Tat um, und die Situation verbesserte sich.

Seien Sie kein Teil des Problems!

Mein Gespräch mit Karen macht etwas deutlich: *Wenn Sie ein Problem bewältigen wollen, müssen Sie sich fragen, was Sie selbst dazu beigetragen haben.*

Wenn die Art, wie Sie auf Ihre Nervensäge reagieren, ungesund ist, müssen Sie das ändern. Wenn es in Ihrer Beziehung zu Ihrer Nervensäge ein Problem gibt, an dem Sie selbst nicht ganz unschuldig sind, verhindern Sie die Aussichten auf Veränderung, es sei denn, Sie kümmern sich um das Problem. Mit anderen Worten: Wenn Sie sich selbst als völlig unschuldig und Ihre Nervensäge als allein schuldig sehen, machen Sie sich handlungsunfähig.

Kann sein, dass Sie gerade etwas nervös werden, wie Karen in dem Gespräch mit mir. Haben Sie etwas Geduld, die Sache wird gleich klarer werden. Wie wir bei Karen gerade schon gesehen haben, gibt es gewisse Dinge, die man entweder tut oder unterlässt, die der Nervensäge helfen, so zu bleiben, wie sie ist.

Natürlich gibt es viele, viele Situationen, an denen Sie keinerlei Mitschuld haben. Das kann bösartige Kritik sein, Verantwortungslosigkeit, Missbrauch, Traumata, tätliche Angriffe und anderes – lauter schreckliche Dinge, die Schutzmaßnahmen, Heilung und Vergebung verlangen. Aber bei vielen anderen Aspekten einer »schwierigen« Beziehung haben Sie durchaus ein gewisses Maß an Kontrolle, Freiheit und Wahlmöglichkeit, wenn Sie sich selbstkritisch fragen, ob Sie nicht vielleicht durch Ihr Verhalten die Sache noch verschlimmern.

Niemand ist vollkommen; wir alle sündigen und verfehlen das Ziel. Darum brauchen wir ja alle einen Erlöser. Doch andererseits gibt es verschiedene Grade der Unreife, des Verletzens und des Bösen. Manchmal hört man, dass bei Beziehungsproblemen jeder der Partner gleich viel Schuld hat. Ich glaube nicht, dass das stimmt. Jesus selbst hat gesagt, dass manche Dinge schwerer und manche weniger schwer wiegen (vgl. Matthäus 23,23). Es verteilt sich nicht alles zu gleichen Teilen.

Kann gut sein, dass, wie bei Karen, Ihr Teil der Schuld an der verfahrenen Situation wesentlich geringer ist als der Ihrer Nervensäge. Sie sind für das Problem also weniger verantwortlich als der andere. Sie befinden sich mehr im Recht. Aber das entbindet Sie nicht davon, auch vor Ihrer eigenen Tür zu kehren und zu prüfen, wo Sie vielleicht selbst Ihrer Beziehung schaden.

Jesus vertritt hier eine klare Meinung: »Zieh erst den Balken aus deinem eigenen Auge; dann siehst du vielleicht genug, um dich mit dem Splitter im Auge deines Freundes zu befassen« (Matthäus 7,5).

Ob Ihnen dies bewusst ist oder nicht, *Sie haben bereits gewisse Strategien entwickelt, wie Sie am besten mit Ihrer Nervensäge umgehen, ohne verrückt zu werden, oder wie Sie sie verändern können.* Sie mögen sie nirgends formuliert oder aufgeschrieben haben, aber Sie haben welche. Und Sie sind nicht zufrieden mit den Ergebnissen. Was doch wohl bedeutet, dass es Zeit ist, diese Strategien aufzugeben. Ziehen Sie Bilanz, machen Sie klar Schiff. Befreien Sie Ihren Kopf und Ihr Leben von den falschen Strategien, damit Sie Platz für die richtigen schaffen.

Schauen wir uns also einige der gängigeren falschen Strategien gegenüber Nervensägen an; fragen wir uns, warum wir sie benutzen und wie wir sie vermeiden können.

Doch bevor wir damit anfangen, sollten Sie sich noch dringend eine vorbereitende und nicht ganz einfache Frage stellen: *Ist diese Situation real, sehe ich sie bloß so oder beides?*

Wirklich oder eingebildet?

Es ist unerlässlich, dass Sie genau unterscheiden, was in Ihrer Beziehung zu Ihrer Nervensäge echt und real ist und was vielleicht nur auf Ihren eigenen Gefühlen, Ihrer verzerrten Wahrnehmung, auf Altlasten aus Ihrem Leben und falschen Erwartungen beruht. Dass Sie negative Gefühle gegenüber einem Menschen haben, muss noch nicht bedeuten, dass er Ihnen etwas Böses getan hat oder so ist, wie Sie ihn wahrnehmen. Es könnte sein, dass Sie aus Mücken Elefanten machen.

Da besucht ein Mann seinen alten Vater. Der Vater ist ein wenig reizbar oder anspruchsvoll, und die meisten Menschen würden das etwas lästig finden, sich aber weiter nicht aufregen. Nicht so der erwachsene Sohn; ihn führt womöglich jede Bemerkung des Vaters zurück in seine Kindheit, wo seine Reizbarkeit ihm richtig wehtat. Jedes falsche Wort reißt die alten Wunden wieder auf – weil sie nie verheilt waren. Und so erlebt dieser Mann seinen Vater als ein halbes Monster, obwohl er in Wirklichkeit einfach ein etwas mürrischer alter Mann ist.

In solchen Situationen ist es von unschätzbarem Wert, wenn wir Gott um Erkenntnis bitten (Kapitel 5), uns in unserem eigenen Leben um Wachstum und Heilung bemühen (Kapitel 6) und andere Menschen fragen, wie sie unser Problem sehen (Kapitel 7). Solange die Fakten nicht klar sind, sollte gelten, dass jemand so lange als unschuldig gilt, bis das Gegenteil erwiesen ist. Dies ist das Gesetz der Barmherzigkeit, das wir uns ja alle auch für unser eigenes Leben wünschen: »Denn es wird keine Barmherzigkeit für den geben, der anderen gegenüber nicht barmherzig war. Wer aber barmherzig war, wird auch vor dem Gericht Gottes bestehen« (Jakobus 2,13).

Wie würden Sie sich wohl fühlen, wenn jemand Sie für eine Nervensäge hält und Sie keine Chance hätten, sich zu verteidigen? Das wäre unfair.

Was alles nicht funktioniert

Also gut. Sie haben alles ernsthaft überprüft, auch andere Menschen, die Ihre Situation kennen, befragt und können ehrlich sagen, dass Sie es in der Tat mit einer Nervensäge zu tun haben. Dann sind Sie so weit, dass Sie sich die folgenden falschen Strategien zum Umgang mit Nervensägen anschauen und sich fragen können, ob Sie sich dort vielleicht wiederfinden.

Die Grenzen der Vernunft

Der wohl häufigste Fehler ist, zu denken, dass die ganze Sache über den Verstand läuft. Wenn ich mich bei einer Tasse Kaffee mit meiner Nervensäge zusammensetze und ihr ganz ruhig und mit verständlichen Worten das Problem erkläre, wird sie als intelligenter Mensch doch wohl einsehen, dass ich Recht habe, und sich bessern. So denken Sie. Und Sie versuchen geduldig, ihr zu erklären, wie Sie sich fühlen, was Sie beobachtet haben und was anders werden müsste. Damit sie auch ganz bestimmt sieht, was Sie meinen, geben Sie ihr gleich noch ein paar Beispiele.
Sie sagen zum Beispiel: »Mike, dass du mich immer so runterputzt, find ich wirklich schlimm. Dann komm ich mir richtig klein und mickrig vor, und für unsere Freundschaft ist das gar nicht gut. Ich wäre dir sehr dankbar, wenn du etwas positiver sein könntest; das würde unserer Beziehung gut tun.«

Mike erwidert: »Ach, ich bin mal wieder derjenige, der alles falsch macht, wie? *Du* putzt *mich* runter!«

Sie antworten: »Nein, das stimmt nicht. Ich möchte nur, dass du nicht immer so kritisch bist. Ich glaub, das wäre gut für uns beide.«

Mike: »Du hast immer was an mir auszusetzen.«

Sie: »Das hab ich nicht! Ich versuche nur, dich auf ein Problem hinzuweisen.«

Mike: »Also, das Problem bist *du*. Ich würde nicht so reagieren, wenn du mich nicht die ganze Zeit runtermachen würdest.«

Sie: »Nein, das ist doch gar nicht wahr, Mike ...« Und so weiter und so fort.

Kommt Ihnen das bekannt vor? Dann habe ich eine gute und eine schlechte Nachricht für Sie. Die gute ist, dass wir alle liebevoll, vernünftig und geduldig sein sollten. Vernünftige Leute hören auf vernünftige Argumente. So ist das bei Ihnen und vielleicht auch bei den meisten Ihrer Freunde. Also: Nichts gegen die Vernunft.

Die schlechte Nachricht ist, dass ein unvernünftiger Mensch oft nicht auf vernünftige Argumente hört. Viele Nervensägen haben sich in ihrem Hinterkopf ihre eigene kleine Welt aufgebaut, in der sie immer Recht haben und die anderen nicht. Sie denken nicht: *Könnte es sein, dass ich hier falsch liege? Was der über mich sagt, da könnte was dran sein*. Nein, wenn Sie einer Nervensäge mit Argumenten kommen, ist der Effekt ähnlich wie in dem alten Cartoon, wo der Hund, der auf den Teppich gepinkelt hat, von seinem Herrn ausgeschimpft wird, und alles, was bei ihm ankommt, ist: *Blablabla, blablabla* ...

Ihre Nervensäge hört nicht Ihre klugen Argumente und klaren

Worte. Sie hört, dass Sie nicht ihrer Meinung sind, und das genügt, um auf Durchzug zu schalten.

Ich habe – nein, das ist kein Witz – Eltern erlebt, die versuchten, ihr Kind wegen irgendetwas zu belehren, *während es einen Walkman um den Hals trug*. Das Kind sitzt da, sieht, wie die Lippen der Mutter sich bewegen, wartet, bis sie fertig ist, und hört weiter seine Lieder oder sein Hörspiel. Genau so macht es, bildlich gesprochen, die Nervensäge oft auch.

Doch, versuchen können und sollen Sie es gerne mit vernünftigen Argumenten. Es ist kein schlechter Anfang. Aber verrennen Sie sich nicht. Wenn Sie es ein paar Mal versucht und nichts erreicht haben, wenden Sie sich den Strategien zu, die im dritten Teil dieses Buches beschrieben werden.

Gnade und Wahrheit trennen

Niemand kann sich verändern ohne Gnade und Wahrheit. Schauen wir uns diese beiden entscheidenden Faktoren eines Reifungsprozesses genauer an.

Nach der klassischen theologischen Definition ist Gnade *unverdiente Güte*. Sie ist die wichtigste Voraussetzung, um reifer zu werden. Sie öffnet uns Gottes Gaben und Hilfe: »Euer Wort sei stets von Gnade und Freundlichkeit geprägt, mit Salz gewürzt, sodass ihr wisst, wie ihr jedem Einzelnen antworten müsst« (Kolosser 4,6 – Schumacher).

Bei der Wahrheit dagegen geht es um die Wirklichkeit, darum, was real ist. Wahrheit erhalten wir durch Rückmeldungen, durch Prinzipien, durch die Bibel und durch Konsequenzen. Sie gibt uns Ermutigung, Antworten, Einsichten und Korrektur: »Suche die Wahrheit und gib sie niemals preis; und bemühe dich um Weisheit, Selbstbeherrschung und Einsicht« (Sprüche 23,23).

Gnade und Wahrheit brauchen einander. Wahrheit schützt Gnade und Liebe ähnlich wie unser Skelett unser Herz schützt. Die Gnade gibt uns gleichsam die Kraft zum Leben, Reifen und zur Veränderung, die Wahrheit schützt und strukturiert diesen Prozess.

Wenn wir Gnade und Wahrheit trennen, erleiden wir in unseren Beziehungen Schiffbruch. Hier ein Beispiel aus dem Bereich der Familie, genauer: aus der Erziehung von Teenagern. (Ob Sie es glauben oder nicht, Teenager können Nervensägen ersten Ranges sein!)

Ich saß mit Bob und Katie, einem befreundeten Ehepaar, beim Abendessen. Sie sprachen über ihre Probleme mit Sarah, ihrer Teenagertochter. Sarah war eine intelligente, attraktive, fröhliche junge Dame, aber ihre Eskapaden brachten ihre Eltern schier zur Verzweiflung. Sie war schon immer ein schwieriges Kind gewesen, aber mit Beginn der Pubertät wurde es richtig schlimm. Sarahs Schulnoten sackten in den Keller. Sie schloss sich einer falschen Clique an, belog ihre Eltern und schlich mitten in der Nacht aus dem Haus. Sie benahm sich unmöglich gegenüber ihren Eltern und Geschwistern.

Ich fragte: »Nun, was habt ihr bisher unternommen?«
Katie fing an: »Ich habe wirklich versucht, Sarah aufzubauen. Ich glaube, sie denkt schlecht über sich selbst und braucht

mehr Selbstachtung. Wenn sie einen Fehler gemacht hat, höre ich ihr geduldig zu. Ich will, dass sie weiß, dass ich sie liebe und annehme. Und viele Male hat sie mir gezeigt, dass ihre Probleme auch Ursachen haben, die nicht ihre Schuld sind. Ihre neue Klassenlehrerin zum Beispiel ist ziemlich abweisend und versteht sie nicht. Und sie hat ihre Armbanduhr verloren, sodass sie nicht merkt, wenn sie zu spät dran ist. Und sie versucht, dem Jungen, mit dem sie zusammen ist, zu helfen. Er kommt aus einem schwierigen Elternhaus; deswegen nimmt er auch Drogen.«

Ich fragte: »Und findest du, dass du Erfolg hast?«

Katie sagte: »Doch, das finde ich schon. Sarah vertraut mir und ist offener geworden. Miteinander zu sprechen, ist entscheidend, und ich hoffe, das wird sie anspornen.«

Bob schaltete sich ein. »Gut, sie redet mit dir, weil sie genau weiß, dass sie von dir keine Konsequenzen zu befürchten hat. Ich will dir nicht wehtun, aber du machst das jetzt ein ganzes Jahr, und es hat sich nichts verändert, außer dass sie dich mag.«

Ich sagte: »Dass sie sie mag, ist ja schon mal etwas. Aber jetzt zu dir, Bob: Was hast du versucht?«

Bob sagte: »Auch ich will Sarahs Bestes, wie Katie auch, aber Sarah bestimmt völlig, wo's langgeht, hier zu Hause und in der Schule. Sie macht, was sie will, hat für alles Ausreden und kommt mit allem durch. Ich finde, sie braucht endlich etwas Disziplin und Konsequenzen. Ich höre mir ihre Ausreden gar nicht mehr an, sondern sage ihr, was ich von ihr erwarte und was geschehen wird, wenn sie das nicht tut. Sie muss begreifen, dass sie endlich die Kurve kriegen muss!«

»Und klappt das?«
Jetzt war Katie an der Reihe, Bobs Methode zu kommentieren. »Tja, also ... sie geht dir aus dem Weg, verschließt sich vor dir und hat Angst vor dir. Gestern Abend hat sie sich bei mir eine ganze Stunde ausgeweint, weil sie meint, du hasst sie.«

Ich konnte sie beide sehr gut verstehen. Es war ein ziemlich typisches Szenario. Katie, deren Eltern überstreng gewesen waren, versuchte, Sarah das zu geben, was sie selbst als Kind vermisst hatte. Sie bedachte nicht, wie ganz anders sie Sarah erzogen hatten und dass Sarah ja bereits genügend Geborgenheit hatte. Ihre Kindheit war viel besser gewesen als die Katies, sie hatte nicht solche Verletzungen davongetragen wie sie. Bob dagegen hatte recht passive Eltern gehabt und sich als Jugendlicher entsprechend die Hörner abgestoßen. Wenn er Sarah sah, kam seine eigene allzu wilde Jugend wieder in ihm hoch. Er hätte als Teenager dringend mehr Grenzen und Disziplin gebraucht, sodass diese Dinge ihm jetzt über alles gingen.

Bob und Katie hatten beide in gewissen Punkten Recht mit ihrer jeweiligen Erziehungsmethode. Aber nicht nur funktionierte keine der beiden Methoden, sie waren einander völlig entgegengesetzt, mit dem Ergebnis, dass das Gute, das der eine Elternteil tat, von dem anderen gleich wieder zunichte gemacht wurde. Katie »rettete« Sarah ständig wieder, und Bob kam nicht an sie heran, weil er Sarah nicht zuhörte.

Ich sagte: »Ihr seid beide toll, und ich mag euch und Sarah. Aber wenn wir hier etwas erreichen wollen, müsst ihr beide reinen Tisch machen und einsehen, dass ihr mit euren Methoden falsch liegt. Ihr habt jetzt eine ganze Weile hart gearbeitet und viel Gutes getan, aber ich glaube, was wir jetzt brauchen, ist ein Neuanfang – etwas, das wirklich funktioniert.«

Zum Glück waren Bob und Katie vernünftig und realistisch genug, um Sarah mehr zu lieben als ihre Vorurteile. Wir begannen, mit einigen der Prinzipien aus diesem Buch zu arbeiten, und die Lage besserte sich nach und nach. Bob und Katie wollten beide, dass Sarah ein reifer Erwachsener wurde und nicht noch mit vierzig eine Nervensäge war.

Die Probleme kommen, wenn wir anfangen, Gnade und Wahrheit nicht zu integrieren, sondern auseinander zu dividieren. Wie Bob und Katie erreichen Sie nichts, wenn Sie nicht genug von beidem haben. Wenn Sie Ihrer Nervensäge nur mit Gnade und nicht mit Wahrheit begegnen, fühlt sie sich vielleicht geliebt, aber sieht keinen Grund, sich je zu ändern. Und wenn sie nur Wahrheit, aber ohne Gnade erfährt, fühlt sie sich verurteilt und abgeschrieben und wird wahrscheinlich dagegen rebellieren. Lernen Sie es, gegenüber Ihrer Nervensäge stets beides miteinander zu verbinden: Gnade und Wahrheit, Liebe und Realität. In jeder Lage, bei jedem Gespräch, bei jedem Gedanken.

»Retten«

Dies ist eine beliebte, ja noble Strategie, hat sie doch mit Liebe zu der Nervensäge zu tun. Jemanden »retten«, das bedeutet, *ihm die schmerzlichen Konsequenzen, die sein Fehlverhalten eigentlich nach sich zieht, zu ersparen*. Dies kann auf verschiedene Arten geschehen. Ich verzichte zum Beispiel darauf, die Nervensäge zu konfrontieren. Ich bin nett zu ihr, obwohl sie sich destruktiv verhält. Ich nehme sie gegenüber ihren Freunden und Verwandten in Schutz. Ich zahle ihre Miete, wenn sie sich weigert, sich eine Arbeit zu suchen. Wenn sie gemein zu mir ist, gebe ich mir selbst die Schuld, weil ich sie ja provoziert habe. Und so weiter.

Der »Retter« ist oft davon überzeugt, dass er das Richtige tut. Er will nicht, dass die Nervensäge leiden muss. Er spekuliert darauf, dass sie sich verändern wird, wenn sie erst einmal begriffen hat, wie sehr man sie liebt und was man alles für sie tut.

Liebe ist etwas Wunderbares, und Ihre Nervensäge braucht sie, wenn sie sich bessern soll. Aber – und dies ist sehr wichtig – *einen Menschen lieben ist nicht das Gleiche wie ihn »retten«.* Liebe sagt nicht Ja zu Verantwortungslosigkeit. Man kann einen Menschen lieben und trotzdem in keiner Weise egoistisches und manipulatives Verhalten tolerieren. Der »Retter« dagegen nimmt dem schwierigen Menschen die Verantwortung für sein Problem ab. Dadurch hat er nun ein doppeltes Problem und die Nervensäge keines.
Ich habe eine Freundin, die jahrelang die Schlampereien ihres Vorgesetzten deckte. Sie machte Überstunden, wenn er Arbeiten nicht erledigt hatte, deckte seine Fehler und »rettete« ihn so oft, dass er Karriere machen konnte. Sie mochte ihn, und er war auch ein netter Kerl, aber halt sehr schusselig. Nun, als er seine Beförderung bekommen hatte, arbeiteten sie nicht mehr zusammen. Seine nächste Assistentin war nicht so zuvorkommend, und es dauerte nicht lange, bis seine Unfä-

higkeit ans Licht kam und er seinen Job verlor. Meine Freundin machte sich Vorwürfe und wünschte sich, ihn anders behandelt zu haben; vielleicht hätte er sich dann geändert. Wir wissen nicht, ob dies in diesem Fall so gewesen wäre, aber eines ist klar: Wer einen schwierigen Menschen immer wieder rettet, verhindert nur, dass er erwachsen und verantwortungsbewusst wird.

Sind Sie vielleicht auch so ein »Retter«? Dann bedenken Sie dieses: Sie mögen es mit Ihrer Nervensäge gut meinen, aber in Wirklichkeit helfen Sie mit, ihr Leben zu ruinieren! Das ist keine wirkliche Liebe. Manchmal braucht ein Mensch einfach schmerzliche Erfahrungen, damit bei ihm endlich der Groschen fällt. Die richtige Art Schmerz kann sehr hilfreich sein.

N wie »Nörgeln«

Ein höflicher Mensch nörgelt natürlich nicht, er erinnert. Oder sagt: »Ich muss dir etwas sagen.« Der Nörgler, ein enger Verwandter des Menschen, der auf Vernunft und Argumente setzt, glaubt, dass man die Nervensäge nur daran zu erinnern braucht, das Richtige zu tun, und schon wird sie es machen. Das macht vorne und hinten keinen Sinn, aber wir wenden diese Strategie trotzdem an. Müssen Sie Ihre Nervensäge etwa auch daran erinnern, ihr Frühstück zu essen oder die Zeitung zu lesen? Wenn ja, ist sie womöglich gar keine Nervensäge, sondern ein Fall für den Neurologen. Aber über dergleichen denkt der Nörgler nicht nach.

Die meisten Menschen hüten sich, die »Nörgelstrategie« bei einem jähzornigen oder streitlustigen Menschen einzusetzen. Man reserviert sie eher für die Phlegmatischen oder Pflichtvergessenen. Ich habe zum Beispiel eine Freundin, deren Ehemann sie penetrant daran erinnerte, die Rechnungen pünktlich zu bezahlen. Er trug die Fälligkeitsdaten in dem großen Wandkalender ein und schrieb ihr jeweils ein paar Tage vorher noch einmal eine Extra-Erinnerung auf einen Zettel. Wir reden von einer erwachsenen, berufstätigen Akademikerin. Das ging jahrelang so und änderte sich erst, als sie geschieden war und anfing, saftige Mahngebühren zahlen zu müssen.

Nörgeln ist nicht nur ineffektiv, es macht die Dinge unterm Strich noch schlimmer. Das liegt daran, dass der Nörgler oft symbolisch zu dem Elternteil wird, von dem die Nervensäge sich befreien möchte, d.h. sie empfindet ihn als autoritären Kontrollierer. Worauf sie in den seelischen Zustand des Kindes zurückfällt und gegen diesen Vater bzw. diese Mutter rebelliert, indem sie ihr negatives Verhalten verstärkt. Man kann so etwas in vielen Ehen bzw. Liebesbeziehungen beobachten. Liebe, Vertrauen und Leidenschaft kühlen schlagartig ab, wenn aus zwei Erwachsenen ein Elternteil und ein Kind werden.

Leere Drohungen

Benutzen Sie nie leere Drohungen. Nie.

Die nicht ernst gemeinte Drohung ist oft der berühmte letzte Versuch, wenn die Nervensäge sich partout nicht ändern will. Der Inhalt der Drohung kann alles Mögliche sein: Wir werden unsere Tochter nicht mehr lieben, unserem Sohn nicht mehr den Autoschlüssel geben oder aus der Ehe aussteigen. Hinter der Drohung steckt der Gedanke, dass die Nervensäge einen heilsamen Schock bekommen wird, sich daraufhin ändert und lieber, rücksichtsvoller usw. wird.

Warnungen können etwas Gutes sein, wie bei der roten Ampel oder dem Blutdruckwert. Sie sagen uns: *Pass auf, oder es wird etwas Schlimmes passieren!* Sie können uns das Leben retten. Aber leere Warnungen oder Drohungen (also solche, auf die keine Konsequenzen folgen) sind ruinös.

Die unüberlegte oder unrealistische Drohung verschlimmert die Lage nur noch. Sie signalisieren damit der Nervensäge, dass sie Sie ruhig ignorieren kann. Sie sagen ihr praktisch: »Ich lasse jetzt mal so richtig Dampf ab. Wenn du schön ruhig wartest, bis mein Anfall vorbei ist, kannst du anschließend gerade so weitermachen wie bisher, ohne dass dir etwas passiert.« Es ist der Traum jeder Nervensäge: für einen läppischen Preis die totale Freiheit zu bekommen, zu sagen oder zu machen, was sie will. Wir werden uns dem Thema »Konsequenzen« in Kapitel 10 genauer zuwenden.

Ein Mann erzählte mir einmal von seiner Freundin, die sich heftig darüber aufgeregt hatte, dass er mit anderen Frauen flirtete. Er sagte: »Das macht mir nichts. Hunde, die bellen, beißen nicht.« Er war richtig stolz, dass er sie so durchschaute. Er hatte leider Recht. Und sah überhaupt nicht ein, warum er sich ändern sollte.

Wenn Sie bellen, seien Sie bereit, auch zu beißen! Wenn nicht, kaufen Sie sich lieber einen Maulkorb!

Unsere eigenen blinden Flecken

Die Nervensäge ist nicht die Einzige, die nicht in den Spiegel ihres Lebens schauen möchte. Oft ist es bei ihrem Beziehungspartner nicht viel anders. Es kann gut sein, dass Sie die

Art oder Schwere des Problems nicht sehen wollen. Wenn wir etwas nicht sehen wollen, verzerren wir die Realität. Wir schließen tapfer die Augen: *Vielleicht ist ja dann das Unangenehme in unserem Leben nicht mehr da oder zumindest nicht mehr so schlimm* – so hoffen wir.

Etwas nicht sehen wollen oder verdrängen, muss nicht immer etwas Schlechtes sein. Die Opfer einer schlimmen Katastrophe brauchen manchmal die Fähigkeit, das Furchtbare, das passiert ist, vorübergehend auszublenden und gleichsam Stück für Stück zu verarbeiten, damit sie nicht unter den Erinnerungen und den Gefühlen zusammenbrechen. Doch meistens bedeutet etwas nicht sehen wollen schlicht, dass man den Kopf in den Sand steckt und hofft, dass die Dinge nicht so schlimm sind wie sie sind.

Es kann also gut sein, dass Sie das destruktive Verhalten Ihrer Nervensäge verharmlosen. Sie sagen sich oder Ihren Mitmenschen: »Er hat doch so viele gute Seiten.« Oder: »Er hat heute einfach einen schlechten Tag erwischt.« Oder: »Wenn ich nicht das Toastbrot hätte anbrennen lassen, hätte er das jetzt nicht gesagt.« Es ist völlig in Ordnung, auch das Positive zu sehen; es ist *nicht* in Ordnung, wenn man die Augen vor negativen Dingen verschließt. Sie gehen nicht weg, wenn wir sie ignorieren, ja sie werden oft noch schlimmer.

Die Gründe, warum wir etwas verdrängen, sind genau die gleichen wie bei der Nervensäge auch: zum Beispiel Angst vor Liebesentzug, Angst davor, der Böse zu sein, Angst vor Konflikten, Schuldgefühle, Stolz. Diese Dinge sind Realitäten, die man in Seelsorge, Beratung oder Therapiegruppen sinnvoll angehen kann. Das Verdrängen und Nicht-sehen-wollen kann uns unser Leben stehlen. Es lohnt sich immer, den Stier bei den Hörnern zu packen und die Realität so zu sehen, wie sie ist. Die Realität ist immer Ihr Freund.

Neigen Sie auch dazu, die Augen vor der Realität zu verschließen? Dann gehen Sie zu einem guten, erfahrenen und vertrauenswürdigen Freund, der Sie und Ihre Situation kennt. Solche Menschen wollen das Beste für Sie, auch wenn dies bedeutet, dass Sie sich zunächst einmal den unangenehmen Dingen stellen müssen. Fragen Sie sie, ob Sie vielleicht die Situation Ihrer Nervensäge schönreden. Es könnte sein, dass sie Ihnen die Augen dafür öffnen, wie ernst die Lage wirklich ist, und Sie damit in den Stand setzen, die nötigen Schritte zu tun.

Erinnern Sie sich noch an Cindy, die nicht wahrhaben wollte, wie ernst es mit Dylan war? Sie versuchte, sich damit vor der bitteren Wahrheit zu schützen, dass ihr Sohn, den sie doch liebte, ein verantwortungsloser Egoist war. Ich glaube, wir können sie gut verstehen. Aber als sie sich dann der Wahrheit stellte, konnte sie Dylan zum ersten Mal richtig helfen.

»Einmal reicht«

Eine der Szenen, die ich in der Radioshow, die ich mitmoderiere, immer wieder erlebe, ist die folgende:

> »Ich habe ein Problem.«
>
> »Gut, schießen Sie los.«

»Mein Mann trinkt und belügt mich.«

»Das ist schlimm. Was haben Sie bisher unternommen?«

»Ich hab ihm gesagt, er soll damit aufhören.«

»Und hat er das gemacht?«

»Nein.«

»Und was haben Sie dann gemacht?«

»Na, ich hab's aufgegeben. Was meinen Sie: Soll ich mich nicht besser scheiden lassen?«

Das ist das »Einmal muss reichen«-Syndrom. Man hofft oder erwartet, dass *ein* Appell, *eine* Konfrontation, *eine* Bitte, *eine* Drohung, *eine* Sanktion ausreicht. Trifft das nicht zu, wirft man resigniert das Handtuch.

Dieses Denken hat verschiedene Ursachen: Konfliktscheue, Mangel an Ressourcen und Hilfen oder Wunschdenken. Aber dies ist weder realistisch noch effektiv.

Vergessen Sie einen Augenblick Ihre Nervensäge. Ein Großteil der ganz normalen Menschen, die ich kenne, brauchen mehr als *einen* Schubs! Ich zum Beispiel. Ich wünschte, es wäre nicht so, aber es ist so. Also: *Betrachten Sie Veränderung und Reiferwerden nicht als einmaliges Ereignis, sondern als allmählichen Prozess.* Ihre Nervensäge ändert sich nicht von jetzt auf gleich; es wird eine ganze Reihe von Anstößen brauchen, mit viel Weisheit, Liebe und Hilfe.

Übertriebene Geistlichkeit

Es ist gut, ja sogar sehr gut, wenn Sie und Ihre Nervensäge geistliche Menschen sind. Aber es kann die reine Katastrophe sein, wenn Sie es in übertriebener Weise sind.

Ein geistlicher Mensch ist jemand, der in einer persönlichen Beziehung zu Gott, seinem Wort und seinen Geboten lebt: »Gott ist Geist; deshalb müssen die, die ihn anbeten wollen, ihn im Geist und in der Wahrheit anbeten« (Johannes 4,24). Es geht hier darum, ein Leben des Gehorsams, des Glaubens, der Liebe und des Mysteriums zu führen. Geistliche Menschen wissen, dass die beste Art, zu leben, darin besteht, schlicht Gott zu folgen. Übertriebene *Geistlichkeit* dagegen ist eine Verzerrung und Entartung echter Geistlichkeit. Menschen, die so leben, benutzen religiöse Begriffe als Schutzschild oder Talisman gegen unangenehme Realitäten. Das Endergebnis ist oft, dass Gott die Schuld an den Charakterproblemen eines Menschen bekommt.

Es gibt drei Hauptstrategien, die gegenüber Nervensägen zum Einsatz kommen und von übertriebener Geistlichkeit zeugen. Die erste ist das *Predigen:* Ich versuche (ebenso beharrlich wie erfolglos) meinen schwierigen Menschen zu ändern, indem ich ihm Bibelverse oder Wahrheiten vorhalte, die mir geholfen haben. Die Bibel ist zweifellos ein großer Schatz. Aber wenn jemand nicht offen für sie ist, kann es klüger sein, Gottes Wort nicht zu predigen, sondern es *vorzuleben*, indem ich der liebevollste, fröhlichste, verantwortungsbewussteste, ehrlichste Mensch werde, der mir möglich ist. Mancher Nervensäge öffnet dies die Augen für den Wert, den die Bibel für ein gutes, gelingendes Leben hat.

Die zweite Methode ist die *Passivität*. Ich unternehme keine Schritte mehr, um das Problem zu lösen, sondern verlege mich auf Beten und Hoffen. Für manche Menschen ist dies gleichsam der letzte Versuch, wenn alles andere nichts fruchtet. Es ist zweifellos etwas Gutes, wenn man aufhört, Gott zu spielen, und ihn bittet, das zu tun, was nur er tun kann. Aber das enthebt uns nicht der Verantwortung, das zu tun, was *wir* nach seinem Willen tun sollen. Wir sind Gottes Mitarbeiter, und oft zeigt er uns, dass wir für unsere Nervensäge noch mehr tun können als nur beten.

Doch die destruktivste Variante übetriebener Geistlichkeit ist die *Überheblichkeit*. Hier fühle ich mich Gott so nahe, dass ich mit den irdischen Wegen der Nervensäge nichts mehr anfangen kann. Ich liebe sie, aber aus der Entfernung, weil sie die hohen geistlichen Wahrheiten, mit denen ich tagtäglich lebe, ja nicht versteht.

Diese hohe Warte ist gefährlich. Sie beruht auf Stolz und ist überhaupt nicht geistlich. Der wirklich fromme Mensch weiß darum, dass er täglich neu Gottes Gnade und Hilfe braucht, um mit den dunklen Flecken in seiner eigenen Seele fertig zu werden. Er liegt vor Gott auf den Knien, reumütig, nüchtern und dankbar. Er vergleicht sich nicht mit anderen Menschen, fühlt sich nicht »besser« oder »schlechter« als sie. Es geht ihm ganz darum, eine gute, gesunde, wachsende Beziehung zu Gott und den Mitmenschen zu haben.

Also: Seien Sie nicht in übertriebener Weise geistlich und bitten Sie Gott, Sie zu einem wirklich frommen Menschen zu machen. Das wird Ihre Chancen, Ihre Nervensäge zu verändern, um einiges verbessern.

Zu viel Verantwortung übernehmen

Nur zu leicht meinen wir manchmal, dass die Nervensäge so ist, wie sie ist, weil wir etwas falsch gemacht haben. Da ist zum Beispiel auf Ihre Tochter kein Verlass. Sie bitten sie schon lange nicht mehr darum, ein Brot vom Bäcker mitzubringen, weil Sie genau wissen, dass sie es vergessen wird. Aber wenn Sie sie wegen ihrer Unzuverlässigkeit zur Rede stellen, sagt sie einfach, dass Sie sie überfordern und sie schon mehr als genug am Hals hat. Da auch noch an den Bäcker zu denken, ist ihrer Meinung nach Stress pur ... Und wenn Sie jemand sind, der dazu neigt, sich die Dinge zu Herzen zu nehmen, kann solch ein Szenario Sie dazu bringen, dass Sie sich selbst als das Problem sehen.

Es ist keine Frage, dass wir uns alle prüfen sollten, ob wir die Aufgaben, die das Leben uns stellt, auch anpacken. Aber wir sollten uns auch fragen, ob wir nicht manchmal zu viel von der Last, die unsere Nervensäge mit sich bringt, auf unsere eigenen Schultern laden.

Eine Variante dieses Problems ist, dass wir meinen, es sei unsere Aufgabe, die Nervensäge zurechtzubringen. Wir tun dann so, als seien wir für ihre Entscheidungen und deren Folgen verantwortlich. Die Ursache ist oft eine mangelhafte persönliche Abgrenzung von der Nervensäge; wir sind nun einmal nicht sie. Die beste Strategie ist, dass wir engagiert das

Unsere tun, aber nur das Unsere, und das Ergebnis der Nervensäge und Gott überlassen.

Die Warte-Falle

In uns allen wohnt ein höflicher Butler von der alten englischen Schule, der etwas konfliktscheu ist. Er drängt sich nicht auf, das wäre nicht fein. Nein, er wartet, bis die Nervensäge sich öffnet und reif dafür ist, dass man ihr hilft, und dann und erst dann redet er. Eines Tages wird die Nervensäge doch wohl merken, dass sie sich ändern muss, und Hilfe suchend zu mir kommen ...

Da können wir lange warten. Jemanden bitten, dass er ihm hilft, anders zu werden – das ist oft das Letzte, was der schwierige Mensch will. Je mehr die anderen schweigen, umso mehr nimmt er an, dass sie eigentlich ganz zufrieden mit ihm sind, mit dem Ergebnis, dass es immer schlimmer wird mit ihm.

Ich arbeitete einmal mit einer Frau, die allen Ernstes glaubte, dass ihr bedrücktes Schweigen ihren kaufsüchtigen Mann dazu bringen würde, zu sich zu kommen und sie zu fragen, was los war. Als es mir endlich gelang, sie davon zu überzeugen, dass ihr Plan nicht funktionierte, waren sie fast bankrott.

Höflichkeit und Zurückhaltung ist etwas Gutes. Aber manchmal müssen wir uns auch einmischen, konfrontieren, warnen, egal, ob der Zeitpunkt günstig (sprich: der betreffende Mensch offen) ist oder nicht (2. Timotheus 4,2).

Vorsicht, Explosionsgefahr!

Geben wir es ruhig zu: *Ich habe mich von meiner Nervensäge schon zu Worten hinreißen lassen, die ich hinterher bereut habe.* Wie wir in der Einleitung schon sahen, bringen die schwierigen Menschen in unserem Leben manchmal Seiten an uns zum Vorschein, die uns erschrecken lassen. Ich habe Missionarinnen und Pfarrersfrauen erlebt, die in Konfrontationen mit Nervensägen plötzlich über einen Wortschatz verfügten, der sie zweifellos selbst überraschte. Die Nervensäge kann intensive Gefühle der Liebe, der Wut, der Hilflosigkeit und Angst auslösen.

Diese Neigung zu plötzlichen Ausbrüchen hängt damit zusammen, dass wir bestimmte Bedürfnisse nach solchen Dingen wie Wärme, Liebe, Bestätigung usw. haben und diese Dinge ausgerechnet von der schwierigen Person erwarten. Bekommen wir sie dann nicht, reagieren wir nicht wie Erwachsene, sondern wie frustrierte Kinder. Manchmal versuchen wir mit solchen Ausbrüchen, die Nervensäge gleichsam wachzurütteln, nach dem Motto: *Schau dir an, zu was du mich treibst.* Die Wirksamkeit ist meist mehr als gering; die Nervensäge denkt womöglich nur: *Na bitte, ich bin doch gar nicht das Problem, sondern diese Person, die da herumtobt.*

Wenn Ihre Nervensäge bestimmte Bedürfnisse von Ihnen nicht erfüllt, suchen Sie die Erfüllung bis auf Weiteres woanders. Es gibt bestimmt Menschen in Ihrer Umgebung, die Sie achten, die mit Ihnen fühlen und die Ihnen helfen können; gehen Sie auf diese Menschen zu.

Ich habe alles versucht ...

Dies ist eigentlich keine Strategie, sondern eine Strategieverweigerung, aber sie kommt häufig vor. Ich habe alles Mögliche versucht, aber nichts fruchtet bei meiner Nervensäge. Ich fühle mich hilflos und sehe kein Licht am Ende des Tunnels; es wird alles nur noch schlimmer.

Rein theoretisch ist es möglich, dass man tatsächlich *alles* versucht hat, aber meistens bedeutet der Seufzer »Ich habe alles versucht ...« etwas anderes: zum Beispiel, dass man die in diesem Kapitel beschriebenen falschen Strategien eingesetzt hat, die natürlich zum Scheitern verurteilt sind; oder es mit guten Strategien versucht hat, aber noch nicht genug; oder nicht genügend äußere Hilfe hatte oder nicht beharrlich genug war.

In Teil III werden wir mehrere Schlüssel untersuchen, die uns helfen können, unsere Nervensäge auf den Weg zur Veränderung zu bringen. Vielleicht benutzen Sie bereits einzelne dieser Schlüssel, kennen aber noch nicht alle. Oder Sie haben hier und da einen guten Anfang gemacht, aber dann viel zu schnell aufgegeben, wie der »Einmal-reicht«-Stratege. Sie haben ihren großen Zeh ins Wasser gesteckt und gleich wieder herausgezogen.

Machen Sie also klar Schiff mit diesen unwirksamen Strategien. Und jetzt blättern Sie zum nächsten Kapitel und schauen Sie sich Ihr Ziel an: der Nervensäge zu helfen, anders zu werden.

Kapitel 4

Ziele setzen: Veränderung ist möglich

Wenn ich mit Menschen arbeite, die Opfer von Nervensägen sind, frage ich sie gerne, was für eine Vision sie für die Zukunft ihrer Beziehung haben. Die Antwort ist oft ein entgeisterter Blick, als ob ich Chinesisch rede, gefolgt von einem Satz wie: »Vision? Ich will einfach nicht verrückt werden mit dieser Person, das ist meine Vision!«

Es ist verständlich, dass man in einer Nervensägen-Beziehung Probleme damit hat, Visionen zu entwickeln. »Vision«, das klingt so positiv – nach hohen Zielen, Träumen, hehren Erwartungen. Viele Großkonzerne haben mit einer Vision begonnen, Kirchen und christliche Werke ebenso. Bescheidener Anfang, aber hohe Ziele – das ist das Wesen einer Vision. Aber dem Partner einer Nervensäge ist gar nicht nach hohen Zielen zu Mute. Er ist voll damit beschäftigt, sich zu verteidigen, Schäden zu reparieren, sich Sorgen zu machen und nicht verrückt zu werden. Es ist schwierig, Träume zu haben, wenn man mitten in einem Albtraum steckt.

Warum Sie eine Vision brauchen

Aber wir brauchen Visionen, auch und gerade dann, wenn wir in einer Nervensägen-Beziehung stecken. Es geht hier um viel mehr als darum, nicht verrückt zu werden. Wenn Sie die sieben Schlüssel, die Sie in den nächsten Kapiteln kennen lernen, benutzen wollen, werden Sie Dinge tun müssen, die Sie noch nie getan haben oder vor denen Sie Angst haben oder die Ihnen unangenehm sind, aber tun müssen Sie sie. Und da kann Ihnen eine Vision enorm helfen, mutig zu sein und nicht aufzugeben.

Dazu kommt, dass Ihre Nervensäge die neuen Strategien, die Sie dann anwenden werden, wahrscheinlich nicht kampflos über sich ergehen lassen wird. Sie wird Widerstand leisten, vielleicht ihr Verhalten noch verschlimmern. Sie brauchen einen festen Punkt, einen inneren Halt, um weiterzumachen und nicht aufzugeben.

Ich möchte eine Vision definieren als *inneres Bild eines gewünschten Ergebnisses, das uns Ziel und Kraft gibt.* Es ist ein Bild, das Sie selbst in Ihrem Kopf gezeichnet haben, das Ihr Ziel zum Ausdruck bringt und das dazu da ist, Sie durch die Durststrecken hindurchzutragen. Eine Frau, die schlanker werden möchte, klebt sich zum Beispiel als Vision ein Foto des Badeanzugs, in den sie gerne passen würde, auf den Kühlschrank. Eine Familie, die auf ein Haus spart, hängt sich den Grundriss der Traumvilla an die Wand. Der Angestellte, der auf eine Beförderung hinarbeitet, stellt sich ein Namensschild mit seinem Namen und der Position, die er anstrebt, auf den Schreibtisch.

Visionen kommen von Gott. Eines der Worte von Jesus am Kreuz lautete: »Es ist vollbracht!« (Johannes 19,30). Was war dieses »es«? Es war seine Vision, die Welt zu erlösen, indem er an unserer Stelle starb, und dieses Ziel hatte er erreicht. Das ist das Wesen von Visionen. So mancher Wanderer ist durch Sturm und Regen beharrlich weitergegangen, weil er das Ziel vor Augen hatte.

In der Einleitung zu diesem Buch habe ich eine Vision der Ziele dieses Buches gemalt. Dieses Kapitel beschreibt eine andere Vision – eine ganz konkrete, individuelle Vision, maßgeschneidert für Ihre persönliche Situation mit Ihrer Nervensäge.

Wie man es macht

Wie macht man das – seine Ziele in eine Vision fassen? Hier einige Ideen.

»Schmerz, hör auf!« reicht nicht

Wenn der Ehemann dauernd herumschreit oder die Frau ständig nörgelt, ist es schwierig, eine größere Vision zu haben, als dass sie endlich damit aufhören. Natürlich muss dieses Verhalten ein Ende haben – aber wenn das alles ist, haben Sie sich zu billig verkauft. Viel besser ist es doch, wenn Ihre Nervensäge ein Mensch wird, der umgänglich und freundlich ist – jemand, der sich den anderen öffnet und Konflikte und Probleme mit Liebe und Geduld angeht.

Bauen Sie die Beziehung in Ihre Vision ein

Sehr wahrscheinlich befinden Sie sich in einer persönlichen Beziehung zu Ihrer Nervensäge. Das aber bedeutet doch, dass Sie (wie jeder andere das auch tun würde) von ihr solche Dinge erwarten wie Intimität, Geborgenheit, Respekt, Freiheit, Vertrauen und gegenseitige Unterstützung. Diese Dinge sind wichtig, denn unser Leben besteht nun einmal aus Beziehungen. Bauen Sie sie in Ihre Vision ein.

Greifen Sie nach den Sternen

Und wenn Sie zurzeit noch so mutlos sind, stecken Sie sich hohe Ziele. Wie es in einem alten Sprichwort heißt: Ziele auf die Sterne und du triffst vielleicht einen Baum; ziele auf den Baum und du triffst womöglich gar nichts. Menschen mit niedrigen Erwartungen werden selten enttäuscht, und das ist eigentlich gar nicht gut.

Das höchste Ziel, das Sie für Ihre Nervensäge haben können, ist, dass sie ein anderer Mensch wird. In dieser Vision geht es um viel mehr als ein verändertes Verhalten; es geht um ein verändertes Herz. Sie verknüpft den Bereich der äußeren Phänomene, der Worte und Verhaltensweisen, mit dem Inneren des Menschen, seinem eigentlichen Wesen, und dies ist ein viel gründlicherer Prozess, als dass jemand nur sein schlechtes Verhalten ablegt. Hier einige konkrete Beispiele für die »hohen« Ziele, die Sie für Ihre Nervensäge haben können:

- Die kaufsüchtige Frau, die die Familie finanziell ruiniert, kommt zur Besinnung und wird ein Mensch, der verlässlich ist und mit Geld umgehen kann.
- Der egoistische Freund, der keine Antenne für Ihre Gefühle und Sorgen hat, entwickelt die Fähigkeit, andere an die erste Stelle zu setzen und mitfühlend zu werden.
- Der alkoholsüchtige Ehemann hört nicht nur auf zu trinken, sondern fängt an, sich um seine inneren Wunden zu kümmern, die ihn zu einem so schwierigen Menschen gemacht haben.
- Die 25-jährige Tochter, die sich oft wie ein Kleinkind verhält, wird endlich erwachsen und ein Mensch, an dem man seine Freude haben kann.
- Der alles kontrollierende Chef verwandelt sich in einen freundlichen Vorgesetzten, der seinen Leuten vernünftige Freiheiten gewährt.

Alles ist möglich

Bitte seien Sie nicht vorschnell skeptisch. Sie denken jetzt vielleicht: *Das ist doch alles realitätsfremd.* Ich kann Sie gut verstehen. Wenn es um die Menschen und ihre Freiheit geht, gibt es wenig Garantien. Aber zwei Garantien gibt es, um die wir wissen sollten. Die eine ist, dass bei Gott alles möglich ist (Matthäus 19,26). Und die zweite ist, dass Gott auf Ihrer Seite ist; er hat Ihre Nervensäge so geschaffen, dass sie glücklicher ist, wenn sie ihr Leben nach Gottes Geboten führt.

Legen Sie Ihre Skepsis also einmal beiseite und entwickeln Sie Ihre Vision.

Des Pudels Kern

Vergessen Sie dabei nie das, was wir bereits in Kapitel 1 angesprochen haben: Meistens besteht das Kernproblem der Nervensäge darin, dass sie nicht bereit ist, Verantwortung für ihr Verhalten zu übernehmen und zu sehen, dass das, was zwischen ihr und ihren Mitmenschen geschieht, »ihr« Problem ist.

Ihre Vision muss diesen Punkt unbedingt berücksichtigen. In ihr muss Ihre Nervensäge einsehen, was sie alles falsch gemacht hat, der ihr Fehlverhalten Leid tut, die sich mit offenen Ohren anhört, wie sie auf ihre Mitmenschen wirkt, und die bereitwillig Hilfe sucht, um sich zu ändern. Wenn dieser Punkt erreicht ist (was einige Zeit dauern kann), gibt es einen Ruck nach vorne, und die Gesamtsituation verbessert sich.

Was ist Ihr Minimum?
Sie brauchen auch so etwas wie ein Minimalziel, d.h. Sie müssen formulieren, was die kleinste Veränderung ist, die Sie noch als hinreichendes Ergebnis akzeptieren können. Ein Ehemann, der sich nach wie vor weigert, in eine Therapie zu gehen, um die Altlasten aus seinem Leben zu bereinigen, aber immerhin nicht mehr bei jedem Anlass herumschreit oder tagelang beleidigt ist, ist besser als einer, der sich überhaupt nicht geändert hat. Eine Ehefrau, die immer noch zu viel ausgibt, aber die Familie nicht mehr in die Überschuldung treibt, ist ein Fortschritt. Der Alkoholiker, dem es mit großer Willenskraft gelingt, mit dem Trinken Schluss zu machen, ist keine unmittelbare Gefahr mehr für sich und andere, auch wenn er ohne eine psychologische Therapie Gefahr läuft, rückfällig zu werden, und die Reizbarkeit oder Depressivität, die er im Bier zu ersäufen versuchte, jetzt öfter an die Oberfläche kommt.

Ich sage hier nicht, dass Sie sich mit ein paar äußeren Verhaltensänderungen zufrieden geben sollten. Es darf und muss Ihr lebenslanges Ziel sein, dass Ihr schwieriger Mensch sich grundlegend in seinen Einstellungen, Gefühlen, Perspektiven und Werten verändert. Aber hüten Sie sich davor, ungeduldig zu werden. Wenn Ihre Nervensäge sich ständig Ihr *Streng dich mehr an!* anhören muss, wird sie früher oder später rebellieren, und Sie beide sind die Verlierer. Ein besseres Motto ist: *Das ist gut, und vielleicht kann es noch besser werden zwischen uns.*

Eine grundlegende Veränderung des Lebens Ihrer Nervensäge ist letztlich entscheidend, denn wenn sich nicht mehr ändert als das äußere Verhalten, ist das Risiko des Rückfalls groß.

Fast jedes Schulkind kann lernen, nicht mit Papierkügelchen zu schießen, solange der Lehrer im Klassenzimmer ist, aber die unbeherrschteren machen prompt weiter, wenn er draußen ist. Ihr Ziel muss sein, dass das Herz Ihrer Nervensäge sich so ändert, dass sie ihr negatives Verhalten selbst nicht mehr will.

Verlieren Sie diese Veränderung des Herzens nie aus den Augen. Sie ist die tiefste, dauerhafteste, wirksamste Veränderung, die es gibt. Und die, die am längsten braucht, aber nur so funktioniert ein Reifungsprozess.

Schmücken Sie das Bild aus

Wenn eine Nervensäge sich ändert, ändert sich das Leben. In der Beziehung werden Dinge möglich, die Sie bisher für unmöglich hielten. Denken Sie an gute Bekannte, die eine gute Beziehung haben, und an all das Gute in ihrem Leben und bauen Sie dies in Ihre Vision ein. Dies kann alles Mögliche sein: mehr Zeit füreinander haben, gemeinsame Reisen unternehmen, bedürftigen Menschen helfen, ein schönes Hobby pflegen, künstlerisch tätig sein, Sport treiben. Diese Wünsche können Ihnen helfen, nicht aufzugeben und das Ziel nicht aus den Augen zu verlieren.

Teil III

Ihre Schlüssel einsetzen

Kapitel 5

Schlüssel 1: Gott

Wenn es etwas in der Welt gibt, das jemanden dazu bringen kann, an Gott zu denken, dann ist es eine schwierige Beziehung. Not lehrt beten. Nervensägen auch.

Wir brauchen gute Beziehungen, um zu überleben, und Gott hat uns als Beziehungswesen geschaffen. Menschen sind sehr wichtig für uns, und wenn wir statt Liebe und Gemeinschaft Probleme und Spannungen erleben, schmerzt es sehr. Außerdem haben wir kaum Kontrolle über das Verhalten eines anderen – was uns mit unserer eigenen Hilflosigkeit konfrontiert. Und die Erfahrung der Hilflosigkeit führt uns oft direkt zu Gott.

Immer wieder erzählen mir Menschen, dass Beziehungsprobleme sie dazu brachten, sich für Gott zu öffnen. Vor kurzem sprach ich auf einer Konferenz, bei der es um geistliches und emotionales Wachstum ging, und bat die Anwesenden, mir per Handzeichen zu signalisieren, warum sie zu der Konferenz gekommen waren: wegen persönlicher Probleme mit ihren Gefühlen und ihrem Verhalten, wegen beruflicher Probleme, weil sie allgemein geistlich wachsen wollten oder weil sie gerade ein Beziehungsproblem hatten? Die große Mehrheit hob bei »Beziehungsprobleme« die Hand. Ehepartner, Verwandte, Freunde, Kollegen – sie alle können uns das Gefühl vermitteln, mit unserem Latein am Ende zu sein.
Sie lieben Ihre Nervensäge, Sie wollen, dass es gut geht mit

Ihnen beiden. Aber dieser Mensch kann frei wählen, wie er sich Ihnen gegenüber verhält, welche Einstellung er zu Ihnen hat, ja ob er überhaupt die Beziehung zu Ihnen wünscht. Einen Menschen lieben ist nicht einfach; einen schwierigen Menschen lieben kann Schwerstarbeit sein.

Gott versteht uns

Gott versteht diese Situation, in der Theorie wie in der Praxis. Er macht diese Erfahrung ja täglich selbst. Er liebt uns und möchte eine Beziehung zu uns, die uns gut tut – aber er gibt uns die Freiheit, Nein zu ihm zu sagen, und nur zu oft nutzen wir diese Freiheit.

Die folgenden Worte von Jesus illustrieren die ganze Tiefe seiner Liebe zu uns:

> Jerusalem, Jerusalem, du Stadt, die Propheten ermordet und Gottes Boten steinigt! Wie oft wollte ich deine Kinder zusammenrufen, wie eine Henne, die ihre Küken unter ihren Flügeln birgt, doch ihr habt es nicht zugelassen. (Matthäus 23,37)

Gott sehnt sich nach Gemeinschaft mit uns, aber er verletzt nicht den freien Willen, den er ebenfalls in uns hineingelegt hat. Er setzt sich dieser Situation aus – nicht, weil das für ihn angenehm wäre, sondern weil *Freiheit der einzige Weg ist, eine Beziehung zu haben, die von innen, aus dem Herzen kommt und nicht von außen aufgezwungen ist*. Die Hingabe aus freien Stücken ist die einzige Beziehung, die Gott interessiert, und diese Art Beziehung ist die beste auch für uns, sowohl Gott wie auch unseren Mitmenschen gegenüber.

Gott kennt Ihre Nervensäge

Nervensägen können komplizierte Menschen sein, die komplizierte Beziehungen schaffen. Doch Gott lässt sein Licht der Wahrheit und der Erkenntnis auch hier leuchten. Er ist ja derjenige, der »die Geheimnisse unserer Herzen« kennt (Psalm 44,22). Er kennt die Widersprüche, die plötzlichen Stimmungsschwankungen, die Launen und Angriffe und Schuldzuweisungen und all die anderen Dinge in Ihrer Nervensäge, die Sie zur Verzweiflung bringen. Sie sind kein Geheimnis für ihn, er kennt den Weg durch das Labyrinth.

Daher hat es nichts mit einem übertriebenen Glauben zu tun, wenn Sie im Umgang mit Ihrer Nervensäge als ersten Schlüssel Gott nehmen. Es geht einfach darum, realistisch zu sein und Weisheit, Hilfe und Leitung dort zu suchen, wo wir sie am ehesten finden. Wenn Sie in Ihrem Alltag einem Problem gegenüberstehen – etwas, was Ihre Kompetenz und Erfahrung übersteigt –, dann fragen Sie gewöhnlich einen Experten um Rat. Etwa den Arzt, wenn Sie krank sind, den Steuerberater, wenn das Finanzamt eine Nachzahlung will, den Lehrer, wenn Sie nicht sicher sind, ob Ihr Kind das Gymnasium schafft. *Gott ist ganz einfach der, der sich mit Nervensägen am besten auskennt.* Und er kennt die Antwort auf jede Frage und weiß in jeder Situation, wie man am besten mit komplizierten Menschen umgeht. Sich an den großen »Beziehungsarchitekten« zu wenden und ihn um Rat zu fragen, ist nicht nur geistlich, es hat Realitätsbezug.

Gottes Versöhnungsplan

So wie Gott in Bezug auf Sie einen Plan und ein Ziel hat, so hat er dies auch für die Nervensäge. Dieses Ziel heißt *Versöhnung*. Versöhnung ist der Prozess, durch den zwei zerstrittene

Parteien ihre Differenzen beilegen und wieder zusammenkommen. Gott möchte, dass Ihr komplizierter Mensch mit ihm (Gott), mit seinen Mitmenschen und mit seinem eigenen Herzen versöhnt wird. Versöhnung ist eines der Dinge, die Gott gegenüber uns Menschen am wichtigsten sind: »Denn Gott war in Christus und versöhnte so die Welt mit sich selbst und rechnete den Menschen ihre Sünden nicht mehr an. Das ist die herrliche Botschaft der Versöhnung, die er uns anvertraut hat« (2. Korinther 5,19).

Wenn Ihre Nervensäge ihre Mitmenschen nervt, ist dies ein Hinweis darauf, dass mindestens einer der gerade genannten drei Bereiche der Versöhnung gestört ist. Möglicherweise ist diese Person nicht im Reinen mit Gott und ihrem eigenen Leben. Sie ist ganz offensichtlich nicht im Reinen mit Ihnen und vermutlich auch nicht mit anderen Menschen. Und wahrscheinlich ist sie in gewissen Bereichen in Unfrieden mit sich selbst, was ihr Leben und vor allem ihre Beziehungen schwierig macht. Mit das Beste, was Sie tun können, ist, dass Sie Gott bitten, Ihrer Nervensäge in diesen drei Bereichen (Gott, ihre Mitmenschen, sie selbst) Versöhnung und Frieden zu schenken.

Gott ist für die Nervensäge

Es ist auch wichtig, dass Sie sich vor Augen führen, dass Gott »für« Ihren komplizierten Menschen ist, genauso wie er »für« Sie ist. Er möchte von ganzem Herzen das Beste für Ihre Nervensäge, das zu erkennen ist wichtig – vor allem dann, wenn wir selbst keine Liebe und keine guten Wünsche mehr für sie haben und fast nur noch negative Gefühle. Gott ist eine unerschöpfliche Quelle der Gnade und Liebe. Er will uns nicht nur die Kraft geben, durchzuhalten mit unserer Nervensäge, er will auch selbst direkt auf sie einwirken. Ich habe in meinem Leben schon oft gebetet: »Gott, es tut mir Leid, aber ich habe keine Liebe mehr für diesen Menschen. Bitte gib mir etwas von deiner Liebe für ihn.« Und er hat es getan.

Dies bedeutet nicht, dass Gott alles, was Ihr problematischer Mensch tut, gutheißt. In der Beurteilung seines Verhaltens ist er womöglich weniger auf seiner als auf Ihrer Seite. Gott hält z.B. nichts von Betrügerei (Psalm 101,7), Lieblosigkeit (Matthäus 24,12), Egoismus (Jakobus 3,16), Faulheit (Sprüche 20,4) und vielen anderen Dingen. Aber als der Schöpfer, Vater und Erlöser Ihrer Nervensäge liebt er sie und will ihr Bestes.

Der Architekt des Lebens und der Beziehungen

Aber dass Gott Sie und Ihre Nervensäge liebt und Ihre Situation genau kennt und versteht, ist noch nicht alles. Es gibt auch ganz praktische, sachliche Gründe, sich an ihn zu wenden. Er ist der große Beziehungsarchitekt. Er hat die menschlichen Beziehungen in ihrer ganzen Komplexität erschaffen, er lässt sie funktionieren, ja er ist selbst Beziehung.

In dieser Rolle als Architekt und Schöpfer hat Gott uns für unser Leben und unsere Beziehungen ganz bestimmte Regeln und Gesetze gegeben. Diese Gesetze sind unumstößlich; das Leben funktioniert besser, wenn wir uns an sie halten, und schlechter, wenn wir sie brechen. Es ist mit ihnen wie mit den physikalischen Gesetzen des Magnetismus, der Schwerkraft und der Elektrizität; man kann sie nicht auf Dauer ignorieren. Sagen Sie einmal: »Ich glaube nicht an die Schwerkraft«, und springen Sie nach oben; Sie werden früher oder später wieder unten ankommen.

Nehmen wir das Gesetz von Saat und Ernte aus Galater 6,7: »Macht euch klar, dass ihr Gott nicht einfach missachten könnt, ohne die Folgen zu tragen. Denn was ein Mensch sät, wird er auch ernten.« Es geht hier um Ursache und Wirkung; was auch immer wir tun, hat Folgen. Wer Liebe, Demut und Verantwortlichkeit sät, wird sie auch ernten, und wer sie nicht sät, wird Zwietracht, negative Reaktionen auf seinen Stolz und Verlust von Beziehungen ernten.

Es ist nur natürlich, wenn die Nervensäge, die Egoismus und Arroganz sät, es anschließend erlebt, wie ihre Verwandten gegen sie sind und ihre Freunde ihr sagen, dass sie sie so lange nicht mehr besuchen werden, bis sie gelernt hat, nicht nur an sich selbst zu denken. Es ist richtig, wenn ihr Chef ihr die Beförderung verweigert, weil sie so unmöglich zu ihren Kollegen ist. Ich habe das Gesetz von Saat und Ernte in seinen ganzen Ausmaßen erlebt, wo Menschen es eine Nervensäge am eigenen Leib erfahren ließen. Und leider habe ich auch erlebt, wie wohl meinende Mitmenschen es vorübergehend außer Kraft setzten, indem sie die Nervensäge vor den Folgen ihres Handelns »retteten«. Gott straft die, die er liebt (Hebräer 12,6). Machen Sie nicht den Fehler, Ihren schwierigen Menschen vor Gottes Gesetzen »schützen« zu wollen.

Und andererseits sollte Ihr schwieriger Mensch eine Verbesserung in seiner Lebensqualität feststellen, wenn er liebevoller, selbstbeherrschter und ehrlicher wird. Sie und andere fangen an, positiv auf ihn zu reagieren, die Menschen erkennen ihn an, es läuft besser auf seiner Arbeitsstelle. Gott und seine Gesetze sind einfach größer und stärker als Ihre Nervensäge. Sie muss am eigenen Leib erfahren, dass sie nicht mit Gott kämpfen und gewinnen kann. Sie hat sicherlich die Freiheit, Gott, der Welt und Ihnen zu drohen, aber sie kann die Gesetze, nach denen das Universum funktioniert, nicht auf Dauer ignorieren.

Bitten Sie Gott, Ihnen zu zeigen, wie Sie den Wachstums- bzw. Heiligungsprozess Ihrer Nervensäge unterstützen können. Gott ist hinter den Kulissen am Werk, und die Ernte ist groß, aber es sind nicht genügend Erntearbeiter da (Matthäus 9,37-38). Seien Sie Gottes Assistent bei seiner Arbeit mit der Nervensäge. Es kann sein, dass er Ihnen befiehlt, diese Person zu konfrontieren oder aufzuhören sie zu kritisieren oder sich blind zu stellen. Was auch immer es ist, es ist zu Ihrem eigenen und zum Besten der Nervensäge und Ihrer Beziehung zu ihr.

»Gott, was soll ich hier lernen?«

Blicken wir tiefer. Es kann sein, dass Gott in und durch die Beziehung zu Ihrer Nervensäge auch an *Ihnen* arbeiten will. Er benutzt dieses Problem vielleicht dazu, dass Sie ihn besser kennen lernen. Gott ist nicht daran interessiert, Ihr Beziehungsproblem nur deswegen zu lösen, damit Sie glücklicher werden; er weiß, dass das letztlich nicht das Beste für Sie ist. Glücklich sein ist nicht das Lebensziel; es ist vielmehr ein Nebenprodukt von etwas anderem, und dieses andere ist die Gemeinschaft mit Gott. Gott will nicht Ihr »Glücklichmacher« sein; er möchte *Sie*. »Siehe, ich stehe vor der Tür und klopfe an. Wenn jemand ... die Tür öffnet, werde ich eintreten, und wir werden miteinander essen« (Offenbarung 3,20).

Nicht selten hilft uns solch eine Beziehung, geistlich zu wachsen und Gott näher zu kommen. Wir lernen etwas über das Gottvertrauen und Gottes unsichtbares Wirken. Wir lernen etwas über das Hoffen, denn die Veränderung, nach der wir uns da sehnen, kann allein Gott bewirken. Wir lernen etwas über die Liebe, wenn wir sehen, wie sehr Gott uns und unserem komplizierten Menschen helfen möchte.

Ich habe eine Freundin, die mit einer ehemaligen Nervensäge verheiratet ist (ja, das gibt es recht häufig!). Sie war schon vor ihrer Ehe ein gläubiger Mensch mit einer guten Beziehung zu Gott, aber die Konflikte in ihrer Ehe haben sie tief und nachhaltig verändert. Sie sieht zum Beispiel Leiden und Schmerz nicht mehr als etwas, was es um jeden Preis zu vermeiden gilt. Sie liebt den Schmerz nicht, aber sie weicht ihm auch nicht mehr aus, da er ihr beim geistlichen und persönlichen Wachsen helfen kann. Sie sieht Gott hinter dem Schmerz und geht auf ihn zu.

Vielleicht beten Sie gerade und bitten Gott um seine Führung, und das ist richtig. Sie sagen ihm vielleicht: »Herr, zeige mir, wie ich am besten mit diesem Menschen umgehe.« Ich möchte Sie ermutigen, die folgenden Sätze hinzuzufügen: »Gott, zeige mir, was ich aus dieser Sache über mein Leben mit dir lernen kann. Hilf mir, zu sehen, dass es nicht nur darum geht, dass dieser Mensch sich verändert, sondern auch ich.« Gottes Wahrheiten gelten für uns alle, sie sind allgemein gültig. Was für Ihre Nervensäge gut ist, ist auch für Sie gut.

Es könnte sein, dass hinter den Turbulenzen Ihrer »schwierigen« Beziehung eine Glaubensreise verborgen liegt. Suchen Sie danach.

Glauben wie Abraham

Wie bringen Sie in Ihrem Glauben Gott, sich selbst und Ihre Nervensäge zusammen? Hier sind mehrere Faktoren beteiligt, die uns am besten im Leben Abrahams, des Vaters des Glaubens, aufgezeigt werden. Er verließ seine vertraute Umgebung, um eine Glaubensreise mit Gott zu beginnen – genau das, was auch Sie tun müssen.

> Durch den Glauben gehorchte Abraham, als Gott ihn aufforderte, seine Heimat zu verlassen und in ein anderes Land zu ziehen, das Gott ihm als Erbe geben würde. Er ging, ohne zu wissen, wohin ihn sein Weg führen würde. Und selbst als er das Land erreichte, das Gott ihm versprochen hatte, lebte er dort aus der Kraft des Glaubens – denn er war in dem Land wie ein Fremder, der in einem Zelt wohnte, ebenso wie Isaak und Jakob, denen Gott dieselbe Zusage gegeben hatte. Abraham konnte so handeln, weil er auf eine Stadt mit festen Fundamenten wartete, deren Bauherr und Schöpfer Gott selbst ist. (Hebräer 11,8-10)

Abraham wurde von Gott gerufen. Das hat Gott bei seinen Leuten immer wieder getan. Auf vielfältige Weise spricht er uns an, und Glauben heißt zunächst einmal, dass ich seine Stimme höre. Gott kann uns aus einem brennenden Strauch heraus rufen, durch einen Bibelvers, der uns ins Auge springt, durch ein Telefongespräch oder durch eine E-Mail von einem Freund. Das Wichtige ist, dass wir offen sind und auf Gottes Stimme achten.

Darauf zu achten ist nicht einfach in der heutigen Computer-

und Medienwelt. Wahrscheinlich werden Sie feste Termine in Ihrem Tagesablauf brauchen, die Sie sich freihalten, um in dem Lärm des modernen Lebens Gottes Stimme zu hören.

Wenn Sie so vor Gott treten, sagen Sie ihm, dass Sie am Ende Ihrer Kräfte sind; Sie haben alles getan, was Sie können, und Ihre Nervensäge reagiert immer noch nicht. Bitten Sie Gott, Ihnen zu helfen, und sagen Sie ihm, dass Sie für alles offen sind, was er Ihnen vorschlägt, egal in welcher Weise. Machen Sie Ernst mit dem *Dein Wille, nicht meiner, geschehe*. Das ist sinnvoll, denn Ihre eigenen Lösungen haben Sie nicht weitergebracht; es ist wirklich an der Zeit, dass Sie auf eine andere Stimme hören.

Gottes Reden kann in verschiedene Richtungen gehen. Vielleicht ruft Gott Sie dazu auf, einmal gar nichts zu tun mit Ihrer Nervensäge und sich ganz auf ihn (Gott) zu konzentrieren. Oder er möchte, dass Sie Ihr Verhalten gegenüber dieser Person ändern. Seien Sie offen.

Abraham brach in ein Land auf, das er nicht kannte. Er ging im Glauben, ohne zu versuchen, selbst die Kontrolle zu behalten. Er erreichte fremdes Gebiet, ein unbekanntes Land, weit weg von aller Bequemlichkeit.

Sie mögen jetzt denken: *Ja, genau so geht es mir!* Aber das stimmt nicht. Sie mögen noch so unglücklich sein in Ihrer problematischen Beziehung, aber *Sie wissen wenigstens, was Sie haben*. Sie wissen, was Sie tun müssen, um Ihre Nervensäge nicht zu reizen. Sie ahnen ihre Stimmungsschwankungen voraus. Weil sie nicht mit Geld verantwortungsvoll umgehen kann, haben Sie gelernt, die Finanzen vor ihr zu schützen. Oder Sie gehen ihr aus dem Weg, wenn sie einen schlechten Tag hat. Diese gewohnten Verhaltensweisen helfen Ihnen und Sie brauchen sie, um alles zu bewältigen. Aber vielleicht ist es Zeit, etwas Neues zu versuchen. Ich kann Ihnen garantieren: Wenn Sie in Ihrer schwierigen Beziehung im Glauben wachsen, wird Sie das aus Ihrem gewohnten bequemen Leben herausreißen.

Es kann sein, dass Sie Dinge sagen oder tun müssen, die Sie nicht gewohnt sind oder vor denen Sie Angst haben. Oder dass Sie gewisse unangenehme Dinge bei sich selbst angehen müssen. Aber was sind denn die Alternativen? Dass Sie entweder weitermachen wie bisher, mit Methoden, die erwiesenermaßen nicht funktionieren, oder aufgeben, was alles womöglich noch schlimmer macht. Aber das ist das Geheimnis Gottes: Wenn unsere Situation verfahren ist und wir nicht mehr weiterwissen, kommt er und nimmt unser Problem in seine Hand. Er erlöst, bringt in Ordnung und heilt. Das ist sein Wesen: »Aber ich will sie aus dem Totenreich erlösen und vom Tode erretten« (Hosea 13,14).

Glaube heißt aufzubrechen und das gewohnte bequeme Leben zu verlassen. Gott gibt uns seine Hilfe und Liebe nicht einfach so; das ist nicht sein Stil. Früher oder später fordert er uns auf, aufzustehen und loszugehen. Verabschieden Sie sich von Ihrer Bequemlichkeit, hören Sie auf Gottes Stimme und folgen Sie ihr.

Abraham hatte eine Zukunftshoffnung. Er wohnte in Zelten, aber er wartete auf eine Stadt mit »festem Fundament«. Fundament – das meint Stabilität und Kraft. Es ist die Hoffnung auf eine Zukunft in Frieden und Sicherheit. Sie werden eine Zeit lang in einem Zelt leben – dem Zelt neuer Erfahrungen, Beziehungen, Gedanken, Gefühle und Risiken. Aber auf Sie wartet eine Stadt. Es ist die Stadt eines besseren Lebens – des Lebens mit Gott, eines Lebens der Gemeinschaft und Freiheit, und hoffentlich eines Lebens, in welchem Ihre Nervensäge anfängt, reifer zu werden und sich zu verändern. Das ist es wert, dass man eine Zeit lang in einem Zelt leben muss.

Glauben an Gott, nicht an den Glauben

Es ist wichtig zu begreifen, dass es bei diesem Leben im Glauben nicht darum geht, Wünsche erfüllt zu bekommen. Der Wünschende stände dann im Zentrum und hätte die Fäden der Macht in der Hand. Die Macht echten Glaubens aber liegt in der Substanz und Realität des Gegenstandes dieses Glaubens. Dieser Gegenstand ist Gott – Ihr erster Schlüssel, um gut mit Nervensägen umzugehen –, und niemand kann besser mit Ihrer Nervensäge umgehen als er. Ich habe im Laufe der Jahre oft erlebt, wie Gott an schwierigen Menschen Wunder vollbringt. Menschen, denen ich dies niemals zugetraut hätte, haben angefangen, an sich zu arbeiten, und sich vollkommen geändert. Darauf ist Verlass: Gott ist da und er hat die Macht, Menschen zu verändern. Lassen Sie los und hören Sie auf ihn.

Kapitel 6

Schlüssel 2: Ihr Leben

Ich werde nie vergessen, wie ich das Geheimnis hinter Kevins und Cheryls Beziehungsblockade entdeckte. Sie kamen zu mir in die Eheberatung; ein seltsames Paar. Ich verstand die Abläufe zwischen ihnen nicht. Ich hatte den Eindruck, dass dies eher ein Fall für ein Einzelgespräch mit Cheryl war, aber sie bestand darauf, dass Kevin mitkam, und er stimmte kleinlaut zu.

Bei dem kleinsten Fehler von Kevin reagierte Cheryl über. Ob er vergaß, Milch einzukaufen oder abends das Licht im Wohnzimmer auszuschalten – es konnte alles sein. Der Fall schien klar zu sein: Cheryl war die »Böse« und Kevin der arme Ehemann, der alles abbekam – unverdienterweise. Die Nervensäge war meiner Ansicht nach ganz eindeutig Cheryl.

Eines Tages kam er wieder einmal zu spät zu unserem Termin. Gegen Unpünktlichkeit habe ich etwas, und ich beschloss, ein paar Worte zu dem Thema zu sagen. Aber Cheryl kam mir zuvor. Sie explodierte. Wie konnte Kevin nur? Aber so war er ja immer ... Ich überlegte mir gerade, was ich Cheryl sagen sollte, als ich aus dem Augenwinkel heraus sah, dass Kevin lächelte. Es war kein offenes Grinsen, es war dezenter und verhohlener, aber es war ein Lächeln. »Kevin, du lächelst. Was ist?«, fragte ich.

Erst versuchte er, es abzuleugnen, aber Cheryl hatte es auch gesehen. Schließlich gab er es zu. Jawohl, er hatte gelächelt, und es war eine Art *Siegeslächeln*. Vor mir saß ein Mann, der das Bild von dem lieben, normalen Ehemann mit der überkandidelten Frau pflegte. Es war ihm sehr wichtig, dass er der Nette war und sie nicht. Später, als er noch ehrlicher wurde, bekannte er mir, dass er an diesem Tag absichtlich ein paar Minuten zu spät gekommen war, damit Cheryl ausflippte und er als das arme Opfer da saß. In Wirklichkeit war er derjenige mit der Wut im Bauch.

Ich war Kevins Strategie voll auf den Leim gegangen – bis dieses Lächeln kam. Ich sagte Cheryl: »Jetzt verstehe ich, warum du so leicht wütend wirst. Dein Mann stellt dir manchmal ein Bein. Aber du wirst nie die Ehe haben, die du willst, solange du nicht aufhörst, dich so leicht von ihm provozieren zu lassen. Ich möchte, dass du ab jetzt immer dann, wenn der nächste Stachel von ihm kommt, ihm sagst: ›Kevin, du tust mir weh. Machst du das jetzt extra oder hab ich was falsch gemacht? Wenn es meine Schuld ist, kannst du es mir bitte sagen, damit wir das bereinigen können?‹«

Cheryl war toll. Es gelang ihr, ihre Wut hinter sich zu lassen und gegenüber Kevin verletzbar zu werden. Dies war der Durchbruch zu einer gesünderen Beziehung. Weil sie nicht mehr an die Decke ging, konnte Kevin diese Szenen auch nicht mehr genießen; sie war ja nur noch traurig und verletzt. Er hörte auf, an seiner schönen Fassade zu basteln, und zeigte, dass auch er Probleme hatte. Er konnte seine Wut über Cheryl nicht mehr verstecken, und wir begannen, uns dieser Wut zuzuwenden. Nach und nach gelang es Kevin, den kleinen

Jungen in ihm, der so gerne seiner Lehrerin hinter ihrem Rücken die Zunge herausstreckte, hinter sich zu lassen und erwachsener zu werden. Er begann, mehr ein Mann zu sein. Und er fing an, mit Cheryl mitzufühlen und einzusehen, wie weh er ihr tat. Die Nervensäge mit der netten Maske veränderte sich von Grund auf. Ich glaube kaum, dass dies geschehen wäre, wenn es Cheryl nicht gelungen wäre, mit ihrem Zurückschlagen aufzuhören und ihren Schmerz zu zeigen. Ihre neue Weichheit machte auch das Herz ihres Mannes weicher.

Ich fasse hier Monate der Therapie in ein paar Worten zusammen, aber der Fall Kevin und Cheryl zeigt deutlich das Folgende: *Sie selbst und Ihr Leben können gleichsam ein Katalysator zur Veränderung Ihrer Nervensäge werden.* Die Art, wie Sie leben und Ihre Beziehung zu Ihrer Nervensäge und zum Rest der Welt gestalten, hat mehr Macht, als Sie vielleicht ahnen. Sicher gibt es auch Ehemänner, bei denen die »neue« Cheryl nicht gewirkt hätte. Aber ich habe viele Fälle erlebt, wo es klappte.

Wir kommen nicht leicht auf die Idee, unser Leben, die Art, wie wir sind, als Mittel zur Veränderung einer Nervensäge zu sehen. Wir denken eher an unsere Worte und konkreten Handlungen (darüber mehr in Kapitel 9 und 10). Aber Sie können viel erreichen durch die Art, wie Sie leben.

In einem gewissen Sinne geht es hier um Licht und Dunkelheit. Je mehr Ihr Leben im Licht ist – also auf Liebe und Wahrheit ausgerichtet ist und Sie sich ständig weiterentwickeln –, umso heller wird es in Ihnen selbst. Die Finsternis und das Versteckspiel der Nervensäge reagieren auf dieses Licht. Sie kann nicht auf Dauer neutral bleiben, denn Licht und Dunkelheit beißen sich. Sie muss sich entscheiden – so oder so. Entweder es zieht sie zu dem Licht der Liebe, der Ehrlichkeit und der Veränderung hin, so wenig geheuer ihr dies auch zunächst ist, und sie wird dadurch nach und nach selbst ein Mensch des Lichtes. Oder sie verweigert den Veränderungsprozess, den, wie sie sehr wohl spürt, das Licht in ihr beginnen würde, und zieht sich noch mehr zurück. »Es leuchtet in der Finsternis, doch die Finsternis wehrte sich gegen das Licht« (Johannes 1,5 – Hoffnung für alle). Was auch immer passiert – es kommt etwas in Bewegung, und dies ist gut.

Wenn Ihre Nervensäge sich dem Licht in Ihrem Leben öffnet, wie bei Kevin und Cheryl, kann sie anfangen sich zu verändern. Und wenn sie sich ihm verschließt, kommen damit ihr wahres Wesen und ihre Motive nur umso besser zum Vorschein. Es ist besser, den Tatsachen ins Gesicht zu sehen, als so zu tun, als ob der andere jemand ist, der er nicht ist – ein hoffnungsloses Versteckspiel.

In einem anderen Bild ausgedrückt: Ihr Leben ist wie ein Treibhaus für die Nervensäge. Ihre guten Seiten und Ihre zunehmende Reife sind wie die Wärme der Sonne, und der andere spürt diese Wärme und kann durch sie anfangen, sich zu verändern.

Werden Sie wieder glücklich!

Einer der wichtigsten Bausteine zur Veränderung einer Nervensägenbeziehung besteht darin, dass ich die Kontrolle über mein Lebensglück, die ich dem schwierigen Menschen in die Hand gegeben hatte, wieder an mich ziehe. Nur zu leicht bil-

den wir uns ein, dass wir, solange unsere Nervensäge sich nicht bessert, unweigerlich ungeliebt, gefrustet, machtlos und unglücklich sein müssen. Damit aber hat dieser Mensch Macht über einen wichtigen Teil unseres Lebens, und solange er sich nicht auf uns einlässt, sind wir unglücklich.
Und dies gilt nicht nur für die Beziehungen zu Ihren Nervensägen. Selbst dann, wenn alle Ihre Beziehungen kerngesund sind, sollten Ihr Lebensglück und inneres Wohlergehen letztlich an Gott, Ihnen selbst und Ihrem Glaubensleben hängen und nicht an irgendeinem Menschen. Die Bibel sagt uns, dass *wir* für unser Leben verantwortlich sind und dass wir nicht vor anderen Menschen, sondern direkt vor Gott Rechenschaft darüber ablegen müssen: »Jeder von uns wird sich persönlich vor Gott verantworten müssen« (Römer 14,12). Zum Erwachsensein gehört dazu, von seinen Eltern abgenabelt und stattdessen in ein Netzwerk aus Freunden und Bekannten eingebunden zu sein. Eltern behüten und beschützen uns und sagen uns mehr oder weniger, was wir zu tun haben. Freunde und Bekannte geben uns Liebe, Wahrheit und sind uns Vorbilder, aber sie bevormunden uns nicht und nehmen uns unsere Entscheidungen nicht ab. Also: Übernehmen Sie die Verantwortung für Ihr Leben und damit für Glück.

Ich muss hier an Amanda denken, eine Frau, deren beste Freundin, Pam, die Beziehung nach einer Meinungsverschiedenheit abrupt beendet hatte. Amanda hatte gedacht, dass sie eine solide Freundschaft hatten, und war schockiert, als Pam sich von heute auf morgen nicht mehr meldete. Dies war jetzt schon einige Monate her, aber Amandas Schmerz war gerade so, als sei es erst gestern geschehen. Sie musste pausenlos an ihre Freundin denken. Da Pam ihr keinerlei Erklärung gegeben hatte, wusste Amanda nicht, was los war, und fühlte sich schuldig und verwirrt. Sie konnte schon nicht mehr zählen, wie oft sie auf Pams Anrufbeantworter gesprochen oder ihr eine E-Mail geschickt hatte. Sie hatte auch mit gemeinsamen Freundinnen gesprochen. Ihr ganzes Leben kreiste um die Ex-Freundin.

Ich sagte Amanda: »Sie haben hier ein berechtigtes Anliegen, Ihre Freundin schuldet Ihnen in der Tat eine Erklärung. Aber selbst wenn Sie nie den Grund erfahren, warum sie nichts mehr von Ihnen wissen will, das Leben muss weitergehen. Bauen Sie diese Ungewissheit in Ihre Trauerarbeit ein; Sie vermissen Pam, und Sie vermissen ihre Antwort. Aber leben Sie weiter.«
Amanda schaffte es schließlich, genau das zu tun und mit ihrem zwanghaften Verhalten aufzuhören. Soweit ich weiß, hat Pam ihr nie geantwortet, aber wenigstens hat Amanda ihr Leben wieder – weil sie den Schmerz mit Pam loslassen konnte.

Wenn Sie eine Beziehung zu einer Nervensäge haben, müssen Sie im wahrsten Sinne des Wortes »anfangen, zu leben«. Anders ausgedrückt: Sie müssen die Fähigkeit entwickeln, mehrere Dinge gleichzeitig zu tun: erstens sich um Ihren schwierigen Menschen zu kümmern und zweitens ein gutes, erfüllendes persönliches Leben zu haben, unabhängig davon, wie die Nervensäge auf Ihre Bemühungen reagiert. Das ist die Freiheit, die Sie brauchen.

Warum wir die Kontrolle über unser Leben abgeben

Es ist nicht ungewöhnlich, dass wir uns unser Lebensglück oder -unglück von unserer Nervensäge diktieren lassen, aber es ist definitiv nicht gut. Wie kommt es überhaupt zu dieser Situation? Es gibt mehrere mögliche Gründe.

Die Gefahr nicht sehen. Es ist ein tückisches Szenario. Ganz allmählich dreht sich alles in unserem Leben immer mehr um unsere Nervensäge oder die Probleme, die sie verursacht. Früher war das Leben in Ordnung; wir hatten unsere Interessen und gute Beziehungen. Dann entwickelte sich die Beziehung zu diesem schwierigen Menschen, und jetzt ist unser ganzes Tun und Wollen nur noch fixiert auf dieses Problem.

Da dies so allmählich geschieht, nimmt man es oft nicht wahr. Wir ordnen unsere Nervensäge in die Kategorie der normalen Lebensprobleme ein. Wir wissen, dass das Leben seine Schwierigkeiten mit sich bringt – finanziell, religiös, gesundheitlich und eben auch in unseren Beziehungen. Wir wissen auch, dass man die Probleme mit etwas Zeit und Kraft meistens lösen kann. Wenn es Probleme in der Firma gibt, trifft man sich mit ein paar Leuten und bespricht die Sache. Wenn es in einer Freundschaft zu Schwierigkeiten kommt, spricht man sich bei einer Tasse Kaffee aus. Aber im Kontakt zu Ihrer Nervensäge gelten diese »Regeln« auf einmal nicht mehr. »Normale« Gespräche, Argumente, Bitten, ja Nörgeln – nichts funktioniert.
Was jetzt? Es kann gut sein, dass Sie sich an diesem Punkt auf eine sonderbare Weise verändern. Anstatt innezuhalten und zu merken, dass Sie es hier mit einem neuen, anderen Problem zu tun haben, strengen Sie sich noch mehr an, geben mehr und mehr von Ihrem Lebensterritorium auf, beziehen immer mehr Freunde mit ein usw. Sie lesen einen Artikel in einer Zeitschrift und denken: *Vielleicht hilft das.* Sie finden

einen Bibelvers und weisen die Nervensäge darauf hin; *das wird ihr doch wohl die Augen öffnen* ... Sie fangen an, die Leute um Rat zu fragen.

Eine Zeit lang ist das sogar ganz in Ordnung. Meistens muss man erst einmal seine Bemühungen verstärken, um herauszufinden, wie groß ein Problem ist. Man führt eingehende Gespräche, zieht Pastoren und Experten zu Rate. Aber irgendwo überschreiten Sie eine Grenze – die Grenze zwischen der Zeit und den Ressourcen, die Sie übrig haben, und denen, die Sie eigentlich nicht haben. Sie werden ausgebrannt, Ihr Denken kreist nur noch um dieses eine Problem, das Sie nicht mehr loslässt. Jetzt ist der Punkt erreicht, wo Sie einen Freund brauchen, der Sie wachrüttelt und Ihnen sagt: *Du redest ja nur noch über diesen Menschen; fang endlich an, zu leben!* Und er hat Recht.

Könnte es sein, dass Sie einen Tunnelblick bekommen haben? Sehen Sie nur noch das unmögliche Verhalten Ihrer Nervensäge und merken gar nicht, wie viel vom Leben Sie verpassen? Kreisen Ihre Gedanken und Gespräche fast nur noch um diese problematische Beziehung? Dann geben Sie sich einen Ruck und fangen Sie an, wieder zu leben. Nehmen Sie das schöne Hobby wieder auf, das Sie früher hatten. Knüpfen Sie Freundschaften mit Menschen, die mit Ihnen fühlen, aber die Ihnen auch signalisieren, dass sie mehr sein wollen als nur Helfer beim Problemlösen. Setzen Sie sich mit ihnen zusammen, lassen Sie sich von Ihnen helfen, aber helfen Sie auch ihnen bei ihren eigenen Schwierigkeiten – und unternehmen Sie auch ein paar Dinge, die nichts mit Ihrem Problem zu tun haben. Tanken Sie wieder auf.

Das große Glück von der Nervensäge erwarten. Wir wissen es bereits: Sie erwarten von Ihrem schwierigen Menschen, wie von anderen auch, solche positiven Dinge wie Liebe, Achtung, Zärtlichkeit, Verantwortung, Bestätigung usw. Solche Erwartungen sind völlig in Ordnung; sie verbinden Menschen miteinander und helfen ihnen, aufeinander zuzugehen. Aber es ist etwas anderes, wenn unser Leben gleichsam zum Stillstand kommt, weil wir darauf warten, dass dieser bestimmte Mensch sich uns endlich öffnet.

Wir arbeiten z. B. mit einem schwierigen Kollegen zusammen. Wir denken pausenlos darüber nach, wie wir das Problem lösen können, bitten Freunde und andere Kollegen um Rat, machen hundert Anläufe, die Situation endlich zu verändern. Und jedes Mal, wenn unsere Nervensäge sich wieder unmöglich verhält, ist unser Tag ruiniert. Wem gehört unser Leben? Klar, dem schwierigen Kollegen. Wer entscheidet darüber, ob wir glücklich sind? Eindeutig nicht wir. Das Endergebnis ist nicht gut. Wir fühlen uns nach wie vor frustriert und machtlos, und unser schwieriger Mensch ändert sich nicht. Es ist eine Situation, in der es nur Verlierer gibt.

Die Lösung: Machen Sie Ihr Lebensglück nicht länger von der Nervensäge abhängig, sondern suchen Sie sich Menschen aus, die Ihnen das an Bestätigung, Mitgefühl, Verlässlichkeit und Realität geben, was Sie brauchen. Wenn Sie sich so verhalten, resultieren daraus oft zwei Dinge, die beide sehr wichtig sind. Erstens: Ihre Nervensäge beginnt, Sie zu vermissen, weil Sie sich nicht länger an sie klammern. Jemanden vermissen kann man nur, wenn er nicht da ist, und Ihre neu gewonnene Unabhängigkeit bedeutet ja, dass ein Stückchen Distanz und Leerraum zwischen Ihnen und der Nervensäge entsteht. Und zweitens wird Ihrer Nervensäge nun ihre eigene innere Leere stärker zum Bewusstsein kommen. Sie kann die Einsamkeit und Dunkelheit in sich erfolgreich verdrängen, solange jemand anderes ständig um sie herum ist. Aber wenn diese Person sagt: »Ich besuche heute Nachmittag ein paar Freunde, tschüss!«, dann kann sie ihrer Zerbrochenheit, ihrem Egoismus, ihrer Unselbstständigkeit oder was auch immer es ist, nicht mehr so leicht ausweichen.

Geben Sie es ruhig zu, dass Sie Menschen brauchen. So hat Gott uns geschaffen. Aber suchen Sie sich die richtigen aus. Werden Sie unabhängig von Ihrer Nervensäge, und suchen Sie »frisches Wasser aus gesunden Quellen«.

Angst vor dem Leben. Oft geht jemand, der in einer schwierigen Beziehung lebt, dazu über, sein ganzes Leben über diese Beziehung zu definieren. Er ist wie ein Notarzt, der pausenlos auf den nächsten Notruf wartet, mit einem Unterschied: Während der Arzt am Ende seiner Schicht Feierabend hat, sind Sie 24 Stunden am Tag und sieben Tage in der Woche im Einsatz. Schlimm, nicht wahr? Aber da gibt es eine angenehme Nebenwirkung: *Wenn ich nur noch für diese problematische Beziehung lebe, erspare ich mir die Risiken und Sorgen eines eigenen Lebens.* Vielleicht haben Sie Angst davor, sich neue Beziehungen zu suchen. Oder vermeiden es, sich den Gefühlen zu stellen, die Sie tief versteckt eigentlich haben. Oder es macht Ihnen Angst, Ihr Leben so umzubauen, dass Sie nicht mehr so abhängig von Ihrer Nervensäge sind.

Dies ist ein gängiges Dilemma von Menschen in einer Nervensägen-Beziehung. Ihr Los ist hart, aber lieber leiden sie unter der Nervensäge, als ein unabhängiger, selbstständiger Mensch zu werden. Es ist so ähnlich wie in dem Gleichnis von den drei Dienern, die fünf, zwei bzw. einen Beutel Gold bekamen, um damit zu arbeiten. Derjenige, der über einen Beutel verfügte, investierte sein Kapital nicht, sondern vergrub es, weil er Angst hatte; kein Wunder, dass sein Herr ihn böse und faul nannte (Matthäus 25,14-30).

Wo vergraben *Sie* Ihr Kapital? Nehmen Sie sich einmal Zeit für die Frage, welche Talente, Leidenschaften und Interessen Sie besitzen. Vielleicht entdecken Sie, dass Sie Angst haben – vor Versagen, vor Risiken, vor Veränderungen. Stellen Sie sich diesen Ängsten und werden Sie ein neuer Mensch. Nehmen Sie Ihr Leben in Angriff – jetzt! Warten Sie nicht länger mit dem Leben, bis Ihre Nervensäge sich geändert hat.

Nein, Sie sind nicht gemein oder lieblos zu ihr, wenn Sie sich Ihr Leben zurückholen. Im Gegenteil, Sie tun ihr etwas sehr Gutes damit. Sie werden jemand, der ihr aus einer Position der Liebe und des Erwachsenseins heraus begegnen kann, und nicht mehr der Angst, der Notwehr oder der Verzweiflung. Damit aber tragen Sie auf die bestmöglichste Weise zur Veränderung dieses Menschen und der ganzen Beziehung bei.

Was Sie beide davon haben, wenn Sie sich weiterentwickeln

Wussten Sie das schon? *Ein Mensch, der sich weiterentwickelt, regt andere zum Wachstum an.* Fangen Sie an, sich persönlich und geistlich weiterzuentwickeln. Dies geschieht oft ganz allmählich. Indem Sie Ihren Umgang mit Ihrer Nervensäge verändern, setzen Sie in sich selbst einen Prozess des Wachsens, des Reifens und des Heilwerdens in Gang. Beides ist eng miteinander verbunden. Als Cheryl ihr Verhalten gegenüber Kevin änderte, wurde sie frei von ihrer Wut. Als Amanda Pam losließ, wurde sie frei zum Weiterleben.

Was macht Ihre Nervensäge zur Nervensäge? Wie wir in Kapitel 1 sahen, ist es im Wesentlichen ihre Weigerung, Verantwortung für ihr Verhalten zu übernehmen, ihre Probleme wirklich zu *ihren* Problemen zu machen. Solange dieser Knoten sich nicht löst, gibt es keinen Fortschritt. Nun, eine Möglichkeit, Ihre Nervensäge dazu zu bringen, ihre Probleme in die Hand zu nehmen, besteht schlicht darin, dass *Sie selbst Ihr Leben in der Hand haben.* Indem Sie zu dem stehen, was in Ihren Verantwortungsbereich gehört, und das abgeben, was nicht dorthin gehört, geben Sie Ihrer Nervensäge weniger Raum zu ihrem Verschiebespiel des Verdrängens und Schuldzuweisens und mehr Anreize, sich zu ändern. Haben Sie also keine Angst davor, an sich selbst zu arbeiten!

Gehen wir zurück zu meiner Freundin Karen aus dem 3. Kapitel, der Frau mit dem gemeinen Vater. Als sie sich überlegte, warum sie ihm so wenig Widerstand entgegensetzte, stieß sie auf mehrere Dinge bei sich, die sie ändern musste. Sie erkannte, dass sie jedes Mal, wenn sie ihrem Vater gegenüberstand (oder sonst einem Menschen, der schnell wütend wurde), innerlich wieder ein kleines Mädchen wurde, das seinen schwierigen Papa zu besänftigen versuchte, um seinem Zorn zu entgehen und seine Liebe zu bekommen. Was sie die ganzen Jahre nicht begriffen hatte, war, dass man die Liebe mancher Nervensäge erst dann bekommt, wenn man ihre Achtung erworben hat. Sie merkte, dass sie in ihrem Kopf ein Idealbild eines liebevollen Vaters hatte, das sie daran hinderte, seine dunklen Seiten wahrzunehmen. Wenn er einmal einen guten Tag hatte, vergaß sie seine Wutausbrüche sofort. Und sie sah noch mehr ein: dass sie davor zurückgescheut hatte, Menschen zu suchen, die ihrer Mutter helfen konnten, weil sie selbst die Person sein wollte, die »für Mutter da« war; und wenn sie da war, was brauchte ihre Mutter dann jemand anderen – eine typische Vorstellung bei Kindern von seelisch schwachen Eltern.

Karen musste hart arbeiten! Aber jetzt hatte sie eine Richtung und ein Ziel. Indem sie sich den Altlasten ihrer Kindheit stellte, bekam sie die nötige innere Kraft und Liebe, eine starke Tochter zu werden, die ihrer Mutter und ihrem Vater helfen konnte.

Leben Sie das Leben vor

Wenn Sie anfangen, sich Ihr Leben und Ihr Glück zurückzuholen, reifer zu werden und sich zu ändern, zeigen Sie damit Ihrer Nervensäge, was Leben heißt. Sie sind ein Beispiel dafür, was man mit Liebe, gesunden Beziehungen, Verantwortung und Freiheit erreichen kann. Vergessen Sie nicht: Ihre Nervensäge schwimmt gegen den Strom sehr starker Gesetze und Realitäten, die Gott geschaffen hat. Das kann sie nicht glücklich machen, es sei denn, dass sie viele Menschen hat, die sie immer wieder retten (seien Sie nicht einer von ihnen!). Aber sie ist auch in einer Beziehung zu Ihnen, und Sie halten sich an Gottes »Beziehungsgesetze« und fahren gut damit. Es ist gut, wenn Ihr Leben so erfüllt ist, dass innerlich leere Menschen neidisch auf Sie werden.

Hier ein paar ganz praktische Ideen, wie Sie Ihrer Nervensäge mit Ihrem Leben und Wachsen helfen können:

Steigen Sie vom hohen Ross herunter. Tun Sie nicht so, als ob Sie etwas Besseres sind als Ihre Nervensäge oder als ob Sie glücklich sind, weil es ihr schlecht geht und Ihnen nicht. Das wäre gefährlich und arrogant. Vergessen Sie nicht, dass auch Sie in gewisser Weise zerbrochen und unfertig sind und Gottes Hilfe und Gnade und die Ihrer Mitmenschen brauchen. Ich habe einen Freund, der nach seiner Bekehrung zu seinen Freunden ging und ihnen sagte: »Jetzt kann ich euch helfen, ich hab's gefunden!« Sie fanden gar nicht, dass sie seine Hilfe brauchten, und es gab einige Turbulenzen, bis er wieder auf den Boden der Tatsachen zurückkehrte.

Wissen Sie, wer Sie sind? Mit das Wichtigste in Ihrem Leben, womit Sie Ihrer Nervensäge helfen können, ist, dass *Sie wissen, wer Sie sind.* Sie muss klar an Ihnen ablesen können, wer Sie sind, was Sie denken und was Sie wollen. Ich habe so viele Nervensägen-Beziehungen erlebt, in denen die Nervensäge den Takt angab und der andere nur noch reagierte und hinter ihr herrannte. Erst ist die Nervensäge anhänglich, dann, ein paar Stunden später, wütend – und Sie leben total in der Defensive und versuchen sie erst zu trösten und dann zu beruhigen. Es ist denkbar schlecht, wenn derjenige, der sich selbst nicht im Griff hat, das Kommando hat.

Wer weiß, wer er ist, kommt nicht so schnell aus dem Gleichgewicht. Er ist wie ein Anker in einem Sturm. Die Launen der Nervensäge können ihn nicht vom Kurs abbringen. Er reagiert auf ihre Anhänglichkeit freundlich, aber mit gesunder Distanz, denn er weiß, dass sie sich nur vorübergehend so verhält. Er begegnet ihrer Wut entweder mit keinerlei Verständnis oder geht so lange weg, bis sie vorbei ist; er versucht nicht, sie zu »reparieren«. Diese Standfestigkeit bietet der Nervensäge ein Gegenüber, an dem sie sich reiben und von dem sie lernen kann. Viele Nervensägen sind innerlich ausgesprochen labil und brauchen dringend jemanden, der stärker ist als sie und ihrem Leben ein Gerüst gibt.

Und wenn sie sich nicht ändert?

Das ist die große Preisfrage. Ich und viele andere Therapeuten und Seelsorger haben viele Nervensägen erlebt, die sich nachhaltig geändert haben. Aber, wie schon gesagt, die Menschen sind frei, und Sie haben keine Garantie, dass Ihr Leben Ihren schwierigen Menschen ändern wird.

Wenn das Ihr Problem ist, dann bedenken Sie Folgendes: *Es ist ein großer Unterschied, ob ich mir wünsche, dass jemand sich ändert, oder ob mein Seelenfrieden davon abhängt.* Wenn Sie sich wünschen, dass Ihre Nervensäge sich ändert, können Sie dies aus der Position eines Menschen heraus tun, der geliebt ist, der Freunde hat, die zu ihm stehen, und der sich von den Macken der Nervensäge nicht beherrschen lässt. Nein, dies heißt nicht, dass Sie nicht enttäuscht sind, wenn dieser Mensch um sich schlägt, oder dass Sie sich nicht vor ihm schützen, falls dies nötig sein sollte. Sondern es bedeutet, dass Ihr Glück, Ihre Hoffnung, Ihr Leben und Ihre Zukunft nicht um jemanden kreisen, der kein Recht hat, Ihr Leben zu bestimmen.

Wie es in dem alten Sprichwort heißt: Beten Sie, als ob alles von Gott abhängt, und arbeiten Sie, als ob alles an Ihnen liegt. Hoffen Sie auf Gott und sein Wirken, aber seien Sie auch darauf vorbereitet, dass Ihr schwieriger Mensch womöglich nicht reagiert. Sie werden dann traurig sein, aber aus einer Position der Liebe und des Trostes heraus. Investieren Sie weiter in das Leben und das Gute, lieben Sie weiter, lassen Sie sich weiter helfen und seien Sie mit Ihrem Leben weiter ein Hoffnungslicht für Ihre Nervensäge.

Kapitel 7

Schlüssel 3: Andere Menschen

Eine der schönsten Dinge, die ich kenne, ist die Arbeit in Kleingruppen. In solchen Gruppen – Selbsthilfegruppen, Hausbibelkreise, Therapiegruppen, was auch immer – habe ich schon viele Wunder erlebt. Solch ein kleiner Kreis aus Menschen, die sich nicht mit oberflächlichen Antworten zufrieden geben, kann Dinge bewirken, die woanders nicht möglich sind, und dies gilt nicht zuletzt für die Beziehungen zu Nervensägen.

So eine Kleingruppe kann den von einer Nervensäge Gestressten fast zu einem anderen Menschen machen. Er kommt in die Gruppe und denkt, er sei ein Gast von einem anderen Stern. Sein Alltagskampf mit seinem schwierigen Menschen kommt ihm fast schon unwirklich vor. *Bin das wirklich ich?* fragt er sich. Manchmal fühlt er sich, als ob er ein Doppelleben führt: ein eigentlich ganz normales draußen in der Welt, während zu Hause in der Beziehung mit der Nervensäge gleichsam ein anderer Film läuft, frustrierend, fremd, bizarr, destruktiv. Oder er fühlt sich als Versager, als jemand, der einfach nichts richtig machen kann und der an all dem Elend schuld ist.

Ich mag es immer, wenn ein solcher Mensch all seinen Mut zusammennimmt und zögernd beginnt, von diesem wandelnden Albtraum zu berichten, mit dem er verheiratet oder verwandt ist oder der den Schreibtisch neben seinem hat. Ich spüre es förmlich, wie er darauf wartet, dass jemand ausruft: *Mein Gott, dass man sich so was gefallen lässt, das ist doch nicht normal!* Aber ich weiß auch, dass in einer guten Gruppe gerade das Gegenteil passiert: Die anderen in der Gruppe beugen sich nach vorne, zu dem Sprecher hin, Verständnis in ihren Augen, und wenn sie dann das Wort bekommen, sagen sie etwa: »Das kann ich gut verstehen.« »Das kenne ich von zu Hause.« »Mensch, bin ich froh, dass du hier bist; wir müssen uns mal unterhalten.« Und ich sehe, wie die Augen des Sprechers aufleuchten; er spürt plötzlich: *Hier sind ja Leute, die mich verstehen!*

Keiner der sieben Schlüssel zum Umgang mit Ihrer Nervensäge ist entbehrlich, und dieser dritte schon gar nicht. Wenn Sie Ihrer Nervensäge und sich selbst helfen wollen, dann brauchen Sie unbedingt die Unterstützung durch gesunde, verlässliche Beziehungen zu Menschen, denen Sie wichtig sind, die Sie verstehen und die einen realistischen Blick haben. Sie werden Ihnen auf vielfältige Weise helfen, Ihr Problem zu bewältigen. Sie machen Sie frei von dem Gefühl, allein mit Ihrem Elend zu sein, und sagen Ihnen: *Du bist nicht allein; anderen geht es ganz ähnlich wie dir.* Sie bieten Resonanz, Fundament, Wegweisung und die Gnade Gottes für den, der nicht mehr kann.

Sie werden Ihren Kampf mit Sicherheit verlieren, wenn Sie sich nicht mit den richtigen Menschen umgeben. Ich meine das nicht negativ, sondern es ist einfach so, dass es Beziehungen braucht, um Beziehungen zu heilen. Sie brauchen Menschen, die Sie auffangen, Ihnen zur Seite stehen, Ihnen helfen, der Mensch zu werden, der Sie sein müssen, um Ihrer Nervensäge zu helfen, anders zu werden. Veränderung geschieht nicht im Vakuum. Lassen Sie sich darauf ein.

Ich betreute einmal eine Frau, deren Nervensäge ihr Bruder war. Er war kein böser Mensch, aber es war unmöglich, längere Zeit mit ihm zusammen zu sein, ohne dass er anfing, sie zu kritisieren und den Oberlehrer zu spielen. Wenn sie zum Beispiel sagte: »Morgen fahr ich in die Autowerkstatt, der Wagen braucht einen neuen Auspuff«, antwortete er: »Das ist doch viel zu teuer, mach das in 'nem Auspuffshop, die sind billiger. Aber du vergeudest immer dein Geld, auf mich hörst du ja nie.« Sie versuchte immer, ihn zu besänftigen, aber wenn sie nicht seiner Meinung war, war die nächste Predigt fällig.

Ich versuchte herauszuarbeiten, wie ihr Bruder auf sie wirkte, warum sie ihm so viel Macht gab und welche Wurzeln dies in ihrer Kindheit hatte. Sie verstand das auch alles, aber sie war auch ein sehr einsamer Mensch, der sich nicht leicht anderen öffnete, und so hatte sie niemanden, der ihr in ihrem Kampf zur Seite stehen konnte. Sie wusste zwar, was das Problem mit ihr und ihrem Bruder war, aber sie konnte es nicht effektiv angehen.
Ich fing also an, ihr zu zeigen, wie sie gesunde, sinnvolle Beziehungen zu anderen Menschen aufbauen konnte. Dies war nicht einfach für sie, da sie solche Angst davor hatte, sich zu öffnen. Doch schließlich kam es zu mehreren sehr guten Beziehungen mit Freunden, die ihr den Rücken stärkten, ihre Gefühle akzeptierten und ihr hilfreiche Rückmeldungen gaben. Sie wurden ihre zweite Familie.
Und siehe da, die Situation mit ihrem Bruder begann sich zu

ändern. Sie wurde fähig, ihn zu konfrontieren, wenn er die Grenzen überschritt. Sie konnte ihm signalisieren, wie sie gerne von ihm behandelt werden wollte. Sie konnte auch besser mit ihm mitfühlen, denn er hatte ja seine eigenen Probleme. Und ihr Bruder merkte es eher, wenn er falsch lag. Ihre ganze Beziehung verbesserte sich. Ich glaube nicht, dass diese Frau es ohne die Hilfe ihrer neuen Freunde geschafft hätte, sich ihrem Bruder entgegenzustellen.

Es gibt zwei Bereiche, in denen gesunde Beziehungen eine Rolle spielen. Der Erste betrifft ganz allgemein Ihr Leben und inneres Wachsen, bei dem Zweiten geht es darum, Menschen zu haben, die Ihnen in Ihrer spezifischen Situation mit Ihrer Nervensäge zur Seite stehen. Oft gehen die beiden Bereiche ineinander über, und es können auch beide von der gleichen Gruppe von Menschen abgedeckt werden. Das Wichtige ist, dass alle im Folgenden aufgeführten Funktionen und Prozesse abgedeckt sind.

Damit wir wachsen können

In diesem Abschnitt wollen wir uns genauer anschauen, was Sie von gesunden Beziehungen zu anderen Menschen haben. Diese Dinge haben nicht speziell mit Ihrer problematischen Beziehung zu tun, aber Sie können sicher sein: Wenn Sie sie nicht haben, ist die Niederlage fast vorprogrammiert. Wenn Sie einen Computer benutzen, dann wissen Sie, dass er ein so genanntes Betriebssystem hat, auf das dann die konkrete Anwender-Software (zum Beispiel ein Textverarbeitungsprogramm) aufbaut. Was wir in diesem Abschnitt behandeln, ist, bildlich gesprochen, das Betriebssystem Ihres Beziehungscomputers. Es sind die unverzichtbaren Beziehungskomponenten, die Sie in allen Bereichen des Lebens brauchen. Der spezielle Umgang mit Ihrer Nervensäge ist die Anwender-Software. Sie können die beste Software der Welt haben (also die besten Experten, Ratgeberbücher, Freunde etc.) – wenn Ihr Betriebssystem nicht funktioniert, läuft der ganze Computer nicht. Also: Fahren Sie als Erstes Ihr Betriebssystem hoch; schaffen Sie sich Beziehungen, die Ihnen zum Leben und Wachsen helfen.

Angenommen sein

Angenommen werden ist etwas, was wir alle brauchen. Der Partner einer Nervensäge fühlt sich schnell schuldig, hält sich für einen Versager oder fragt sich skeptisch, ob er gut genug ist oder sich genügend anstrengt, um die nötigen Veränderungen herbeizuführen. Oft denkt er: *Wenn ich sie nur genug lieben würde, würde sie sich ändern.* Wenn das auch Ihre Erfahrung ist, dann brauchen Sie Menschen, die nicht von Ihnen verlangen, alles im Griff zu haben, bevor sie Sie akzeptieren können. *Einen Menschen annehmen heißt, ihn in seiner Situation hier und jetzt akzeptieren, so wie er ist:* »Nehmt einander an, wie Christus euch angenommen hat, denn dadurch wird Gott geehrt« (Römer 15,7).

Leider denken wir oft, dass wir erst gleichsam perfekt sein müssen, bevor die anderen uns annehmen können. Das ist sozusagen das Gesetz des Mose. Tatsache ist, dass der Mensch, der angenommen *ist,* anschließend die Freiheit und Möglichkeit hat, sich zu ändern, ohne Angst davor haben zu müssen, dass die anderen ihn nicht mehr lieben. Diese Art Angenommensein kommt aus dem Gesetz Christi, das keine Vorbedingungen stellt. Es liegt ein ungeheurer Trost in dem Bewusstsein, »einfach so« geliebt zu sein, ohne irgendwelche Vorleistungen zu erbringen. Solange Sie nicht dieses Angenommensein durch andere Menschen erfahren, können Sie die Zweifel, Ängste und Sorgen in Ihrem Leben (nicht nur die in Ihrer Beziehung zu Ihrer Nervensäge) nicht wirklich nach draußen lassen.

Verständnis

Einen Menschen verstehen heißt, sich empathisch und gedanklich in seine Welt hineinzuversetzen. Sie brauchen Menschen, die »da sind«, die an Ihrer Seite stehen. Es hilft ungemein, jemanden zu haben, »der weiß, wie mir zu Mute ist«: »Die Gedanken eines Menschen sind unergründlich wie ein tiefer See, aber ein Menschenkenner durchschaut sie und bringt sie ans Licht« (Sprüche 20,5 – Hoffnung für alle).
Auch dies gilt nicht nur für Ihre Beziehung mit Ihrer Nervensäge. Wir erinnern uns: Ihr wichtigstes Ziel ist nicht, dass Ihr schwieriger Mensch weniger schwieriger wird, sondern dass *Sie leben und wachsen*. Vergessen Sie das nie. Es kann gut sein, dass Ihre Nervensäge der Auslöser oder Katalysator ist, der Ihnen Ihren eigenen inneren Hunger, Ihre Not, Ihre Zerbrochenheit zu Bewusstsein gebracht hat. Doch Ihr Wachstums- und Heilungsprozess wird Ihnen neue Kanäle des Zugehens auf andere eröffnen, die Ihnen bei Ihrer Problemperson sehr helfen.

Suchen Sie also nicht nur Verständnis für Ihre augenblickliche Situation. Gott will Ihnen Menschen schenken, die Ihr ganzes Leben verstehen. Nutzen Sie die Möglichkeiten, die Ihnen dies bringt. Es kann ungemein wertvoll sein, zu erkennen, wie Ihre Vergangenheit, Ihre Probleme und die Weichenstellungen, die Sie in Ihrem Leben vorgenommen haben, die Art, wie Sie Ihre »schwierige« Beziehung gestalten, prägen. Menschen, die Sie verstehen, helfen Ihnen, die ganze Situation in einen Kontext zu stellen und nicht im luftleeren Raum hängen zu lassen.

Rückmeldung von anderen

Suchen Sie Wahrheit bei Menschen, die sich die Zeit nehmen, Sie anzuhören und kennen zu lernen. Ihre Einsichten und Beobachtungen werden Ihnen sehr helfen. Oft haben wir ja blinde Flecken, die nur jemand bemerkt, der nicht in unserer Haut steckt. Ein gutes Feedback verbindet Wahrheit so mit Liebe, dass wir es annehmen und damit umgehen können. Hören Sie sich an, was die Menschen über Sie sagen. Finden sie in Ihrem Gesicht Gefühle widergespiegelt, die Ihnen selbst nicht bewusst sind? Fällt Ihnen eine Negativeinstellung auf, mit der Sie sich auseinander setzen sollten? Oder ist die Art, wie Sie sich selbst oder andere sehen, eine, die nicht so bleiben kann? Bitten Sie sie, Ihnen zu helfen, als Person zu wachsen, und denken Sie über das, was sie Ihnen sagen, nach. Lassen Sie sich von ihnen helfen, reifer zu werden – geistlich, persönlich, in Ihren Gefühlen und in Ihren Beziehungen.

Menschen, vor allem im Kontext einer Gruppe, sind eine reiche Quelle hilfreicher Korrektur, weil mehrere Gehirne einfach mehr sehen als eines. Diese Gruppe wird gleichsam Ihre zweite Familie, die Ihnen Dinge schenken kann, die Ihre erste (die biologische) Familie Ihnen nicht geben konnte. Sie kann Ihnen auch helfen, Schäden, die Sie durch die erste Familie davongetragen haben, zu reparieren.

Ihr persönliches Krisenteam

Und jetzt zu Ihrer konkreten Situation. Wenn Sie eine Beziehung zu einer Nervensäge haben, haben Sie ein Problem, wahrscheinlich nicht nur eines. Sie brauchen ganz spezifische Hilfen von Menschen, die sozusagen Ihr Krisenteam oder Ihre schnelle Eingreiftruppe sind. Hier einige der Dinge, die Sie brauchen:

»Das ist ganz normal«

Sie brauchen das Bewusstsein, dass Sie bloß deswegen, weil Sie eine Beziehung zu einer Nervensäge haben, noch lange nicht böse oder ein hoffnungsloser Fall sind. Mag sein, dass Sie auf die eine oder andere Art zu dem Problem beigetragen haben, aber Sie haben diesen Menschen nicht zur Nervensäge »gemacht«. Sie brauchen Menschen, die Ihnen sagen, dass Ihre Schwierigkeiten etwas ganz Normales sind; Sie haben dieses Problem, und so ist das nun einmal.

Manchmal sagen Ihnen wohlmeinende Freunde (oder auch Ihr eigenes Gewissen), dass Ihre Situation nicht normal ist und dass Sie vielleicht übertreiben oder etwas ganz falsch sehen. Tatsache ist, dass Ihre Situation normal *ist*, in dem Sinne, dass es gute Gründe dafür gibt. Wenn jemand Sie ständig zu kontrollieren versucht, ist es normal, wenn Sie darauf allergisch reagieren. Und wenn es Gründe für Ihren »Tanz« mit der Nervensäge gibt, dann gibt es auch gute Gründe, diesen Tanz zu beenden.

Weisheit

Weisheit ist die Fähigkeit, das Leben zu meistern. Weise Menschen können Ihnen wertvolle Leitung und Korrektur für Ihre Situation geben.
Manche haben ihre Weisheit durch selbst Erlittenes und Erfahrenes bekommen, d.h. sie haben in ihrem Leben selbst schon

mit schwierigen Menschen zu tun gehabt. Sie wissen, was Sie durchmachen, aber sie haben in ähnlichen Situationen gewisse wertvolle Lektionen gelernt, die sie Ihnen weitergeben können. Sie können Ihr Verständnis Ihrer Beziehung entscheidend vertiefen und Sie vor Gefahren und Fallen warnen.

Andere sind »Profis«, die sich zum Beispiel als Psychologen oder Therapeuten intensiv mit Nervensägen beschäftigen und wissen, wie sie beschaffen sind und sich ändern können. Sie haben alle möglichen verschiedenen schwierigen Menschen kennen gelernt und wissen, wie man am besten mit ihnen umgeht. Gute Mentoren, Pastoren, Berater und Therapeuten können Ihnen eine große Hilfe sein.

Das Angebot an Fortbildungskursen für Psychologen und Therapeuten im Umgang mit schwierigen Menschen, sowohl im klinischen Bereich als auch in der Hilfe zur Selbsthilfe für Verwandte und Freunde, wird heute immer größer. Es steht heute viel Information zur Verfügung, die fundiert und hilfreich ist.

Rollenspiele

Die Menschen Ihres Krisenteams können Ihnen auch helfen, bestimmte Verhaltensweisen, die Sie brauchen, systematisch einzuüben. Mit ihnen können Sie in regelrechten Rollenspielen ausprobieren, wie Sie Ihrer Nervensäge gegenübertreten können. Das ist so ähnlich wie eine Probe vor dem eigentlichen Bühnenauftritt, bei der es noch um nichts geht und wo der Darsteller erfährt, was er besser machen kann. Dies kann eine unschätzbare Hilfe für Ihre Strategie gegenüber Ihrer Nervensäge sein.

Vor kurzem sprach ich auf einer Konferenz über Beziehungen. Dabei baute ich ein Rollenspiel ein. Ich bat um einen Freiwilligen, der einen bestimmten Typ Nervensäge spielen sollte: der, der sich ständig angegriffen fühlt, den anderen die Schuld gibt und nicht einsehen will, wie sehr er den Rest seiner Familie gegen sich aufbringt. Ich selbst übernahm die Aufgabe, mit der Nervensäge zu reden. Es meldete sich eine Dame, die offenbar einige Erfahrung mit dieser Art Nervensäge hatte, denn sie zog alle Register. Hier eine Kostprobe:

Ich: »Laura, kann ich mal mit dir reden?«

Laura: »Um was geht's?«

Ich: »Also, wir müssten uns wirklich mal darüber unterhalten, dass du manchmal so wütend auf uns bist und dann meinst, dass das unsere Schuld ist. Da muss es doch eine Lösung geben.«

Laura: »Ach, kommst du wieder mit dieser Leier? Bin ich wieder mal die böse Laura, wie? Weißt du nicht mehr, wie *du* vor zwei Wochen ausgerastet bist und mich verletzt hast?«

Ich: »Wenn ich das getan hab, tut mir das Leid; ich will dir doch nicht wehtun. Vielleicht können wir ein andermal darüber reden. Aber zurück zur Sache: Ich hätte gerne, dass wir dahin kommen, dass du uns anhörst, wenn wir ein Problem mit deiner Wut haben – dass das anders wird.«

Laura: »Ihr wollt mich ja nur fertig machen! Vergiss es!«

Ich: »Niemand will dich fertig machen. Ich glaube, wir möchten alle dein Bestes. Aber wir haben hier ein Problem, das wir nur lösen können, wenn du mitmachst. Könntest du das bitte tun?«

Laura: »Nur wenn ihr einseht, was ihr mir alles antut.«

Ich: »Gerne. Aber bist du dann danach auch bereit, dir anzuhören, was wir zu sagen haben?«

Laura: »Na schön, von mir aus.«

Laura setzte sich unter allgemeinem Applaus. Ihr Auftritt war toll gewesen. Dann fragte ich die anderen Teilnehmer nach ihren Reaktionen. Einer sagte: »Ich wusste gar nicht, dass es okay ist, wenn man sich nicht vom Thema abbringen lässt.« Eine andere sagte: »Ich hab immer gedacht, Liebe heißt den anderen bestimmen lassen, wie das Gespräch läuft.« Andere Reaktionen lauteten: »Ich wusste gar nicht, dass man auf eine so nette Art beharrlich sein kann. Ich raste immer aus oder gebe nach.« Und: »Ich glaube, das nächste Mal reg ich mich nicht mehr so auf.« In Rollenspielen lernen Sie es, Hemmendes zu durchbrechen; Sie bekommen Erfahrung und Selbstvertrauen.

Die richtige Brille

Die meisten Menschen, die einer Nervensäge helfen wollen, fühlen sich ziemlich verunsichert: Stimmt das, was ich da denke oder erfahre? Nicht selten setzen die Verteidigungsstrategien des schwierigen Menschen ihnen so zu, dass sie Zweifel an ihrer eigenen Perspektive bekommen, ja womöglich anfangen, die »Brille« der Nervensäge aufzusetzen. Vernünftige, verlässliche Freunde können uns sehr helfen, den richtigen Blick dafür zu bekommen (oder wiederzubekommen), was wirklich Realität ist.

Ich »verschreibe« Menschen, die eine Nervensäge in ihrem Leben haben, oft ein »Beziehungs-Sandwich«. Wenn sie vor einem Konfrontationsgespräch mit ihrem schwierigen Menschen stehen (mehr darüber in Kapitel 9), treffen sie sich vorher mit ihrem Krisenteam, das für sie betet, sie ermutigt, ihnen Ratschläge erteilt und sie seiner Liebe und Solidarität versichert. Mit diesen Dingen ausgerüstet, stellen sie sich der schwierigen Situation, um sich bald darauf (manchmal schon Stunden nach dem Gespräch) wieder mit der Gruppe zu treffen.

Bei diesem zweiten Gruppentreffen wird das Gespräch ausgewertet. Dies ist vor allem dann wichtig, wenn man die Realität nicht richtig gesehen oder den Eindruck bekommen hat, alles falsch gemacht zu haben. Konfrontationsgespräche sind oft Erfahrungen, die verunsichern und zurückwerfen. Hier tritt die Gruppe helfend und korrigierend auf den Plan und sagt zum Beispiel: »Das hast du ganz richtig gesagt ... Wenn ich glaubte, dass sie damit Recht hat, würde ich dir das sagen, aber ich glaube, sie will dir einfach die Schuld in die Schuhe schieben ... Ich bin stolz auf dich! ... Du meinst, sie hasst dich? Aber wir lieben dich! ... Mach weiter so.«

Solche unterstützenden Freunde fangen Ihre Verunsicherung auf und helfen Ihnen, zu erkennen, was wahr ist und was nicht. Nur zu leicht lassen wir uns von der Sichtweise des Nervtöters einfangen; da sind gute, verlässliche Freunde eine Rettungsleine, die uns zurück ans Ufer der Vernunft und Realität zieht.

Die Stellung halten

Es kann Zeiten geben, in denen es erforderlich ist, dass Sie gegenüber Ihrer Nervensäge nicht nur Worte benutzen, sondern auch Grenzen und Konsequenzen ziehen; wir werden uns in Kapitel 10 eingehender damit beschäftigen. Hier in diesem Abschnitt geht es um *Ihre* Grenzen und wie Ihre Freunde Ihnen helfen können, sie zu sichern. Wenn Sie keine Kraft mehr haben oder drauf und dran sind, nachzugeben, sich schuldig zu fühlen oder nicht konsequent zu sein, können diese Freunde Ihnen zur Seite stehen, damit Sie standhaft bleiben – die Voraussetzung dafür, dass Ihre Nervensäge sich ändert. Dies ist ein sehr schönes Beispiel dafür, wie im Leib Christi die stärkeren Glieder die schwächeren stützen: »Helft euch gegenseitig bei euren Schwierigkeiten und Problemen, so erfüllt ihr das Gesetz Christi« (Galater 6,2).

Ich erlebte dies einmal mit bei einer Frau, deren Mann eine Affäre hatte und sie verließ. Sie war am Boden zerstört, aber wir konnten sie in einer Gesprächsgruppe, die ich leitete, auffangen. Wir halfen ihr, mit der Situation umzugehen und sich über ihre Werte und Strategien klar zu werden.

Ihr Mann steckte in einem inneren Konflikt zwischen der Fantasiefrau, von der er träumte, und der realen Ehefrau, die er liebte. Was geschah also? Immer wenn er sich mit seiner Freundin gestritten hatte, sehnte er sich nach der verlässlichen Wärme seiner Ehefrau und wollte zu ihr, um sich trösten zu lassen.

Sie gab ein paar Mal nach, in der Hoffnung, damit ihren Mann wiedergewinnen zu können. Aber bald merkte sie, dass sie es ihm damit nur noch einfacher machte, sich nur nach sich selbst zu richten. Wir fingen also an, mit ihr das Neinsagen einzuüben.

Eines Tages, als sie wieder in die Gruppe kam, erzählte sie uns, dass ihr Mann sie wieder angerufen hatte; er wollte sie besuchen. Sie vermisste ihn furchtbar und wollte ihn so gerne wieder sehen. Sie wusste auch, dass ihre Sehnsucht so groß war, dass sie wahrscheinlich Sex mit ihm haben würde.

Die Leute in der Gruppe waren wundervoll. Sie hörten der Frau geduldig zu, und dann machten sie ihr klar, was sie eigentlich wollte und was daraus werden würde, wenn sie einfach nachgab. Ich merkte, wie sie im Verlauf des Gespräches innerlich neue Kraft bekam. Sie sagte schließlich: »Ich ruf ihn an und sage den Besuch ab.« Und sie ging nach Hause und tat genau das und konnte der Gruppe beim nächsten Treffen einen Sieg vermelden. Es war der erste von etlichen, nicht einfachen Kämpfen. Ihr Mann beendete schließlich die Affäre, suchte Hilfe und kehrte zu seiner Familie zurück. Seine Frau hat es nie bereut, dass sie das Richtige für sich und die Kinder tat und fest blieb. Die Gruppe gab ihr die Kraft, standhaft zu bleiben, was sie selbst aus eigener Kraft nicht geschafft hatte.

»Könntet ihr mal mit ihm reden?«

Es kommt auch vor, dass unsere Freunde uns im Kampf mit unserer Nervensäge nicht nur unterstützen, sondern sogar direkt eingreifen. Dies kann erforderlich sein, wenn die Situation sehr extrem oder dringend ist, aber auch dann, wenn wir selbst so geschwächt oder labil sind, dass wir es nicht fertig bringen, die Nervensäge selbst zu konfrontieren. Hier gilt als Grundregel: Je mehr der Nervtöter unsere Helfer respektiert oder schätzt, umso mehr können sie bei ihm ausrichten.

Gespräche. Wenn Sie zu schwach sind, um die Nervensäge alleine zu konfrontieren, können Ihre Freunde Ihnen dies abnehmen. Sie können sie zum Beispiel anrufen, sich im Café mit ihr treffen oder zu ihr gehen. In diesem Fall benutzen Sie die Einschaltung Dritter, um Ihrer Problemperson zu zeigen, dass ein ernstes Problem vorliegt. Wenn eine Nervensäge nur von *einem* Menschen hört, dass etwas bei ihr nicht in Ordnung ist, ist es relativ einfach für sie, dies zu ignorieren oder empört von sich zu weisen. Dies wird schwieriger, wenn mehrere Menschen ihr das Gleiche sagen – vor allem, wenn es solche sind, die ihr wert und wichtig sind, also etwa der Pastor XY, den sie so schätzt, gute Freunde oder Bekannte.

Es mag trivial klingen, aber manchmal fallen anderen Menschen im Gespräch mit unserer Nervensäge Dinge ein, auf die wir noch nie gekommen sind. Ihr anderer Erfahrungshintergrund und ihre andere Perspektive können Türen öffnen, die bisher verschlossen waren, sodass bei unserer Nervensäge endlich der berühmte Groschen fällt.

Interventionen. In dringenden oder gefährlichen Situationen ist manchmal eine Intervention nötig. In der Sprache der Psychologen und Verhaltenstherapeuten ist eine *Intervention* eine Art Krisentreffen mit jemandem, der in seinem Leben die Kontrolle verloren hat (z.B. Alkoholiker oder drogensüchtig ist) und eine Gefahr für sich oder andere ist, dies aber nicht einsieht. Menschen, die ihm wichtig sind (etwa Verwandte, Freunde, Kollegen, gute Nachbarn), setzen sich mit ihm zusammen, konfrontieren ihn liebevoll damit, was er sich und anderen antut, und fordern ihn auf, sich helfen zu lassen. So eine Intervention ist im Grunde nichts anderes als die Umsetzung der biblischen Anweisung über den Umgang mit Menschen, die sich weigern, ihr Unrecht zuzugeben (Matthäus 18,15-17). Sicher gibt es auch in Ihrer Gegend entsprechend ausgebildete Personen (z.B. Seelsorger und Psychologen), die Experten in der Durchführung von Interventionen sind. Eine gelungene Intervention kann ein hochwirksames Mittel sein, endlich zu der Nervensäge durchzudringen.
Eine Intervention ist kein harmloser Kaffeeklatsch. Wenn Sie sehen, wie der beste Freund eines Menschen vor ihm auf dem Boden seines Wohnzimmers kniet und um ihn weint und ihn bittet, endlich zu sehen, was er sich und seiner Familie antut, dann erleben Sie aus erster Hand mit, wie die Liebe Gottes durch uns Menschen fließen kann.

Wenn zwei das Gleiche sagen ... Wenn andere Menschen mit Ihrer Nervensäge sprechen, hat das auch eine *neutralisierende* Wirkung. Wenn die schwierige Person Sie als das Problem sieht, neigt sie logischerweise dazu, nicht auf Sie zu hören; was Sie sagen, stimmt nicht, ist übertrieben, ist Quatsch usw. Aber ein Dritter oder außen Stehender trägt nicht das

»Gepäck« des Beziehungsstresses zwischen Ihnen beiden mit sich herum. Er steht mehr auf neutralem Boden, womit seine Chancen, von der Nervensäge angehört zu werden, automatisch größer sind als bei Ihnen. Wenn zwei das Gleiche sagen, ist es eben noch lange nicht das Gleiche.

Ich beriet einmal einen Angestellten und seinen Chef, die ein Autoritätsproblem hatten. Der Angestellte empfand seinen Boss als zu herrisch, während dieser meinte, dass der andere sich zu viel herausnahm.

Nachdem ich beide angehört hatte, fand ich, dass der Chef Recht hatte. Ich sagte seinem Untergebenen: »Ich finde, Ihr Chef hat Recht. Er verlangt nichts von Ihnen, was in seinem Job nicht völlig normal wäre. Könnte es sein, dass Sie nicht gerne jemanden über sich haben?«

Der Mann dachte nach und sagte dann: »Hmm, das macht Sinn.«

Sein Chef war irritiert. Er sagte: »Aber das sag ich doch die ganze Zeit schon! Warum glauben Sie das erst, wenn Herr Townsend Ihnen das sagt?«

»Ich weiß nicht«, erwiderte der Mann. »Irgendwie drückt er es besser aus.«

Ich hatte den Eindruck, dass ich es nicht besser ausdrückte. Ich war einfach *nicht* sein Chef, sondern ein neutraler Dritter.

Den Topf am Kochen halten. Auch wenn es manchmal vorkommt – wahrscheinlich wird Ihre Nervensäge nicht schon nach der ersten Konfrontation eine Kehrtwendung vollziehen. Wie wir in Kapitel 11 noch genauer sehen werden, spielt der Zeitfaktor eine gewichtige Rolle. Hier können Ihre Freunde wertvolle Dienste leisten, indem sie ihren Druck im Leben der Nervensäge aufrechterhalten und ihr so signalisieren, dass sie nicht aufgeben und sie das Problem nicht einfach aussitzen kann. In gewissem Sinne sitzen *sie die Nervensäge* aus. Immer wieder rufen sie sie an, besuchen sie, reden mit ihr, laden sie ein, sich zu ändern, bieten ihr ihre Hilfe an.

Dies ist kein gemeiner Trick. Es geht einfach darum, dem Opfer der Nervensäge nachhaltig den Rücken zu stärken und der Nervensäge klar zu machen, dass sie es mit mehr als einer Person zu tun hat. Dieser sanfte, aber hartnäckige Druck hat eine große Macht, die den Widerstand und die Verschlossenheit der schwierigen Person wegschmelzen und aufbrechen kann, sodass sie sich endlich öffnet. Das helfende Eingreifen Ihrer Freunde ist wie ein Licht, das in die Finsternis der Nervensäge hineinscheint. Finsternis verschlimmert den Charakter eines Menschen, Licht macht ihn besser.

Was für Helfer suche ich mir?

Eine wichtige Frage ist, welche Menschen ich mir für mein unterstützendes Netzwerk auswähle. Hier gibt es verschiedene Typen und Ebenen.

»Bedarfsbeziehungen«. So möchte ich die informellste Ebene nennen. Dies sind Menschen, mit denen wir uns bei Bedarf oder wenn es sich ergibt treffen, um uns über unser Leben auszutauschen. Das ungezwungene Gespräch bei einer Tasse

Kaffee kann sehr hilfreich sein und Ihnen Mut für Ihren nächsten Tag oder die nächste Woche geben.

Organisierte Hilfe. Im Laufe der Zeit werden Sie merken, ob diese Gespräche alleine ausreichen oder ob die Schwere Ihres Problems mit Ihrer Nervensäge etwas Systematischeres erfordert. In diesem Fall empfehle ich, den nächsten Schritt zu tun, und das ist eine Kleingruppe, die sich (etwa im Stil eines Hausbibelkreises) regelmäßig trifft, mit dem Ziel, den Teilnehmern bei ihrem geistlichen oder emotionalen Wachstum zu helfen. Diese feste Struktur schafft Stabilität und Verlässlichkeit, und das ist sehr wichtig, vor allem dann, wenn Ihre Nervensäge Ihr Leben völlig durcheinander bringt.

Therapiegruppe. Noch einen Schritt intensiver ist die Therapiegruppe, die speziell für Leute mit Ihrer Problematik da ist. Das ist eine Selbsthilfegruppe, deren Teilnehmer in ihrem Leben ähnliche Probleme haben. Oft wird sie von einem entsprechend ausgebildeten Therapeuten geleitet. Hier wird Ihrem Problem noch mehr Zeit und Energie gewidmet.

Einzelberatung. Auch die Einzelberatung kann sehr hilfreich sein. Der Berater kann zum Beispiel Ihr Pastor sein, der seelsorgerliche Erfahrung mit Ihren Problemen hat, oder ein psychologisch ausgebildeter Therapeut. Im Einzelgespräch kann Ihre ganz spezielle Situation gezielt angegangen werden.

In der Radioshow, die ich mitmoderiere, kommt es häufig vor, dass jemand, dessen Ehepartner eine Nervensäge ist, anruft und um Hilfe bittet. Wenn ich den Eindruck habe, dass die

Situation dies erfordert, empfehle ich dem Anrufer, zu einem Paartherapeuten zu gehen.
Oft erwidert die Anruferin dann: »Aber da will er nicht hin. Ich hab ihn schon gebeten, und er weigert sich.« Darauf sage ich: »Ich glaube, Ihre Situation ist so ernst, dass eine Therapie erforderlich ist. Machen Sie Druck, damit er mitgeht.«

Wenn die Anruferin darauf antwortet: »Das hab ich schon getan, aber er ist stur«, sage ich manchmal: »Dann sagen Sie ihm einfach, dass Sie möchten, dass er mit Ihnen in eine Beratung geht, und dass Sie, wenn er nicht mitgeht, alleine hingehen und sich mit dem Therapeuten über ihn unterhalten werden. Ich wette, bei dem Gespräch wird er dabei sein wollen.«

Ob Ihre Nervensäge mitmacht oder nicht, zögern Sie nicht, die Weisheit und Sachkenntnis eines Experten zu nutzen.

Wenn nicht jetzt, wann dann?

Bleiben Sie nicht allein mit Ihrem Problem. Das ist entweder Stolz oder Angst, und beides ist nicht gut für Sie. Unternehmen Sie etwas. Jetzt. Beziehungen geben Leben; so hat Gott uns geschaffen. Die richtigen Menschen werden die Lebensflamme in Ihnen, die der Kampf mit Ihrem schwierigen Menschen erstickt zu haben scheint, wieder anfachen. Mag sein, dass man auch bei zu vielen Menschen Hilfe suchen kann, sodass die Situation eskaliert oder es zu bösem Klatsch kommt. Aber allgemein gilt: Je mehr gute, vernünftige Menschen Ihnen in Ihrer Beziehung zu Ihrem Nervtöter helfen, umso besser. Geben Sie sich einen Ruck, gehen Sie ans Telefon, rufen Sie einen Freund/Freundin oder einen Pastor an und beginnen Sie eine helfende, heilende Beziehung – Ihr dritter Schlüssel.

Kapitel 8

Schlüssel 4: Ihre Einstellung

Scott sprach mit mir über seine 20-jährige Tochter, Kim. Sie schien sein Pfahl im Fleisch zu sein. Sie hatte Alkohol- und Drogenprobleme, verlor eine Arbeitsstelle nach der anderen, und wenn sie wieder einmal eine neue Wohnung suchte, kam sie währenddessen zurück nach Hause und machte Scott das Leben schwer. Scott konnte nicht mehr; nichts ging mehr mit Kim.

Ich kannte die Familie recht gut. Als wir anfingen, uns über mögliche Lösungen zu unterhalten, sagte ich: »Scott, du hast es mit Kim nicht einfach, aber ganz unschuldig bist du auch nicht.«

»Nicht unschuldig? Wie meinst du das?«

»Nun, ich will dir sagen, was ich bei dir beobachtet hab; du kannst es mir ja sagen, falls ich damit falsch liege. Wenn Kim Probleme hat, hast du Mitleid mit ihr und gibst ihr Geld und ein Zimmer. Wenn sie dich auf die Palme bringt, rastest du aus und sagst ihr, dass sie nicht mehr deine Tochter ist. Du bist schon in ihre Wohnung eingedrungen und hast sie nach Drogen durchsucht. Ein anderes Mal hast du monatelang nicht mit ihr gesprochen. Dann hast du die Kaution bezahlt, damit sie aus dem Gefängnis freikam. Wenn ich so unreif und labil wäre wie Kim, würde ich es wahrscheinlich genauso machen wie sie.«

Scott dachte einen Augenblick nach und sagte: »Okay, du meinst also, ich habe keine gute Strategie.«

Ich antwortete: »Ich glaube sogar, du hast gar keine. Du hast dir noch gar nicht überlegt, mit welcher Einstellung du Kim als Person überhaupt begegnen willst. Deine Reaktionen sind völlig konfus. Mal bist du großzügig, mal redest du nicht mit ihr; mal hast du Mitleid, dann bist du der große Polizist, dann rettest du sie wieder. Bevor wir über eine Strategie auch nur reden können, solltest du dir erst einmal darüber klar werden, was für Positionen du gegenüber Kim beziehen willst, was deine Grundhaltung ihr gegenüber ist.«

Und Scott und ich begannen, uns über die Prinzipien zu unterhalten, die Sie in diesem Kapitel finden, und gingen an die Arbeit.

Die richtige Perspektive

Was ist eine »Einstellung«? Es ist die Perspektive, die wir gegenüber einem Menschen oder einer Sache haben. Es ist eine allgemeine Grundtendenz, die meine Entscheidungen, mein Verhalten, ja sogar meine Gefühle gegenüber diesem Menschen oder dieser Sache bestimmt.

Wenn Ihnen Ihre Nervensäge am Herzen liegt, egal wie sehr diese Sie gerade nervt, dann begegnen Sie ihr aus einer Grundeinstellung der Liebe heraus. Eine von Gottes Einstellungen uns gegenüber ist unerschütterliche Liebe: »Ich will die Gnade des HERRN allezeit loben« (Psalm 89,2). Vor allem gegenüber einer Nervensäge, die impulsiv, launisch oder unberechenbar ist, brauchen Sie einen festen Standort, von dem aus Sie ihr begegnen. Eine konsequente Grundeinstellung gibt der Situation einen festen Rahmen, der die Chancen, dass Ihre Nervensäge auf Ihre Worte und Handlungen reagiert, deutlich erhöht.

»Für« dich und uns

Die erste Grundeinstellung, die Sie brauchen, ist, dass Sie »für« Ihre Nervensäge und die Beziehung mit ihr sind, d.h. das Beste für die Nervensäge und für Sie beide wollen. Das wird Ihnen zunächst einmal gegen den Strich gehen; Sie sind, und dies völlig zu Recht, sehr *gegen* die Art, wie Ihre schwierige Person sich benimmt. Aber wenn Sie ernsthaft wünschen, dass sie sich ändert, müssen Sie gewissermaßen ihr größter Fan werden. Es ist vergleichbar mit der in Kapitel 5 erwähnten Grundeinstellung, dass Gott »für« uns ist. Es ist die Perspektive der Gnade; Gott liebt uns, und wir sollen unsere Mitmenschen auch lieben.

Warum ist diese Einstellung so wichtig? Nun, Sie werden Ihrer Nervensäge einiges abverlangen auf dem Weg zur Veränderung. Sich ändern und wachsen ist nie einfach, selbst für Menschen, die dies wollen. Denken Sie über Ihr eigenes Leben nach: Wie war das, als Sie versucht haben, ein bestimmtes Verhalten oder Denken bei Ihnen zu ändern? Bestimmt war es ein ganzes Stück Arbeit. Und jetzt versetzen Sie sich in die Situation Ihrer Nervensäge: Sie hat, aus welchen Gründen auch immer, den Weg der Änderung jahrelang gemieden. Sie hat sich ihrem Leben und den Problemen, die sie anderen Menschen macht, konsequent nicht gestellt. Ihre Veränderungen sind minimal oder negativ gewesen. Es wird ihr, gelinde gesagt, nicht leicht fallen, anzufangen, an sich zu arbeiten.

Es ist so ähnlich wie bei einem Auto, das jahrelang nicht gefahren worden ist. Wenn Sie es das erste Mal bewegen, wird der Motor unwillig sein, das Getriebe knarren und quietschen, aus dem Auspuff eine schwarze Wolke kommen. Sie brauchen Öl, müssen den Motor langsam warm laufen lassen, brauchen Zeit und Geduld, bis der Wagen wieder richtig läuft.

Niemand kann sich wirklich ändern ohne die Hilfe und Liebe von Menschen, die ihn dabei begleiten. Alleine ist es einfach zu schwer. Sie verlangen von Ihrer Nervensäge, dass sie eine Kehrtwendung macht, die Dinge mit Ihren Augen sieht, auf andere Menschen hört, Hilfe annimmt und so weiter und so fort. Dazu braucht sie das schmierende Öl und die aufwärmende Geduld der Liebe und Barmherzigkeit.
Das Wesen der Liebe und Gnade ist, dass jemand für unser Bestes arbeitet, in unser Wachsen und Leben investiert. Es geht um eine Grundeinstellung gegenüber dem anderen, die ihm in Wort und Tat signalisiert: *Ich will dein Bestes, und ich möchte, dass es mit uns beiden klappt.*

Lieben ist nicht dasselbe wie Ja sagen

Oft sieht der Beziehungspartner einer Nervensäge keinen Wert darin, »für« den schwierigen Menschen zu sein. Er hat versucht, sie zu ermutigen, ihr ein Vorbild zu sein, positiv zu denken, in ihre Haut zu schlüpfen, und alles hat nichts gebracht. Und er beginnt zu denken: *Je netter ich zu ihr bin, umso egoistischer wird sie.* Oder auch: *Sie denkt sicher, dass ich ihr Verhalten auch noch gut finde.*

Dies ist ein häufiges Missverständnis, wenn es um Liebe zu einem Menschen geht: dass Liebe Zustimmung oder Ja sagen bedeutet. Wenn ich auf deiner Seite bin, bedeutet das, dass ich alles, was du tust, richtig finde ...

Nichts könnte entfernter von der Wahrheit sein. *Liebe* bedeutet, dass ich das Beste für einen Menschen will; *Zustimmung* ist eine Wertung oder Meinung zu einem bestimmten Punkt. Liebe ist wie der Ozean; sie umgibt uns und trägt uns. Zustimmung ist ein Boot auf diesem Ozean. Wenn ich mit einem Menschen nicht übereinstimme, steige ich in ein anderes Boot um, aber ich bleibe auf dem Ozean.

Hier ein Tipp: *Lassen Sie Ihre Nervensäge nicht denken, dass Liebe und Zustimmung dasselbe sind.* Oft hat sich der schwierige Mensch sein Leben so eingerichtet, dass er dann, wenn jemand ihm sagt: »Ich verstehe dich«, denkt, dass dies bedeutet: *Ich gebe dir Recht.* Machen Sie ihm Ihre Sichtweise klar, etwa so: »Ich möchte, dass wir uns über Folgendes im Klaren sind: Du bist mir sehr wichtig, und unsere Beziehung auch. Ich liebe dich und nehme dich an. Aber deine Launen gegenüber deinen Eltern und Geschwistern sind ein echtes Problem, und an diesem Problem werde ich arbeiten und nicht lockerlassen.«

Keine falschen Rettungsaktionen!

Liebe bedeutet also nicht bedingungslose Zustimmung, genauso bedeutet sie auch nicht, dass man den anderen bei jeder Gelegenheit »rettet«. »Retten« – das heißt in diesem Zusammenhang, die Nervensäge davor bewahren, die Folgen ihres Verhaltens auszubaden. Man bezahlt ihr die Schulden, nimmt sie vor dem berechtigten Unmut ihrer Mitmenschen in Schutz, entschuldigt ihren Internet-Pornographiekonsum usw.

Wie wir in Kapitel 3 schon sahen, nehmen wir mit solchen Rettungsaktionen der Nervensäge ihr Problem gleichsam ab und laden es uns selbst auf. Aber »für« einen Menschen sein bedeutet nicht, dass ich ihn vor der Realität abschirme, sondern *ich gebe ihm die Liebe und Unterstützung, die er braucht, um sich der Realität zu stellen.* Ich gebe ihm Hilfe, Ermutigung und emotionale Unterstützung, um das anzupacken, was nur er anpacken kann.

Verwechseln Sie nie Liebe mit Retten, sonst stellen Sie Ihrer Nervensäge einen Freibrief zum Weitermachen aus. Das großzügige Ersparen von Konsequenzen wird von diesem innerlich labilen, nicht wachstumswilligen Menschen nur ausgenutzt werden. »Heißt das, dass wir weitersündigen sollen, damit Gott Gelegenheit hat, uns noch mehr Gnade zu schenken? Natürlich nicht! Wenn wir für die Sünde tot sind, wie können wir da weiter in ihr leben?« (Römer 6,1-2). Die richtige Einstellung ist diese: *Ich bin immer auf deiner Seite, aber ich werde dein Fehlverhalten nicht mehr entschuldigen und in Schutz nehmen. Ich werde mich nicht damit abfinden, dass du so bleibst wie du bist.*

»Aber ich habe keine Liebe mehr«

Liebe und Güte sind keine Selbstverständlichkeit. Ein schwieriger Mensch kann unser Liebesvermögen gleichsam zur Erschöpfung bringen. Nach jahrelangen immer wieder neuen Negativerfahrungen gelangen wir oft an einen Punkt, wo wir denken: *Ich kann nicht mehr. Soll jemand anderes sich mit diesem Menschen herumärgern; ich bin zu keinen positiven Gefühlen mehr für ihn fähig.*

Nehmen Sie es zur Kenntnis: Dies ist verständlich. Wenn Ihre Liebe zu dieser Person wie ausgetrocknet ist, heißt das nicht, dass Sie ein böser Mensch sind. Sie sind innerlich ausgelaugt und nicht selbstsüchtig. Und die Lösung lautet: *Was ich nicht selbst habe, muss ich mir woanders holen.* Gehen Sie zu anderen Quellen der Liebe und Güte, damit Sie Ihre Nervensäge wieder lieben können.

Ich staune immer wieder, wie gut dies funktioniert. Kürzlich erlebte ich, wie ein Mann mit einem sehr schwierigen Vater nichts mehr mit diesem zu tun haben wollte – nicht, weil er ihm egal geworden war, sondern weil er einfach keine Kraft mehr hatte. Aber als er dann sich anderen Menschen öffnete und ihre Hilfe entgegennahm, spürte er, wie die Liebe zu seinem Vater wiederkam. Es war keine Schauspielerei, kein So-tun-als-Ob, sondern er konnte die Liebe, die er von anderen bekam, an seinen Vater weitergeben. Sein Vater ist seitdem um einiges weicher und wärmer geworden. Ich glaube nicht, dass dies geschehen wäre, wenn sein Sohn nicht von anderen Menschen Liebe erhalten hätte.

»Das ist nicht recht«

Mit dieser Einstellung haben wir alle irgendwann zu kämpfen. Es scheint einfach nicht recht zu sein, sich noch mit der Nervensäge abzugeben. Wir haben so viel getan, und sie hat es uns so wenig gedankt. Sie hat es nicht verdient, sie schätzt es noch nicht einmal, und sie ändert sich nicht. *Aber das ist ja gerade das Wesen echter Liebe und Gnade: dass Gott »für« uns ist, wenn wir es am wenigsten verdienen.* Er kam zu uns auf die Erde, als wir seine Feinde waren. Er wartete nicht ab, bis wir Buße getan hatten. Er wusste, dass wir eine »Infusion« seiner Gnade brauchten, um überhaupt die Kraft und Freiheit zu bekommen, uns zu ändern. Also: Rechnen Sie nichts auf, entscheiden Sie sich für das Wachsen; Sie werden viel mehr bekommen, als Sie aufgegeben haben.

Wir selbst brauchen Liebe

Und schließlich: Vergessen Sie nicht, dass Sie Gottes Liebe und Kraft nicht nur brauchen, damit Sie Ihre Nervensäge lieben können; Sie brauchen sie, weil Sie selbst unvollkommen und bedürftig sind. Dies ist nun einmal, in unterschiedlichem Maß, die Situation von uns Menschen. Wir müssen immer wieder unser Herz prüfen und in den inneren Spiegel schauen. Wenn Sie wirklich ehrlich sind, sehen Sie ein, wie viel es bedeutet, dass Gott für Sie ist, und wie hoffnungslos unser aller Lage wäre, wenn dies nicht so wäre. Wer dankbar begriffen hat, dass Gott für ihn ist, kann diese Liebe leichter an andere weitergeben.

Ihr inneres Wachstum hilft Ihrer Nervensäge

Mit der »Für-dich«- Einstellung verwandt, aber nicht ganz das Gleiche wie sie ist die Einstellung, dass Ihr eigenes inneres Wachstum dem schwierigen Menschen nützen sollte. Die Dinge, die Sie lernen, und die Veränderungen, die Sie in Ihrem Leben vornehmen (vgl. Kapitel 6), sollten auch Ihrer Nervensäge helfen.

Sie erinnern sich: Wachstum und Veränderung hängen mit der Art zusammen, wie Gott die Welt der Beziehungen geschaffen hat. Die verschiedenen Prinzipien wirken alle zusammen, sie widersprechen einander nicht. In dem Maße, wie Sie innerlich reifer und gesünder werden (die Bibel nennt diesen Prozess

»Heiligung« oder »heilig werden«, vgl. Römer 6,19), sollte es auch im Leben Ihrer Nervensäge zu positiven Veränderungen kommen. Leben bewirkt Leben, Liebe zeugt Liebe, vorgelebte Verantwortung befreit andere dazu, selbst Verantwortung zu übernehmen.

In dem Maße, wie Sie Ihre eigenen Ängste, Verletzungen, Ihre Zerbrochenheit, Unreife, Ihre Sünden usw. angehen, sollten Sie der ermutigendste, liebevollste, lustigste, ehrlichste, reifste Mensch werden, den Ihre Nervensäge je erlebt hat, sodass sie sich sagt: *Diesen Menschen möchte ich weiter in meinem Leben haben!* Die Früchte Ihres Wachsens helfen ihr, offen zu werden gegenüber Ihnen als Person und gegenüber dem Prozess der Veränderung als etwas, das auch ihr helfen kann.

Leider erlebe ich hier oft eine gewisse Fehlentwicklung, die schrecklich ist. Sie läuft etwa so ab: Der Partner der Nervensäge fängt, angetrieben durch die schwierige Situation, an, sich zu ändern. Er sucht Hilfe, sein geistliches Leben wird besser, er merkt erfreut, dass er sich nun endlich mit seinen eigentlichen Problemen auseinander setzt. Doch dann passiert es: Er gleitet unmerklich in eine nur zu häufige »Krankheit« hinein – das *Überlegenheitssyndrom*. Seine Augen haben sich geöffnet, die Nervensäge ist nach wie vor blind. Er ist auf dem Weg zum Leben und entwickelt sich weiter, während der andere im Sumpf steckt. Er fühlt sich Gott immer näher, der andere rennt vor Gott davon. In seiner schlimmsten Form führt dieses Syndrom dazu, dass man die Nervensäge als ein Wesen von einem anderen, minderwertigen Stern empfindet, mit dem man nichts mehr anfangen kann – sie sind nun zu verschieden.

Das ist nicht das, was die Bibel unter innerem Wachstum versteht. Der Mensch, der sich ehrlich seinen Lebens- und Charakterproblemen stellt und anfängt, sich zu ändern, ist sicher dankbar für jeden Fortschritt, aber er weiß auch, dass er noch einen langen Weg vor sich hat. Er ist bescheiden, und ihn beschäftigt der Zustand seiner eigenen Seele mehr als die Verlorenheit der Nervensäge. Wie weit er auch gekommen sein mag auf dem Weg der Veränderung, er spricht mit dem bußfertigen Zöllner: »O Gott, sei mir gnädig, denn ich bin ein Sünder« (Lukas 18,13).

Mit zunehmender Reife sollte unser Vermögen, den Nervtöter zu verstehen, mehr und nicht weniger werden! Wenn Sie wirklich wachsen, wächst auch Ihr Herz und Ihre Fähigkeit, mit anderen mitzufühlen. Sie werden fähig, in die Welt Ihres schwierigen Menschen hineinzugehen, auch wenn Sie sie nicht gutheißen können und selbst nicht dort leben. Dies ist eine der Früchte echten Wachstums.

Finden Sie heraus, was für legitime Bedürfnisse Ihre Nervensäge hat, was sie gerne tut, wodurch sie sich geliebt fühlt und wie Sie ihr bei ihren Zielen helfen können. Machen Sie nicht mit bei Dingen, die unrecht oder für Sie gefährlich sind, aber nehmen Sie so viel Teil an ihrem Leben wie möglich. Nein, Sie sollen Ihre Nervensäge nicht »retten«, ihr nicht die Verantwortung abnehmen. Aber es ist gut, wenn diese über Sie denkt: *Er/sie ist anders als ich, aber verurteilt mich nicht und reibt mir das nicht dauernd unter die Nase, sondern interessiert sich wirklich für mich*, und nicht: *Für diesen Menschen bin ich bloß ein Erziehungsprojekt, und jetzt denkt er, dass er es bald geschafft hat.* Es kann Situationen geben (wir kommen darauf in Kapitel 10 zurück), wo Sie sich von Ihrem schwierigen Menschen zurückziehen müssen, aber solange dies nicht der Fall ist, lassen Sie ihn von Ihrer Veränderung profitieren.

Das Überlegenheitssyndrom macht jeglichen positiven Einfluss, den man auf die Nervensäge hat, unweigerlich zunichte. Diese spürt Ihre Haltung sehr wohl, und wer öffnet sich schon einem Menschen, der einen für ein Wesen zweiter Klasse hält? Es gibt mir jedes Mal einen Stich, wenn in unserer Radiosendung der Ehemann einer »übertrieben frommen« Frau anruft und klagt: »Neben meiner Frau komme ich mir immer wie der schlimmste Verbrecher vor.« Wenn Sie zum Überlegenheitssyndrom neigen, empfehle ich Ihnen, einmal Johannes 13,1-17 zu lesen und Nachhilfeunterricht im Fußwaschen zu nehmen! Ihre Veränderung sollte für den Nervtöter ein Segen sein.

Lassen Sie ihm seine Freiheit

Obwohl Ihr schwieriger Mensch sehr wahrscheinlich seine Freiheit dazu missbraucht, Ihnen Probleme zu bereiten, müssen Sie gerade diese Freiheit, auch schlechte Entscheidungen zu treffen, respektieren, ja schützen. Wenn Sie die Hoffnung haben wollen, dass er aus eigenem Antrieb eine Kehrtwendung vollzieht, muss er Freiheit in *beiden* Richtungen haben, also auch die Freiheit, zu verdrängen, sich abzuschotten, egoistisch, verantwortungslos oder herrisch zu sein. Wenn Sie ihn einfach dazu zwingen, Sie anders zu behandeln, wird er sich nie wirklich ändern. Ein Sklave gehorcht – aber nur äußerlich, weil er keine Macht hat, und nicht von Herzen.

Das ist so ähnlich wie bei den Kontroversen um die Rede- und Meinungsfreiheit. Eines der Grundprinzipien der Demokratie ist, dass jeder das Recht hat, sie auch zu kritisieren. Nur so kann die Freiheit, die diesem System zu Grunde liegt, gewährleistet werden. Auch wenn manche Menschen sie missbrauchen – diese Freiheit muss verteidigt werden.

Diese Freiheit Ihrer Nervensäge hat sicher ihre Grenzen in Ihrer körperlichen Unversehrtheit. Niemand kann von Ihnen verlangen, dass Sie sich zum Beispiel von ihr schlagen lassen; treffen Sie gegebenenfalls Sicherheitsvorkehrungen. Aber versuchen Sie nicht, sie durch Zwang und Manipulationen zu einem anderen Menschen zu machen.

Denken Sie einmal nach: Es wäre sicher schön, wenn Ihre Nervensäge auf einmal nett und freundlich zu Ihnen wäre. Aber was hätten Sie davon, wenn Sie genau wüssten, dass Ihr schwieriger Mensch das nur deswegen ist, weil Sie ihn dazu gezwungen haben? Was Sie (und er) brauchen, ist eine echte, von innen kommende Veränderung.

Vor kurzem hatte einer meiner Söhne einen Riesenkrach mit einem seiner besten Freunde. Wie das bei Kindern so ist, eskalierte die Sache, andere Kinder mischten sich ein und die beiden sprachen nicht mehr miteinander. Barbi und ich waren traurig, denn wir liebten diesen Freund unseres Sohnes, als wenn es unser eigener gewesen wäre.

Was sollten wir machen? Ein Machtwort sprechen und die beiden dazu bringen, sich zu versöhnen? Ich sagte schließlich zu Barbi: »Lass sie, warten wir erst mal ab. Vielleicht vermissen sie sich stärker als ihre Wut aufeinander ist.« Ich fand, dass es eine Menge Gutes zwischen den beiden gab, das sich zurückmelden würde, wenn nun jeder für sich den Raum hatte, sich erst mal zurückzuziehen. Und so geschah es dann auch. Nach einiger Zeit (ihrer Zeit, nicht unserer) sahen sie ein, wie sehr sie ihre alte Freundschaft vermissten, und fingen an, wieder miteinander zu reden und ihren Zwist beizulegen.

Signalisieren Sie Ihrem Nervtöter: *Ich möchte, dass es mit uns beiden besser wird, und dazu muss sich bei dir einiges ändern. Aber müssen tust du nichts. Wenn du es anders willst, werde ich dich nicht daran hindern. Ich werde darauf reagieren und vielleicht muss ich mich auch schützen. Aber du sollst wissen, dass du frei bist und dass ich dir deine Freiheit nicht nehme. Wenn du dich veränderst, dann nur deshalb, weil du das selbst so willst und für das Beste hältst.*

Mit dieser Einstellung können Sie nicht verlieren.

Seien Sie bereit, Konflikte durchzustehen

Bei dieser Einstellung geht es darum, dass Ihnen die Beziehung so wichtig ist, dass Sie bereit sind, Konflikte und Disharmonie durchzustehen, wenn dadurch die Beziehung heil werden kann. Es geht um ein Feuer, das nicht zerstört, sondern reinigt, um die Bereitschaft, durch den dunklen Tunnel zu gehen, wenn am Ende das Licht der Veränderung ist.

Auch wenn es auf den ersten Blick nicht so aussieht: Diese Einstellung hat etwas, ja alles mit Liebe zu tun. Der Liebende bleibt nicht um des lieben Friedens willen still; manchmal muss man für den Frieden kämpfen. Ruhe um jeden Preis ist keine Option für ihn. Der Liebende findet sich nicht mit dem langsamen Entfremdungstod ab. Liebe setzt alle Hebel in Bewegung, damit es zu Veränderung, Wachstum, neuer Gemeinschaft kommt. Wenn Sie bereit werden, Konflikte durchzustehen, *damit es besser zwischen Ihnen wird,* haben Sie einen Riesenschritt der Liebe getan.

Steve und Ann hatten Probleme in ihrer Ehe. Steve war der Familientyrann, der an die Decke ging, wenn etwas nicht so lief, wie er wollte. Ann war die Friedliche, die auf Zehenspitzen um ihn herumschlich, um ihn ja nicht zu reizen. Wenn er ausrastete, beruhigte sie ihn, indem sie nachgab. Worauf dieses Spiel sich das nächste Mal wiederholte.

Ich sagte Ann: »Sie müssen lernen, Konflikte mit Ihrem Mann zu haben.«

Sie antwortete: »Wie soll ich das machen? Ich will doch nicht, dass er noch mehr ausrastet.«

Ich sagte: »Ich werde Ihnen in der Bibel zeigen, wie gut Ihre jetzige Strategie funktioniert.« Und ich zeigte ihr Sprüche 19,19: »Wer jähzornig ist, muss selbst seine Strafe dafür zahlen. Wenn du ihn einmal davor rettest, wirst du es immer wieder tun müssen.«

Ich fuhr fort: »Sie nehmen Ihrem Mann die Verantwortung für seinen Jähzorn ab und verschlimmern ihn dadurch nur. Das muss anders werden. Ich möchte, dass Sie eine neue Einstellung bekommen – für Steve, für Sie und für Ihre Ehe. Sie müssen bereit werden, ihn zu konfrontieren.«

Ann war nicht begeistert, aber sie stimmte mir schließlich zu. Sie begann an sich zu arbeiten. Sie stellte sich ihrer Angst vor Konflikten. Sie holte sich Hilfe bei anderen Menschen. Sie übte in Rollenspielen die Lösung von Konflikten ein. Und sie fing an, sich gegenüber Steve zu wehren, zuerst in meinem Büro, später dann alleine zu Hause.

In meinem Büro reagierte Steve prompt wütend, und ich half Ann, damit umzugehen. Er warf ihr vor, nichts für ihn übrig zu haben, was ich rasch zurückwies: »Hören Sie auf damit, Steve! Ann versucht, Ihnen die Wahrheit zu sagen, wenn Sie so wütend sind, und das fällt ihr nicht leicht. Sie will Ihnen helfen und Ihre Ehe retten. Beruhigen Sie sich und hören Sie auf Ihre Frau, sonst werden Sie am Ende womöglich alles verlieren.«

Steve hörte das gar nicht gerne, aber im Grunde war er kein böser Mensch. Wie im letzten Kapitel schon erwähnt: Was Ihre Nervensäge aus Ihrem Mund nicht annimmt, nimmt sie vielleicht von einem Dritten an, der sozusagen als neutrale Person fungiert und Ihre Aussagen bestätigt. Bei Steve wirkte das; er ließ sich auf die Beratung und auf Ann ein.

Später, als die Probleme gelöst waren, war Steve dankbar dafür, dass Ann ihm nicht mehr nachgegeben hatte. Er sagte: »Wenn du das nicht so gemacht hättest, würde ich wahrscheinlich immer noch alle Leute in meinem Leben über den Haufen rennen.«

Erwarten Sie nicht, dass Ihr schwieriger Mensch Ihnen prompt Dankeschön sagt, wenn Sie ihn konfrontieren. Starren Sie nicht ängstlich auf seine Gefühle. Worauf es ankommt, ist, dass Sie sich und ihm etwas Gutes tun, wenn Sie ihm Widerstand leisten, weil Sie Ihre Beziehung verbessern wollen.

Die Einstellung bestimmt den Plan

Bevor man einen Plan entwickelt, wie man sich seiner Nervensäge gegenüber verhält, ist es besser, sich die oben besprochenen Einstellungen anzueignen (dies entdeckte auch mein Freund Scott, wie am Anfang dieses Kapitels beschrieben). Diese Einstellungen werden Ihnen helfen, auf die bestmögliche, realistischste, effektivste Art vorzugehen. Das ist besonders dann wichtig, falls der Nervtöter oder auch Sie zu Überreaktionen neigen oder dazu, gleichsam um sich zu schlagen. Die oben beschriebenen Grundeinstellungen sind wie ein »Zielfernrohr« der Liebe, das Ihnen hilft, genau im richtigen Augenblick einzuschreiten, um zu helfen.

Kapitel 9

Schlüssel 5:
Ihre Worte

Vor einiger Zeit verstieß ich gegen eine meiner eigenen Spielregeln – und erkannte von neuem, wozu solche Regeln da sind. Ich sprach mit Nancy, einer Freundin von mir, über ihre Mutter Betty. Betty schien ein schwieriger Mensch zu sein. Nancy berichtete mir, dass sie eine Klette war, die sich in alles einmischte, pausenlos redete und nie zuhörte. Ständig kam sie auf Besuch und fing an, endlose Geschichten aus ihrem Leben zu erzählen. Sie war dabei, sich ihre erwachsenen Kinder zu entfremden; selbst ihre Enkel waren nicht mehr gerne in ihrer Nähe.

Nancy und ich hatten mehrere zwanglose Unterhaltungen über Betty. Nancy zeigte ganz offen ihren Ärger und ihre Frustration. »Sie redet stundenlang über irgendwelchen Kleinkram, der niemand interessiert!« »Ich versuche, es hinzubekommen, dass sie die Kinder fragt, was sie so in der Schule machen, und stattdessen erzählt sie, wie es in ihrer eigenen Schulzeit war.« »Ich möchte ihr endlich sagen: ›Mutter, hältst du bitte mal den Mund und hörst zu?‹!«

Als Nancy mich bat, bei einem klärenden Gespräch, das sie mit ihrer Mutter führen wollte, dabei zu sein, sagte ich spontan zu. Ich sollte sie dabei unterstützen und vielleicht das eine oder andere etwas klarer ausdrücken. Ganz wohl war mir nicht zu Mute, denn ich kannte Betty gar nicht und Nancy war eine Freundin und keine Klientin von mir, aber ich dachte: *Na ja, vielleicht bringt es was.*

Damit verstieß ich gegen die folgende Regel: *Wenn man noch nie ein konfrontatives Gespräch mit jemandem geführt hat, sollte man dieses Gespräch zuerst in einem Rollenspiel mit einem Unbeteiligten einüben.* Zu viel kann schief gehen, vor allem wenn man keine Erfahrung damit hat oder der andere sich leicht angegriffen fühlt. Wenn man das Ziel (die Nervensäge dazu aufzufordern, sich zu ändern) erreichen will, sollte man sich vorher über seine Ängste und Zweifel wie auch über die zu erwartenden Abwehrstrategien der Nervensäge klar geworden sein. Aber es war nicht mehr viel Zeit vor dem Gespräch, Nancy fand, dass sie keine Generalprobe brauchte, und so schritten wir einfach zur Tat.

Es war eines der schlimmsten Konfrontationsgespräche, die ich je erlebt habe. Ich kam mir wie ein Juror bei einem Gesangswettbewerb vor, der einen schrecklichen Auftritt miterlebt. Die arme Nancy gab sich alle Mühe, aber nein, es ging nicht gut.

Ihr erster Fehler war, dass sie nicht zur Sache kam, sondern um den heißen Brei herumredete: »Mutter, du weißt ja, dass ich dich liebe, und ich bin ja so froh, dass wir so oft zusammen sein können. Ich weiß, dass ich nicht immer für dich da gewesen bin, und das soll anders werden.«

Nichts gegen positive Einleitungen, wenn sie irgendwann zum eigentlichen Thema überleiten. Aber Nancy kam nicht zur Sache. Als ihre Mutter Luft holte, um etwas zu sagen, schaltete sie noch einen Gang höher und beteuerte: »Ich weiß, dass das nicht einfach für dich ist, und du warst die beste Mutter der Welt, du hast ja so viel für deine Kinder getan.« Betty kam (was für sie höchst unüblich war) überhaupt nicht zu Wort.

Es war deutlich, dass Nancy zu aufgeregt war, um klar zu denken, geschweige denn zu reden. Ihr Gesicht war hochrot, sie stotterte und redete wie ein Wasserfall, ohne Richtung und Ziel.

Als Betty wieder ging, war ihre Miene etwas ratlos. Wahrscheinlich dachte sie: *Netter Mann, der da neben Nancy am Tisch gesessen hat, aber etwas schweigsam.*

Als ich mit der armen Nancy das Debakel besprach, sagte ich: »Tja, was ist da schief gelaufen?«

Sie antwortete: »Ich hab wohl 'ne Blockade gehabt. Ich konnte einfach nicht mehr das sagen, was ich sagen wollte.«

Ich sagte: »Aber in unserem letzten Gespräch wusstest du doch ganz genau, was du sagen wolltest.«

Nancy sagte: »Ja, schon ... Vielleicht ist es nicht dasselbe, ob ich *über* meine Mutter rede oder *mit* ihr.«

Das fand ich auch. Und ich entschuldigte mich bei Nancy dafür, dass ich nicht vor dem Gespräch auf einer Übung bestanden hatte. Ich habe diesen Fehler nie mehr gemacht.

Die verändernde Macht der Worte

Ich hoffe, ich habe Sie nicht entmutigt mit Nancys Geschichte. Sie sollte Ihnen vor allem zwei Dinge zeigen: Erstens, dass Sie wahrscheinlich ein Gespräch mit Ihrer Nervensäge brauchen. Und zweitens, dass Sie sich vorher fragen sollten, wie Sie es am besten führen. Es *ist* möglich, es gut zu führen, und wir werden uns in diesem Kapitel ansehen, was es dazu braucht.

Auch wenn es sehr unangenehm sein kann, sehr wahrscheinlich braucht Ihre Nervensäge Ihre Worte, um sich ändern zu können. So ist das nun einmal bei Beziehungen. Eine unserer ganz großen Aufgaben aneinander besteht darin, zu konfrontieren, Rückmeldung zu geben, Änderungen einzufordern usw. »Lasst uns aber die Wahrheit reden in Liebe« (Epheser 4,15 – Rev. Elberfelder).

Worte haben Bedeutung und geben Information und Wegweisung. Selbst die beziehungskompetenteste »Nicht-Nervensäge« muss auf ihre Freunde hören, damit sie von ihrer Perspektive, ihrer Einsicht und der Wahrheit profitieren kann.

Machen Sie nicht den Fehler, zu glauben, dass Ihr verändertes Leben, Ihre Liebe und Ihr Vorbild ausreichen. Es könnte sein, dass Ihre schwierige Person das nur als Zeichen deutet, dass Sie mit der Situation zufrieden sind und keine Wünsche haben.

Das Gespräch mit Ihrem Nervtöter hat verschiedene Aspekte. Schauen Sie sich diese Aspekte an und fragen Sie sich, in welchen Sie bereits gut sind und wo Sie noch an sich arbeiten müssen.

Ton und Inhalt

Jedes Gespräch hat zwei Dimensionen: *Ton* und *Inhalt*. Der Ton ist der Klang Ihrer Stimme, der Inhalt ist das, was Sie sagen.

Ton

Der Ton, in dem Sie reden, ist sehr wichtig. Es ist möglich, die Worte, die ich da sage, durch meinen Ton geradezu in ihr Gegenteil zu verkehren. Sie glauben das nicht? Wir haben zu Hause zwei Labrador-Hunde. Als wir wieder einmal mit ihnen im Garten spielten, sagte einer meiner Söhne: »Papa, guck mal.« Und er ging zu den Hunden und sagte mit freundlicher, fröhlicher Stimme: »Ihr beiden taugt echt nichts, ich glaub, wir schaffen euch ab.« Die Hunde sprangen schwanzwedelnd um ihn herum, als ob er sie gerade über den grünen Klee lobte. Dann sagte er in einem ärgerlichen Ton: »Ihr seid zwei liebe Kerle, schön, schön.« Sie schauten ihn verdutzt an und wichen zwei Schritte zurück. Worauf wir sie zur Beruhigung gleich wieder lobten und weiter mit ihnen spielten.

Wenn Sie Ihrem schwierigen Menschen sagen, dass Sie gerne einmal mit ihm reden möchten, können Sie sich darauf verlassen, dass er Gefahr wittern wird. Dass Sie Ihn gleichsam in aller Form um ein Gespräch bitten – und das sollten Sie tun und solch ein Gespräch nicht aus dem Stegreif führen –, sagt ihm ja, dass es hier um etwas Ernstes geht, und damit ist er vorgewarnt. Möglicherweise ahnt er bereits, über was Sie mit ihm reden wollen. Das aber bedeutet: Der Ton, in welchem Sie dieses Gespräch eröffnen und führen, muss die Erste der Einstellungen, die wir gerade in Kapitel 8 besprochen haben, zum Ausdruck bringen: dass Sie *für* ihn und für die Beziehung zu ihm sind.

Der beste Ton ist einer, der warm und herzlich ist. Herzlichkeit suggeriert Geborgenheit und Sympathie, und damit sind Ihre Chancen am besten, dass Ihre Nervensäge sich nicht völlig verschließt. Es ist möglich, herzlich zu sein, obwohl man nicht der gleichen Meinung ist wie der andere, und diese Fähigkeit müssen Sie lernen. Sie finden, dass Ihre Nervensäge Sie so sehr in Wut oder Angst versetzt, dass Sie keine Herzlichkeit zu ihr verspüren? Dann gehen Sie als Erstes zu einem Menschen, vor dem Sie diese Gefühle aussprechen und bereinigen können. Auf keinen Fall dürfen Sie sie zu dem Gespräch mitbringen; es könnte sonst eskalieren und in eine Sandkastenprügelei zwischen zwei Vierjährigen ausarten. Sie verstehen diesen Vergleich: Wenn Ihr Gespräch etwas fruchten soll, müssen mindestens Sie kein Vierjähriger, sondern erwachsen sein. Verlassen Sie sich besser nicht darauf, dass zur Not Ihre Nervensäge die Vernünftige sein wird.

Sprechen Sie aus eigener Erfahrung heraus. Reden Sie in dem Gespräch mit Ihrer Nervensäge aus Ihrem Herzen und Ihrer Erfahrung heraus. Benutzen Sie so oft wie möglich »Ich«-Sätze. Sagen Sie, was *Sie* fühlen, denken, wahrnehmen. Wir alle neigen dazu, den anderen anzupredigen, ein Schwarz-Weiß-Bild zu malen, in welchem unsere Realität die einzig wahre ist. Solch eine Einstellung macht es Ihrer Nervensäge nicht gerade einfacher, Ihnen zuzuhören. Vergleichen Sie einmal die beiden folgenden Sätze:

Du bist andauernd wütend auf mich; das muss aufhören!

Ich habe den Eindruck, dass du ziemlich oft wütend auf mich bist, und das macht mir Probleme in unserer Beziehung.

Der erste Satz ist eine kategorische Feststellung, von oben herab. Der zweite Satz ist ein Eingeständnis, dass der Sprecher Schwierigkeiten mit dem Hörer hat, obwohl er so gerne eine gute Beziehung zu ihm hätte. Der erste Satz formuliert eine Tatsache (der andere ist wütend, Punkt, aus), der zweite eher eine Vermutung (es könnte ja auch sein, dass ich vielleicht überempfindlich bin). Im ersten Satz ist der Angesprochene »andauernd« wütend, im zweiten lediglich »ziemlich oft«. Also: Lernen Sie es, nicht zu predigen, sondern Ihre Befindlichkeit zu beschreiben; das erhöht die Chancen, dass Ihr schwieriger Mensch Ihnen zuhört.

Inhalt

Die nächsten Punkte haben mehr mit dem Inhalt dessen, was Sie sagen, zu tun. Die Reihenfolge ist chronologisch, d.h. folgt dem typischen Gesprächsverlauf, aber es gibt hier Spielraum. Seien Sie flexibel, je nachdem, wie das Gespräch verläuft.

Fangen Sie mit einem Lob an. Es ist meistens das Beste, zu Anfang des Gespräches den Blick auf das zu lenken, was an Ihrer Nervensäge und Ihrer Beziehung zu ihr gut ist. Nennen Sie einige der Dinge, die Sie mögen und schätzen und gerne noch öfter sehen würden. Dies kann sehr hilfreich sein, denn viele schwierige Menschen können sich nicht vorstellen, dass jemand, der sie zur Rede stellt, sie liebt und »für« sie ist (vielleicht, weil bei ihrem Vater solche Szenen stets mit Ohrfeigen und Prügel endeten). Oder sie haben es noch nie erlebt, dass jemand sie konfrontierte, und können mit solchen Situationen nichts anfangen. Jemand, der sie wegen etwas zur Rede stellt, muss doch wohl ein Mensch sein, der sie hasst und verurteilt. Indem Sie mit etwas Positivem anfangen, machen Sie es Ihrer Nervensäge leichter, das, was Sie ihr sagen wollen, zu verarbeiten. Sie helfen ihr, sich nicht von vornherein wie eine Angeklagte vorzukommen, sondern wie jemand, der geliebt und angenommen ist.

Sie können das Gespräch zum Beispiel so anfangen: »Danke, dass du gekommen bist. Ich hätte dich nicht um dieses Gespräch gebeten, wenn es mir nicht wichtig wäre, und ich möchte dir sagen, dass auch du mir wichtig bist. Ich möchte dich nicht heruntermachen oder kritisieren. Wir haben diese Beziehung, und das soll auch so bleiben. Ich bin auf deiner Seite, auf unserer Seite. Ich liebe dich und möchte, dass es zwischen uns gut läuft.

Ich weiß, dass wir gerade ein paar Probleme haben, und ich möchte, dass das besser wird. Manches ist wirklich gut zwischen uns beiden, und ich möchte das nicht missen. Es ist so schön, wenn wir Spaß miteinander haben. Ich glaube, dass wir beide zusammengehören, weil Gott das so will. Du hast so viele gute Seiten. Du bist verlässlich, deine Freunde mögen dich, und du kannst richtig lieb zu mir sein.
Ich möchte jetzt einfach über ein Problem sprechen, das wir haben und das wir miteinander lösen können. Ich möchte, dass wir das ausräumen können, denn es steht zwischen uns; es tut dir weh, und es tut mir weh. Ich möchte das aus dem Weg haben, weil ich will, dass es uns beiden gut miteinander geht. Verstehst du das?«

Diese Frage ist eine echte Frage. Mit ihr prüfen Sie, ob der andere begreift, dass Sie für und nicht gegen ihn sind, ihn nicht fertig machen, sondern einfach ein Problem lösen wollen. Es kann sein, dass er seinen eigenen Groll oder seine Schuldgefühle in Ihre Worte hineinprojiziert und zum Beispiel antwortet: »Heißt das, dass ich der Böse bin?« Stellen Sie das dann klar: »Nein, nein, so meine ich das nicht. Ich liebe dich und möchte, dass nichts zwischen uns steht, aber dieses Problem ist wie ein Felsbrocken mitten auf der Straße, und den will ich weg haben, weil ich ein gutes Verhältnis zu dir will. Verstehst du es jetzt?«

Meistens gelingt es, den anderen mit solchen Klarstellungen zu beruhigen, und Sie können zum nächsten Teil des Gesprächs übergehen. Sollte Ihre Nervensäge jedoch weiter den Eindruck haben, dass Sie sie nur fertig machen wollen, machen Sie einen erneuten Versuch, ihr Vertrauen zu gewinnen, vielleicht sogar in einem zweiten Gespräch. Wenn Sie absolut keinen Erfolg haben, kann es sinnvoll sein, eine dritte Person gewissermaßen als neutralen Vermittler hinzuzuziehen. Es hat wenig Zweck, Ihr eigentliches Anliegen vorzubringen, solange Ihre Nervensäge sich in der Rolle der Angegriffenen fühlt; sie wird dann nicht konstruktiv auf Sie eingehen können.

Hören Sie dem anderen zu. Es klingt vielleicht komisch, aber Ihre Chancen, Ihr Anliegen erfolgreich vorzubringen, steigen, wenn Sie zunächst einmal *den Mund halten und zuhören.* Das hat damit zu tun, dass wir alle unsere feste Meinung und Sichtweise im Kopf haben. Wie war das noch, als Sie das letzte Mal von jemandem wegen etwas zur Rede gestellt wurden? Falls Sie nicht ein Meister im Zuhören sind, haben Sie sich sehr wahrscheinlich Ihre Antworten zurechtgelegt, *wäh-*

rend der andere noch sprach. Wahrscheinlich haben Sie gar nicht alle Nuancen seiner Argumentation wahrgenommen, und Ihre Antwort hatte womöglich mehr mit dem Gespräch zu tun, das Sie die ganze Zeit mit sich selbst führten, als mit der Sache, um die es dem anderen ging.

Und jetzt versetzen Sie sich in die Lage Ihrer Nervensäge. Sehr wahrscheinlich wird sie sich wortreich verteidigen, Schuld zuweisen, Ausreden formulieren. Ihr Grundproblem ist ja, dass sie Verantwortung abwälzt, und dieses Problem potenziert die ohnehin vorhandene Tendenz, im Gespräch nicht zuzuhören, sondern zu überlegen, wie man zum »Gegenangriff« übergehen kann. Umso mehr Grund, ihr als Erstes zuzuhören. Solches Zuhören hilft ihr erstens, gleichsam Dampf abzulassen, ihren Kopf frei zu machen von den Gedanken und Argumenten, die nach draußen drängen, und damit Platz zu schaffen für das, was Sie ihr sagen wollen. Es hilft ihr, zu sehen, dass Sie sie und ihre Meinung ernst nehmen und sie eben nicht überfahren wollen. Und so ist es richtig. Im Leben wie vor Gericht hat jeder das Recht, zu Wort zu kommen und seine Sicht der Dinge darzustellen.

Zweitens, sozusagen auf der strategischen Ebene, kann dieses Zuhören Ihnen neue Informationen und Erkenntnisse bringen, die für Ihr Ziel (dass dieser Mensch sich ändert) sehr nützlich sind. Es könnte sein, dass Sie etwas erfahren, das Sie einen großen Schritt weiterbringt. Ich möchte hier nicht zu manipulativ klingen, aber der Spieler, der als Letzter seine Karten zeigt, hat das Spiel meist besser im Griff. Also: Halten Sie den Mund und hören Sie zu.

Fallen Sie also nicht gleich mit der Tür ins Haus. Fangen Sie lieber etwa so an: »Ich möchte gerne mit dir über uns beide reden, vor allem darüber, dass ich manchmal den Eindruck habe, dass du so wütend auf mich bist. Aber bevor ich das tue, möchte ich gerne wissen, wie *du* das siehst. Siehst du das auch so wie ich, oder liege ich vielleicht ganz falsch?«

In den allermeisten Fällen dürfte Ihr Nervtöter auf dieses Angebot, seine Sicht der Dinge darzustellen, eingehen. Er wird dies vielleicht nicht mit wohlgesetzten, herzlichen Worten tun. Kann sein, dass er wütend wird, und das müssen Sie dann bis zu einem gewissen Grad akzeptieren. Wenn er sich allerdings richtig in Rage redet, kann es nötig sein, dass Sie ihm sagen: »Ich glaube, das wird jetzt ein bisschen schwierig für uns beide. Können wir vielleicht für heute Schluss machen und ein andermal, wenn wir uns wieder besser fühlen, weitermachen?«

Versuchen Sie zu verstehen, was er Ihnen sagen will. Machen Sie an dieser Stelle nicht den Fehler, das Bild, das der andere von Ihnen hat, sofort zu korrigieren; dieser Schuss könnte nach hinten losgehen. Hören Sie sich ganz ruhig seine Meinung an. Anhören heißt ja nicht Recht geben. Und falls Sie finden, dass er hier und da tatsächlich Recht hat und Sie selbst ein Stück weit schuld an dem Problem sind, dann stimmen Sie ihm zu, entschuldigen Sie sich und versichern Sie ihm, dass Sie sich ändern werden. Zum Beispiel so: »Dass ich oft an dir rumnörgele, ich glaube, da hast du Recht. Klar, das macht alles nur schlimmer. Das tut mir Leid; ich werde versuchen, mich da zu bessern.«

Aber hören Sie ihm nicht bis zum Sankt-Nimmerleins-Tag zu! Manche Nervensägen können nicht mehr aufhören, wenn sie einmal in Fahrt sind mit ihrer Sicht der Dinge. In ihrer inneren Welt sind sie das Opfer und alle anderen die Täter, deren Sünden sie Ihnen haarklein schildern müssen. Sie sind wie ein Rennwagen ohne Bremse, der eine Runde nach der anderen dreht. Wenn Sie also den Eindruck haben, im Bilde zu sein (zumindest im Großen und Ganzen), und Ihre Nervensäge immer noch nicht fertig ist, sagen Sie zum Beispiel Folgendes: »Okay, ich glaube, ich hab dich verstanden. Du wirst manchmal reizbar oder ziehst dich zurück, weil du so viel Ärger in deinem Beruf hast, und du findest, dass ich überreagiere und dass es nicht so schlimm ist, wie ich sage. Und dass ich es nur schlimmer mache, wenn ich an dir rumnörgele. Hab ich das richtig verstanden?«

Wenn sie Ihnen antwortet, dass Sie sie nicht verstanden haben, wiederholen Sie den Vorgang so lange, bis Sie beide einer Meinung sind – nein, nicht darüber, wie es wirklich ist, sondern wie die Nervensäge es sieht. Sollte dies nicht funktionieren, gehen Sie zu einem Freund oder Experten und trainieren Sie das richtige Zuhören. Lernen Sie es, das, was der andere Ihnen sagt, in Ihre eigenen Worte zu fassen.

Werden Sie in dieser Phase bitte nicht eifersüchtig auf Ihre Nervensäge, nach dem Motto: *Warum muss ich sie verstehen, und nicht sie mich?* Es geht hier nicht darum, dass jeder von Ihnen auch ganz bestimmt zu seinem Recht kommt. Sie halten sich ja ganz bewusst mit einigen Ihrer Wünsche zurück, weil Sie ein höheres Ziel im Blick haben, und erhöhen damit die Chancen, dass Ihr schwieriger Mensch auf Ihre Bitte, sich zu ändern, eingeht. Schießen Sie kein Eigentor. Hören Sie zu, öffnen Sie Ihre Hand und warten Sie ab.

Nennen Sie das Problem. Tun Sie dies so einfach und direkt wie möglich. Reden Sie nicht wie Nancy um den heißen Brei herum, aber seien Sie auch nicht lieblos. Ihre Nervensäge muss klar und deutlich verstehen, was Sie von ihr wollen. Machen Sie ihr klar, wie ihr Verhalten ist und wie es auf Sie und andere wirkt.

Die Art des Problems:
Beginnen Sie mit dem äußerlich Beobachtbaren

Formulieren Sie das Problem möglichst konkret, so, dass es mit den fünf Sinnen greifbar, vielleicht sogar messbar wird. Nennen Sie Ihrer Nervensäge konkrete Verhaltensweisen oder Worte, die für das Problem typisch sind: »Du wirst so leicht wütend, wenn du zu Hause bist. Gestern Abend hast du mich angeschrien, weil ich dich gefragt habe, warum du zu spät zum Essen gekommen bist.« Mit solchen Beispielen verringern Sie ihren Spielraum, einfach alles zu dementieren.

Unser äußeres Verhalten hat innere Ursachen. In diesem Beispiel könnte es sein, dass der Ehemann sich machtlos fühlt und dies mit seinen Wutausbrüchen zu kompensieren versucht. Oder dass er über keine gesunden Möglichkeiten verfügt, seinen Stress abzubauen, und daher manchmal ausrastet. *Bitte beachten Sie: In dieser Phase des Gesprächs sind die tieferen Ursachen zunächst einmal zweitrangig.* Sie versuchen, Ihrem Gegenüber zu sagen, *was* ist, und nicht, *warum* das so ist. Sollte er natürlich von selbst neugierig werden und nachfragen, warum er sich Ihrer Meinung nach so verhält, müssen Sie darauf eingehen. Aber bleiben Sie bei dem Verhalten.

Sagen Sie, was für Auswirkungen das Problem hat. Es wäre kein Problem für Sie, wenn es nicht negativ auf Sie wirken würde. Stellen Sie das Problem *so weit wie möglich als Beziehungsproblem* dar. Je mehr Sie Ihrer Nervensäge zeigen können, dass ihr Verhalten Ihnen beiden wehtut, umso größer sind Ihre Chancen, zu ihr durchzudringen.

Hier ein Beispiel: »Mit deinem Geschrei machst du mir und den Kindern Angst. Gestern Abend sind sie davon aufgewacht. Und ich fühle mich dir gegenüber fremd, wenn du das machst; dann bist du irgendwie ganz weit weg. Ich merke, wie in mir eine Tür zugeht, die ich nicht mehr aufbekomme, obwohl ich so gerne möchte. Ich vermisse die Nähe zu dir, aber es geht einfach nicht, wenn du so wütend bist. Und wenn du dich dann beruhigt hast und wieder zu mir kommst, kann ich meine Gefühle nicht einfach umdrehen und bleibe auf Abstand zu dir.«

Sie versuchen die Einsicht und das Verständnis Ihrer Nervensäge zu gewinnen, indem Sie ihr zeigen, wie ihr Verhalten die Menschen, die sie doch liebt, verletzt. Wenn ihr diese Menschen wirklich wichtig sind, reagiert sie vielleicht positiv darauf. Ist sie jedoch zu egoistisch oder gleichgültig oder hat einfach zu viel Angst, um auf Sie zuzugehen, geben Sie nicht auf. Dies bedeutet dann lediglich, dass andere Abschnitte aus diesem Kapitel ins Spiel kommen.

Sie müssen dann zum Beispiel sagen: »Du gibst es also zu, dass du ohne vernünftigen Grund furchtbar wütend wirst, dass ich und die Kinder es mit der Angst zu tun kriegen. Aber ich glaube, du sagst auch, dass dir das egal ist. Habe ich dich da richtig verstanden?« Manchmal öffnet das Ja auf eine solche Frage der Nervensäge die Augen dafür, was sie anrichtet. Wer ist schon gerne jemand, der anderen wehtut und sich noch nicht einmal darum kümmert?

Einstellungen. Manchmal besteht das Nervtötende nicht in konkreten Verhaltensweisen oder Worten, sondern in allgemeinen Einstellungen. Diese sind schwieriger festzumachen. Ihre Nervensäge hat zum Beispiel eine herablassende oder verächtliche Art. Oder sie ist unerträglich höflich, aber innen drin kalt und distanziert. Oder sie bekommt diesen speziellen Blick, wenn Sie nicht ihrer Meinung sind, aber dies ist auch das einzige Signal.

Es kann gut sein, dass sie diese Einstellungen selbst gar nicht bemerkt. Dann müssen Sie ihr ein Beispiel dafür geben: »Wenn ich dir erzähle, wie mein Tag war, sind deine Antworten immer so mechanisch, als ob du mit deinen Gedanken woanders bist und dich gar nicht für mich interessierst.«

Wenn Ihr schwieriger Mensch zugibt, dass er diese Einstellungen hat, sind Sie einen großen Schritt weitergekommen. Wenn er es nicht zugibt, sagen Sie: »Wie wäre es, wenn ich es dir die nächsten Male, wenn du dich so verhältst, einfach sage, damit du siehst, was ich meine?« Wenn dies nach mehreren Versuchen immer noch nichts bringt, müssen Sie sich vielleicht Hilfe holen oder es mit Konsequenzen versuchen (vgl. unten Kapitel 10).

Mit gutem Beispiel voran

Wie im letzten Kapitel bereits erwähnt, ist es wichtig, dass Sie nicht das »Von-oben-herab-Spiel« spielen. Die Chancen, dass Ihre Nervensäge sich Ihnen öffnet, sinken, wenn sie den Eindruck hat, dass Sie der Heilige sind, der einem armen Sünder helfen will. Also: Geben Sie es ehrlich zu, wenn Sie selbst durch Ihr Tun oder Lassen zu dem Problem beigetragen haben.

Dies kann, wie oben dargestellt, zum Beispiel dann geschehen, wenn Ihr schwieriger Mensch seine Version der Dinge darstellt. Aber vielleicht gibt es noch mehr Dinge, denen Sie sich stellen müssen, Dinge, die er gar nicht erwähnt hat, aber um die Sie nur zu gut wissen; dann müssen Sie selbst ins kalte Wasser springen und sie ansprechen.

Ein Tipp: Lesen Sie vor dem Gespräch noch einmal Kapitel 3 und fragen Sie sich, womit Sie Ihren Teil zu dieser schwierigen Situation beigetragen haben. Bringen Sie diese Dinge dann in dem Gespräch zur Sprache:

»Ich habe mal über die ganze Sache nachgedacht und gemerkt, dass ich selbst ein paar Sachen falsch gemacht hab. Ich habe dir oft Dinge angedroht, die ich dann nicht gemacht habe. Zum Beispiel, als ich dir sagte, dass ich gehen würde, wenn du mich noch mal so anschreist, und dann doch nicht gegangen bin. Das war falsch, und eigentlich habe ich dich damit nur verunsichert.
Ich habe auch nichts gesagt, wenn du mich verletzt hast, sondern habe geschwiegen und es dir übel genommen. Damit habe ich es dir schwer gemacht, zu bemerken, wann du zu weit gehst. Und mein Groll auf dich war eigentlich heuchlerisch. Ich habe dich innerlich verurteilt, ohne dir etwas zu sagen. Diese Dinge tun mir ehrlich Leid, und ich will mein

Bestes tun, dass das anders wird. Wenn ich mich wieder so verhalte, möchte ich, dass du mir das sagst; ich werde dann auf dich hören.«

Noch einmal: Fairness

Wenn Sie sich so bei Ihrer Nervensäge entschuldigen, kann es gut sein, dass Ihnen Gedanken kommen, wie: *Das ist nicht fair! Ich demütige mich vor ihr, wo sie doch das eigentliche Problem ist!*

Jawohl, Sie demütigen sich. Aber Demut ist der beste Ort in der Welt, denn hier »wohnen« Gott und die Wahrheit. Und nein, Ihre Nervensäge ist gar nicht das »eigentliche« Problem. Ihr Anteil Schuld, auch wenn er »geringer« ist, ist gerade so real wie ihrer. Wählen Sie den Weg der Demut, ändern Sie sich selbst, rechnen Sie nicht auf.

Ein guter Freund von mir hatte einmal einen Konflikt mit einem Kollegen. Schließlich ging er zu ihm und entschuldigte sich. Der andere nahm die Entschuldigung an, entschuldigte sich selbst aber nicht. Das ärgerte meinen Freund; so hatte er sich das nicht vorgestellt; um ein Haar hätte er seine Entschuldigung zurückgenommen. Ich sagte ihm: »Wenn du darauf spekuliert hast, dass er sich auch entschuldigt, solltest du dich fragen, ob deine eigene Entschuldigung echt war.« Er dachte darüber nach und erkannte, dass er das »Wie-du-mir, so-ich-dir-Spiel« gespielt hatte. Er konnte die Sache schließlich loslassen und sich mit seinem Kollegen vertragen, ohne auf eine »Gegenentschuldigung« zu warten.

»Könntest du dich da bitte ändern?«

Jetzt ist es so weit: Scheuen Sie sich nicht, hier »du« zu sagen, es sei denn natürlich, es handelt sich um ein reines »Wir«-Problem (»Ich möchte, dass wir uns mehr Zeit füreinander nehmen«). Aber selbst wo es ein »Wir« gibt, ist es meistens besser, es in einen »Du-« und einen »Ich«-Teil aufzugliedern, damit jeder weiß, was er zu tun hat.

Es geht im Wesentlichen darum, dass Sie möchten, dass Ihre Nervensäge entweder ein negatives Verhalten einstellt oder ein gutes, das sie vernachlässigt hat, wieder aufnimmt. Belassen Sie es zunächst bei dieser einfachen Ebene, machen Sie die Sache nicht zu kompliziert; Sie wollen schließlich nicht, dass der andere Sie missversteht. Sie wissen nicht, wann die nächste Gelegenheit zu einer Aussprache kommt, und beim zweiten Mal könnte Ihre Nervensäge womöglich viel abweisender sein.

Hier einige Beispiele:

- »Ich möchte gerne, dass du aufhörst, so wütend zu mir zu sein.«

- »Wenn du wütend bist, sag mir doch ganz ruhig, was los ist, damit wir darüber sprechen können.«

- »Wenn du auf Hundertachtzig bist, mach doch einen Spaziergang oder rufe jemand an, bevor du mit mir darüber redest; dann bist du ruhiger.«

- »Ich möchte, dass du nicht mehr aus heiterem Himmel losschreist, sondern mir vernünftig sagst, dass du wütend bist und warum. Dann können wir das Problem gemeinsam angehen.«

Es gibt hier keine Patentformulierungen. Tun Sie das, was für Sie und Ihre Situation am besten ist, aber machen Sie dem anderen klar, was Sie von ihm wollen.

Von der Kette gelassen

Es kann sein, dass sich in Ihnen so viel gegen Ihren schwierigen Menschen aufgestaut hat, dass Sie, wenn Sie ihm Ihr Problem schildern, gar nicht mehr aufhören können. Es ist, als ob ein lange eingesperrter Hund von der Kette gelassen wird. Das kann ein ernster Fallstrick für Ihr klärendes Gespräch sein; dafür, dass Sie sich Ihren ganzen angesammelten Frust von der Seele reden, ist es gerade *nicht* da.

Ich arbeitete einmal mit einem Ehepaar, wo dieses Verhalten oft auftrat. Die Frau sagte: »Du ziehst dich immer zurück und hilfst mir kein bisschen mit den Kindern.« Ihr Mann fragte: »Und wie hättest du es gerne? Was soll ich machen?« Sie: »Du hockst dauernd vor dem Fernseher.« Er: »Schön, was soll ich machen?« Sie: »Es ist, als ob du gar nicht da bist, und ...«

Ich musste sie schließlich unterbrechen und ihr sagen: »Wenn Sie nicht endlich seine Frage beantworten, sage ich ihm, dass er so lange nicht zuzuhören braucht, bis Sie ihm sagen, was Sie von ihm wollen.« Sie verstand mich, und das half ihr, mit ihrer Litanei aufzuhören.

Verlangen Sie nicht das Unmögliche

Es kann sein, dass das, was Sie von Ihrer Nervensäge verlangen, ihr (jedenfalls zurzeit) gar nicht möglich ist. Sie ist zum Beispiel drogensüchtig und kann nicht einfach aufhören. Sie ist chronisch depressiv und kann nicht auf einen Knopf drücken und fröhlich werden. Oder der jähzornige Ehemann versucht, sich zu ändern, und stellt fest, dass sein Zorn stärker ist als er.

Rechnen Sie mit dieser Möglichkeit. Es bringt nichts, etwas zu fordern, das der andere nicht tun kann, obwohl er es will. *Verlangen Sie in solchen Fällen etwas von ihm, das ihm möglich und ein Schritt in die richtige Richtung ist.* Es gibt immer einen nächsten Schritt, und wenn es der allererste ist. Bitten Sie den drogensüchtigen Bruder, endlich eine Therapie zu beginnen. Schlagen Sie der depressiven Ehefrau vor, zu ihrem Arzt oder Pastor zu gehen. Und wenn der Ehemann schon öfter ehrlich versucht hat, nicht so leicht aufzubrausen, und es immer wieder nicht geschafft hat, dann schicken Sie ihn noch diese Woche zu jemandem (Pastor, Psychologe, Freund, Selbsthilfegruppe), der sich mit seinem Problem auskennt und ihm helfen kann.

Aber vielleicht wissen Sie noch gar nicht, was Ihre Nervensäge ändern kann und was nicht. Vielleicht hat sie noch gar nicht zugegeben, dass sie überhaupt ein Problem hat. In diesem Fall müssen Sie damit zufrieden sein, wenn sie ihr negatives Verhalten einsieht und Ihnen verspricht, es zu ändern. Zeigt sich dann, dass sie das ehrlich versucht, aber nicht schafft, ist dies ein Zeichen dafür, dass das Problem tiefer ist, als Sie dachten, und dass es Zeit ist, sich nach Hilfe umzuschauen.

Ausweichmanöver

Seien Sie auf die Möglichkeit vorbereitet, dass Ihre Nervensäge versucht, Ihnen auszuweichen. Sie verlegt sich aufs Ableugnen, auf Ausreden, auf die »Ist-ja-nicht-so-schlimm«-Masche oder schiebt das Problem einfach Ihnen in die Schuhe. Seien Sie nicht überrascht. Viele schwierige Menschen haben diese Strategien über Jahre hinweg bis zur Perfektion eingeübt. Für seine Macken und Kanten geradestehen – alles, nur das nicht! *Sie* wollen der Wahrheit auf den Grund gehen; Ihre Nervensäge will sich vor ihr verstecken, denn sie tut ihr weh.

Was nun? Geben Sie nicht auf. Dies ist nicht der Zeitpunkt, zu resignieren, zu explodieren oder die Beziehung frustriert abzubrechen, sondern ein Signal, dass *Sie ein zweites Problem haben* – die Ausweichmanöver Ihrer Nervensäge. Und es gibt durchaus Möglichkeiten, denen zu begegnen.

Zuhören und zurück zur Sache!

Hören Sie sich die Ausrede oder Beschuldigung an und kehren Sie dann zurück zu Ihrem Anliegen:

»Du meinst also, dass ich daran schuld bin, dass du manchmal so wütend wirst. Das verstehe ich, und darüber können wir gerne mal reden, vielleicht morgen Abend. Aber ich hätte es trotzdem gerne, dass du nicht so ausrastest, wenn du nach Hause kommst.«

Mit solch einem Satz manipulieren Sie den anderen nicht, sondern Sie zeigen, dass Sie sich selbst und Ihren Teil des Gesprächs im Griff haben. Vergessen Sie nicht, dass Sie Ihrer

Nervensäge ja schon zugehört und sich vielleicht für das eine oder andere in Ihrem eigenen Verhalten entschuldigt haben. Sie hat ihre Möglichkeit, sich über Sie zu beschweren, gehabt, aber jetzt wollen Sie mit Ihrem Anliegen vorankommen.

Das Ausweichen konfrontieren

Wenn Ihre schwierige Person trotz wiederholter Versuche von Ihnen, vernünftig mit ihr zu reden, auf ihren Ausweichmanövern beharrt, müssen Sie Ihre Strategie ändern und *dieses Ausweichverhalten zum Thema machen*. Sollte sich Ihre Nervensäge auf keines Ihrer Argumente einlassen, sondern sich immer neu wie ein Aal winden, ist das ein eindeutiges Zeichen, dass eben diese Weigerung, zu ihrer Verantwortung zu stehen, der Motor des Problems ist.

Jetzt begeben Sie sich auf eine tiefere Ebene, was für Sie beide sehr hilfreich sein kann, weil hier wahrscheinlich ohnehin eine Wurzel Ihres Beziehungsproblems liegt. Sagen Sie zum Beispiel Folgendes:

»Also, jetzt fühle ich mich ein bisschen hilflos. Jedes Mal, wenn ich dir zeigen will, dass deine Wutausbrüche ein Problem für mich sind, gibst du mir die Schuld oder sagst mir, dass ich übertreibe, versuchst, dich rauszureden, oder wirst wütend. Davon haben wir beide nichts. Ich merke allmählich: Um was es auch geht, ob es deine Wut ist oder das Geld oder die Kinder oder Sex, *ich kann mit dir nicht vernünftig über unsere Probleme reden,* und das heißt, dass viele von ihnen ungelöst bleiben. Ich kann mir nicht vorstellen, dass dir das gefällt. Könnten wir mal *darüber* reden?«

Eine andere Strategie ist, dass Sie den Ball einfach an Ihre Nervensäge zurückspielen. Hören Sie auf mit Ihren doch offenbar fruchtlosen Versuchen, die richtigen Worte zu finden; Sie sind ja kein Gedankenleser. Sagen Sie stattdessen: »Es scheint nicht zu klappen, wenn ich dir etwas sagen will. Du findest immer gleich, dass ich ungerecht oder gemein bin oder dich nicht verstehe. Ich möchte nicht, dass du so denkst, denn so bin ich doch gar nicht. *Und da habe ich jetzt eine Bitte: dass du mir sagst, wie ich dir so die Wahrheit sagen kann, dass dich das nicht verletzt. Also bitte: Wie mache ich das am besten?«*

Und jetzt ist Ihre Nervensäge an der Reihe; sie hat ja schließlich auch ein Gehirn und zwei Ohren. Kann sein, dass sie Ihnen sagt: »Zeige mir, dass du mich nach wie vor magst.« Oder: »Gib mir eine Minute Zeit, um zu mir zu kommen.« Oder: »Sage mir das ein andermal, wenn ich mich besser fühle.« Hören Sie sich gut an, was sie sagt, und wenn es vernünftig klingt, machen Sie es so. Wenn sie sich dann öffnet, ist das ein Durchbruch. Wenn sie weiter ausweicht, arbeiten Sie weiter daran.

Lernen Sie es, zu warnen

Ein solches klärendes Gespräch mit Ihrer Nervensäge hat nicht nur das Ziel, die »Kommunikationskanäle« zu öffnen und das Problem zu lösen. Es sagt Ihnen auch etwas über den Charakter Ihrer schwierigen Person.

Wenn es Ihnen gelingt, Ihre Nervensäge mit Ihrer Offenheit, Verletzbarkeit, Liebe und Realität zu erreichen, braucht es wahrscheinlich keinen zusätzlichen Druck, außer dass der Veränderungsprozess weitergeht. Doch wenn sie sich, direkt oder indirekt, beharrlich weigert, zu sehen oder zuzugeben, dass ihr Verhalten destruktiv ist, dann kann dies bedeuten, dass sie nicht nur Worte braucht, sondern auch Taten.

Die Bibel lehrt uns, dass dann, wenn mehrere Personen eine Problemperson zur Rede stellen und sie nicht auf sie hört, Konsequenzen und Grenzen folgen müssen (Matthäus 18,15-17; 1. Korinther 5,1-5). Dies ist keine Schikane, sondern es geht darum, eine Ebene zu finden, auf der die Nervensäge überhaupt ansprechbar ist. Manche Menschen werden einsichtig, wenn sie sehen, wie weh sie den anderen tun. Anderen muss erst selbst etwas wehtun; sie müssen lernen, dass es etwas kostet, wenn man anderen schadet. Sie werden mehr von dem Lust-Schmerz-Prinzip motiviert als von Einsicht und Mitgefühl. Dies ist, wenn man so will, eine »niedrigere« Reaktionsebene, aber bei Menschen, die auf Bitten und Betteln nicht reagieren, kann sie sehr effektiv sein.

Wir werden uns Grenzen und Konsequenzen eingehender in Kapitel 10 zuwenden. Aber bevor Sie anfangen, Grenzen zu setzen, müssen Sie den anderen vorwarnen. Solch eine Warnung kann durchaus verhaltensändernd wirken – weil Ihre Nervensäge merkt, dass es Ihnen so ernst ist, dass Sie zu Konsequenzen bereit sind. Das ist dann ein Fortschritt.

Doch häufig nimmt ein schwieriger Mensch die Warnung nicht ernst und schüttelt sie ab. In diesem Fall sollten Sie handeln, wie im folgenden Kapitel beschrieben.

Wann soll ich warnen?

Zu warnen ist erst dann angebracht, wenn Sie mehrere Male erfolglos das Gespräch gesucht haben. Manchmal führen Wiederholung und Beharrlichkeit zum Erfolg; oder die Einschaltung Dritter, getreu dem biblischen Prinzip in Matthäus 18 (vgl. oben Kapitel 7). Sagen Sie Ihrer Nervensäge, dass Sie gemeinsam mit ihr zu jemandem gehen möchten, um mit ihr zu reden. Dies gehört noch nicht in den Bereich »Konsequenzen« (Sie ergreifen ja keine Sanktionen), sondern ist mehr ein »Beziehungsschachzug«. Solange die Situation nicht sehr dringend oder regelrecht gefährlich ist, versuchen Sie es zunächst mehrere Male, die Nervensäge im Gespräch zu erreichen; es kann ja sein, dass sie es einfach nicht gewöhnt ist, dass Sie sie (jedenfalls auf diese Art und Weise) konfrontieren.

Aber wenn all dies nichts fruchtet, warnen Sie nun Ihre Nervensäge vor möglichen Konsequenzen. Zum Beispiel so: »Du hörst mir überhaupt nicht zu und willst nicht einsehen, dass deine Wut ein echtes Problem ist. Ich werde nun nicht mehr länger darüber reden, aber dein Verhalten auch nicht tolerieren. Wenn du mich das nächste Mal anschreist, werde ich das Haus verlassen und für eine Weile zu Nicole gehen. Und wenn du dann immer noch so bist, werde ich weitere Maßnahmen ergreifen, so lange, bis sich bei dir etwas ändert.«

Achten Sie darauf, dass Ihre Warnung fest, direkt und unmissverständlich ist. Wenn Sie es gar nicht so meinen oder Bedenken haben, ob Sie die Konsequenzen leben können, fangen Sie erst gar nicht davon an. Lassen Sie sich in diesem Fall von Ihrem Freundes- und Helferkreis zunächst den Rücken stärken und sprechen Sie dann die Warnung aus.

Gott selbst spricht seit Jahrtausenden seine Warnungen aus und weist uns an, die anderen zu warnen (vgl. Hesekiel 33,3). Es ist ein Geschenk und ein Segen, einem Menschen durch eine Warnung die Chance zur Veränderung zu geben. Betrachten Sie eine Warnung nicht als Kriegserklärung, sondern als notwendigen und womöglich entscheidenden Schritt zur Gesundung Ihrer problematischen Beziehung.

Sie haben es sicher schon gemerkt: Das Gespräch mit Ihrer Nervensäge erfordert einiges an Vorbereitung, Gebet und Einübung (z.B. durch ein Rollenspiel). Tun Sie hier lieber zu viel als zu wenig. Wie Sie nach dem Gespräch weiter vorgehen, hängt von der Reaktion des anderen ab. Fällt sie nicht so aus, wie Sie dies wünschen, ist es Zeit für die im nächsten Kapitel beschriebenen Maßnahmen.

Kapitel 10

Schlüssel 6: Ihr Handeln

Tom saß mir gegenüber an dem Restauranttisch. Er war still, aber ich wusste, über was er gerade nachdachte. Er bereitete sich darauf vor, etwas zu tun, was er noch nie getan hatte. Ich wartete. Schließlich sagte er: »Gut, ich ruf sie heute an.«

»Gib mir danach Bescheid«, sagte ich.

»Sie« – das war Toms Mutter, Andrea. Sie war in seiner Kindheit eine recht schwierige Mutter gewesen. Tief in ihr steckte ein unreifes, zänkisches kleines Mädchen, das Tom viel Not bereitet hatte. Als Erwachsener hatte er Hilfe und Seelsorge gesucht, um mit dem »Gepäck«, das seine Mutter ihm aufgeladen hatte, fertig zu werden. Er konnte ihr schließlich vergeben, und das Leben ging weiter. Andrea hatte sich nicht geändert, und manchmal machte sie ihm aus heiterem Himmel die abenteuerlichsten Vorwürfe, aber er schrieb das ihren seelischen Problemen zu und nahm es nicht allzu ernst. Er kam eigentlich ganz gut zurecht mit seiner Mutter. Er erwartete nicht viel von ihr und war freundlich zu ihr, übertrieb es aber nicht mit den Kontakten. Hin und wieder besuchte er sie mit seiner Familie (seiner Frau Chris und seinem Sohn Matt) oder lud sie zu sich ein.

Doch jetzt ging es gar nicht um Andrea und Tom, sondern um Andrea und Matt. Sie war bisher nicht unbedingt eine großartige Großmutter gewesen, doch seit einigen Wochen hatte sie eine neue, sehr destruktive Taktik begonnen: Jedes Mal, wenn sie auf Tom wegen irgendetwas wütend war, rief sie Matt, der jetzt 13 war, an, wenn seine Eltern nicht da waren, und erzählte ihm, was für einen schlimmen Vater er hatte, der so böse zu seiner alten Mutter war. Sie verhielt sich unmöglich und richtiggehend zerstörerisch.

Matt machten diese Anrufe sehr zu schaffen. Er erzählte seinen Eltern von ihnen. Dass seine eigene Oma versuchte, ihn gegen seinen Vater aufzubringen, war ein traumatisches Erlebnis für ihn. Tom reagierte rasch. Er rief Andrea an und forderte sie auf, in Zukunft immer erst ihn anzurufen, wenn sie mit Matt sprechen wollte. Er warnte sie, dass sie ihre Beziehung zu ihnen allen aufs Spiel setzte, wenn sie nicht mit ihrem Verhalten aufhörte. Worauf ein paar Tage später Andrea wieder Matt anrief und ihm Vorwürfe machte, dass er sie bei Tom »verpetzt« hatte. Tom regte dies sehr auf. Er erkannte das Verhalten seiner Mutter gut wieder; genauso war sie schon in seiner eigenen Kindheit gewesen. Er rief sie wieder an – und wieder ignorierte sie ihn und rief hinter seinem Rücken Matt an. Der hatte zwar die Anweisung bekommen, nicht mehr ans Telefon zu gehen, aber diese Anweisung war gegenüber einem Teenager weder glücklich noch durchsetzbar.

Und jetzt hatte Tom mir also gesagt, dass er fand, dass es Zeit war, den Worten gegenüber Andrea Taten folgen zu lassen, und ich hatte ihm zugestimmt. Noch am selben Tag rief er sie wieder an und sagte ihr: »Mutter, ich muss dir leider sagen, dass du zurzeit unsere Familie vergiftest. Du hast uns sehr wehgetan, du tust uns weiter weh und du hast auf meine Bitten, dich zu ändern, nicht reagiert. Von jetzt an werden wir keinerlei Kontakt mehr mit dir haben, bis du dich entschuldigst und um Vergebung bittest für das, was du mir, Chris und Matt angetan hast.«

Es muss ein schlimmes Gespräch gewesen sein. Andrea schrie, weinte und warf ihrem Sohn vor, gemein und verurteilend zu sein. Sie weigerte sich, auf seine Bitte auch nur mit einem Wort einzugehen, und hing schließlich auf. Später rief sie wieder an, aber nicht, um sich zu entschuldigen, sondern um ihm neue Vorwürfe zu machen und das unschuldige Opfer zu spielen. Sie rief auch Toms Bruder und Schwester an und redete ihnen ein, dass Tom grausam zu ihr war.

Doch Tom, Chris und Matt blieben standhaft. Wenn Andrea wieder anrief, sagten sie ihr: »Möchtest du dich entschuldigen? Wenn nein, häng ich gleich wieder auf.« Worauf sie losschrie oder -weinte und sie auflegten. Dies geschah mehrere Male. Dann schrieb Andrea ihnen einen Brief, in welchem sie ihnen mitteilte, dass sie selbst jeden Kontakt mit ihnen abbrach, weil sie so böse zu ihr waren.

Tom machte einiges mit in dieser Zeit. Er fragte sich immer wieder, ob er wirklich das Richtige tat. Er bekam Gewissensbisse, denn musste er als Christ nicht immer vergeben? (Aber Vergebung hat mit dem Gestern zu tun, und das hatte Tom seiner Mutter ja vergeben; hier ging es darum, das Morgen zu schützen.) Selbst einige seiner Freunde fanden, dass er zu hart war. Matt vermisste seine Großmutter, obwohl er wusste, dass sie sehr schwierig war. Tom erlebte sogar (was in solchen

Situationen häufig geschieht) einige emotionale Rückfälle in seine Kindheit. Aber er hielt an den Konsequenzen, die er gegenüber seiner Mutter gezogen hatte, fest.

Zwei Jahre vergingen, dann kam wieder ein Anruf von Andrea. Sie sagte: »Es tut mir Leid, was ich euch angetan habe. Kannst du mir vergeben?« Und sie meinte es ernst. Tom war völlig überrascht! Seine Mutter, die für ihn wie tot gewesen war, war wieder lebendig geworden. Er vergab ihr natürlich, und dann sprach sie mit Chris und Matt und versöhnte sich auch mit ihnen.

Tom war überglücklich, aber auch vorsichtig und neugierig. Er fragte Andrea, was mit ihr passiert war, und sie sagte ihm, dass es diese zwei Jahre und die Hilfe einiger Freunde gebraucht hatte, bis sie endlich einsah, dass sie im Unrecht war und wie sehr sie sie alle vermisste. Erst jetzt hatte sie es fertig gebracht, ihren Stolz beiseite zu legen und um Vergebung zu bitten. Tom nahm den Kontakt zu seiner Mutter wieder auf, sie besuchten sich gegenseitig und riefen sich an. Nach mehreren Monaten konnte er berichten, dass die Beziehung jetzt hinreichend stabil war. Wie er mir sagte: »Andrea ist immer noch Andrea, aber wirklich harte Sachen bringt sie nicht mehr, und das ist okay.«

Die Grenze, die Tom damals nach unserem Café-Gespräch überschritt, war die zwischen den Worten und den Handlungen. Nachdem er etliche Male das Gespräch gesucht hatte, hatte er beschlossen, Grenzen zu ziehen und Konsequenzen zu ergreifen, um vielleicht so seiner Mutter zu helfen, zumindest aber seine Familie zu schützen. Es war ein sehr schwieriger Schritt, aber hätte er ihn nicht getan und durchgehalten, ich glaube kaum, dass seine Mutter sich so geändert hätte. Manchmal braucht es Taten, um unseren Worten das richtige Gewicht zu geben.

Die Macht des Handelns

Ihre Handlungen, Taten, praktischen Maßnahmen sind Ihr sechster Schlüssel. Die richtigen, auf die richtige Art durchgeführten Schritte können einen enormen Einfluss auf Ihre Nervensäge ausüben. Sie unterstreichen Ihre Worte. Viele schwierige Menschen bringen es einfach nicht fertig, die Worte ihrer Mitmenschen zu glauben und ernst zu nehmen. Nach ihrer Erfahrung sind Worte nur Beschimpfungen, Nörgeleien oder Drohungen ohne Konsequenzen. Tatsache ist, dass viele Nervensägen den berühmten Tritt brauchen – ein schmerzliches Erlebnis, das ihnen zeigt, dass die Menschen das, was sie sagen, auch so meinen. Ein altes biblisches Sprichwort sieht in dem Eingehen oder Nicht-Eingehen auf Worte den Unterschied zwischen einem verständigen Menschen und einem Narren: »Einem klugen Menschen nützt eine einzige Zurechtweisung mehr als einem Narren hundert Peitschenschläge auf den Rücken« (Sprüche 17,10).

Das Ergreifen konkreter Maßnahmen hat nichts mit Wut oder Rache zu tun. Im Gegenteil: Oft macht es uns frei von unserer Wut; wir holen uns die Kontrolle über unser Leben zurück und tun Schritte, um unserer Nervensäge zu helfen. Wie bei den übrigen Schlüsseln auch, sollte unser Motiv Liebe sein; wir sind *für* diesen Menschen, *für* sein inneres Wachsen, *für* die Beziehung zu ihm.

Was für Elemente gehören zu unserem Handeln? Schauen wir uns noch mal die Geschichte von Tom und Andrea an. Zunächst einmal haben wir hier eine *Grenze*. Mit dieser Grenze stellen wir zentrale Dinge klar, definieren sie. Die Grenze kann definieren, wer wir sind und wer wir nicht sind. Zum Beispiel: *Ich bin dafür, dass wir beide in dieser Beziehung Freiheit haben, und dagegen, dass der eine den anderen beherrscht.* Oder sie definiert, was unsere Verantwortung ist und was nicht; zum Beispiel: *Du bist mir wichtig, aber ich kann keine Verantwortung für deine Gefühle übernehmen.* Oder sie definiert, was Sie dulden und was nicht, zum Beispiel: *Ich verstehe es, dass du nicht immer da bist, aber ich kann nicht dulden, dass du vor lauter Überstunden keine Zeit mehr für die Kinder hast.*

Wenn Sie eine Grenze ziehen, sagen Sie Ihrer Nervensäge damit: »Bis hierher und nicht weiter.« Sie stellen eine Regel auf. Bei Tom bestand die erste Grenze gegenüber seiner Mutter darin, dass er sie bat, nicht mehr direkt Matt anzurufen, sondern sich zuerst an ihn zu wenden, wenn sie den Jungen sprechen wollte. Er sagte ihr: »Ich übernehme die Verantwortung für das Wohl meiner Familie. Ich übernehme nicht die Verantwortung dafür, dich glücklich zu machen, wenn es zu deinem Glück gehört, dass du uns so behandelst. Ich sage dir klipp und klar, was ich nicht dulden werde.«

Zu der Grenze tritt als zweites Element eine *Warnung*, die (wie wir in Kapitel 9 schon sahen) Ihre Nervensäge informiert, was auf sie zukommt, wenn sie die Grenze nicht respektiert. Tom machte seiner Mutter klar, dass ihre Beziehung zu ihm und seiner Familie in Gefahr war, wenn sie so weitermachte wie bisher.

Überschreitet die Nervensäge die Grenze, kommt es zu den *Konsequenzen*. Eine Konsequenz ist nicht dasselbe wie eine Grenze; sie ist *die Folge einer Grenzverletzung*. Sie ist eine Handlung, die Sie vornehmen, wenn die Nervensäge die von Ihnen gesetzte Grenze überschritten hat. Konsequenzen sind dazu da, *Grenzen durchzusetzen*.

Eine Konsequenz – das bedeutet entweder, dass etwas für die Nervensäge Unangenehmes geschieht oder dass ihr etwas Angenehmes weggenommen wird. Als Andrea Toms Grenze nicht respektierte, war die Konsequenz, dass sie den Familienkontakt zu ihm verlor. Ihrer Reaktion nach zu urteilen, war dies ein herber Verlust für sie. Aber der Sinn dieser Konsequenz war nicht, Andrea wehzutun, sondern der Sinn war ein doppelter: erstens, die Familie vor ihren Intrigen zu schützen, und zweitens, ihr endlich zu zeigen, dass ihre destruktive Einstellung Folgen hatte. Sie konnte nicht einfach alles tun und sagen, was sie wollte, ohne dass dies Konsequenzen hatte. Dies ist eine Lebens- und Beziehungsregel, die für uns alle gilt, und bei Andrea dauerte es recht lange, aber sie stellte sich schließlich ihrer Verantwortung für ihr Verhalten. *Konsequenzen sind nicht alles in Ihrem Umgang mit Ihrer Nervensäge, aber sie sind ein zentraler Faktor,* vor allem wenn die Situation schwierig und verletzend ist.

Dieses Konzept aus Grenzen, Warnungen und Konsequenzen ist eigentlich ganz einfach. Wir alle kennen es aus der Kindererziehung. Die Mutter bittet den sechsjährigen Daniel, seine Kleider vom Boden aufzuheben (Grenze). Er ignoriert sie, worauf sie ihm sagt, dass sie ihm dann, wenn er nicht sofort seine Kleider aufhebt, das Spielzeug wegnehmen wird, mit dem er gerade spielt (Warnung). Lenkt er immer noch nicht ein, nimmt sie ihm das Spielzeug weg und fordert ihn weiter auf, die Kleider aufzuheben (Konsequenz). Worauf Daniel hoffentlich anfängt, diese Grenze zu *verinnerlichen* (also zu einem Teil seiner inneren Welt und Realität zu machen): Wenn Mama das sagt, macht sie Ernst ... Das Ziel ist natürlich, dass er anfängt, seine Kleider wegzuräumen, ohne dass seine Mutter ihn extra dazu auffordern und eine Strafe androhen muss.

Dass die Grenze verinnerlicht wird, ist die große Hoffnung in diesem Prozess. Ein reifer Mensch weiß darum, dass er dann, wenn jemand ihn um etwas bittet, dieser Bitte in der Regel nachkommen sollte – weil ihm diese Person wichtig ist oder es einfach »richtig« ist. Ein unreifer Mensch ist wie ein kleines Kind; er reagiert erst, wenn er mit unangenehmen Konsequenzen rechnen muss. Der Prozess der Reifung bedeutet, dass solche Erfahrungen verinnerlicht werden, bis die Konsequenz bzw. Warnung nicht mehr nötig ist und das Motiv des Betreffenden nicht mehr das Vermeiden von Strafe, sondern Liebe und die Umsetzung von Werten ist.

Konsequenzen – aber richtig

Eine angemessene, gut durchdachte Konsequenz kann der Nervensäge sehr helfen, aufzuwachen, anders zu werden und sich zu ändern. Gute Konsequenzen sind auf die aktuelle Situation und Person maßgeschneidert. Natürlich ist die Zahl der möglichen Konsequenzen fast unendlich, und oft gibt es keine, die die allein »richtige« wäre. Es kann gut sein, dass in Ihrer Situation mehrere Konsequenzen »funktionieren«. Aber ich möchte im Folgenden einige Prinzipien nennen, wie man zu Konsequenzen kommen kann, die effektiv sind. Sie sollten sich auch bei Menschen umhören, die sich in diesen Dingen auskennen; es könnte sein, dass sie Ihnen Tipps geben können, die Ihre Kreativität anregen.

Wie im wirklichen Leben

Erstens sollten Sie solchen Konsequenzen den Vorzug geben, die das Leben, wie es wirklich ist, widerspiegeln. Sie erhöhen die Chance, dass die Nervensäge einsieht, dass sie selbst an ihrem Elend schuld ist, was sie wiederum dazu anregt, ihre Eigenverantwortung zu erkennen und an sich zu arbeiten, damit diese misslichen Folgen ihres Verhaltens sich nicht wiederholen. Ein Beispiel aus der Welt des Berufes: Es ist nur natürlich, wenn ein Angestellter, der schlampig ist, nicht befördert wird, zur Rede gestellt wird oder sogar seinen Arbeitsplatz verliert. Schon mancher schwierige Arbeitnehmer, der seine Probleme am Arbeitsplatz routinemäßig dem Chef, der Firma oder der Wirtschaft in die Schuhe geschoben hat, ist in sich gegangen, als er merkte, was für unangenehme Folgen finanzieller Art und auf seine Karriere seine Bummelei hatte.

Ein Beispiel aus der Welt der Beziehungen: Ihre Freundin spielt das »Du-bist-so-böse-zu-mir-Spiel«. Jedes Mal, wenn Sie ihr nicht ihren Willen tun, zieht sie sich von Ihnen zurück – so lange, bis Sie sie fragen, was los ist. Worauf sie Ihnen erklärt, wie sehr Ihr Egoismus (will sagen: Ihre Freiheit) sie verletzt. Wenn Sie mit gutem Zureden nichts erreichen, könnte eine realistische Konsequenz darin bestehen, dass Sie Ihre Freundin nicht mehr aus ihrer Schmollecke herausholen. Sie sagen ihr: »Wenn du von dir aus zu mir kommst und sagst, was los ist, werde ich gerne mit dir darüber reden, aber du musst schon selbst kommen.« Aber wenn sie weiter darauf wartet, dass Sie sie aus ihrer Traurigkeit (die oft eine versteckte Art von Wut ist) »retten«, werden Sie genau das nicht mehr tun. Sie hat die Wahl: Entweder sie sieht ein, dass sie selbst an dieser Beziehung arbeiten muss, oder sie setzt die Beziehung aufs Spiel.

Ein drittes Beispiel ist die andauernd unpünktliche Person, die immer eine Entschuldigung dafür parat hat, warum die anderen schon wieder eine halbe Stunde auf sie warten mussten. Auch hier gibt es Konsequenzen, die ebenso natürlich wie hilfreich sind.

Erstens: Die Menschen aus dem Umfeld dieser Person (also Verwandte und Freunde) kommen überein, ab jetzt ohne sie zum Gottesdienst, zum Konzert, zu der Einladung etc. zu fahren, damit sie nicht selbst zu spät kommen. »Frau Unpünktlich« muss alleine mit dem Auto fahren oder die übernächste S-Bahn nehmen, worauf sie als Einzige zu spät kommt, was natürlich etwas peinlich ist; jetzt kann sie noch nicht einmal anderen die Schuld an der Verspätung geben.

Zweitens: Die Verwandten und Freunde kommen überein, dass das Leben weitergeht, auch wenn »Frau Unpünktlich« noch nicht eingetroffen ist. Also: Sie geben im Restaurant ihre Bestellungen auf, der Hausbibelkreis beginnt Punkt 20 Uhr, die Pianistin spielt ihr erstes Stück, die Partie »Mensch, ärgere dich nicht« fängt an. Was alles völlig in Ordnung ist; warum sollten die, die pünktlich da waren, auf den einen, der es nicht ist, warten? Kann gut sein, dass »Frau Unpünktlich« sich überlegt, ob es nicht doch schöner ist, da zu sein, wenn alle anderen anfangen. Und selbst wenn sie es nicht tut, eines (und dies ist wichtig!) haben Sie sicher erreicht: dass Ihre Nervensäge nicht Ihre Pläne für diesen schönen Abend, Nachmittag etc. durcheinander bringt. Sie selbst sind wieder der Herr Ihrer Zeit, und nicht die Nervensäge.

Ausnahmen von der Regel. Es gibt Situationen, wo die »natürlichen« Konsequenzen nicht die beste Lösung sind. Ein Heroinsüchtiger ist in akuter Gefahr, an seiner Sucht zu sterben, aber es macht keinen Sinn, zu sagen: »Soll er ruhig, dann hört er vielleicht auf.« Eine bessere Sanktion besteht zum Beispiel darin, ihn so lange nicht mehr finanziell oder anderweitig zu unterstützen, wie er nicht in eine Entzugstherapie geht.

Mit das Wertvollste für Sie an solchen Konsequenzen, die natürliche Folgen des Fehlverhaltens sind, ist, dass *sie Sie von der Elternrolle gegenüber Ihrer Nervensäge entbinden.* Der schwierige Mensch sieht die Person, die die Konsequenz durchsetzt, ja oft als eine Art böse Stiefmutter, die das arme Kind lieblos bestraft und am Gängelband führt. Diese Einstellung torpediert den Lernprozess, da die Nervensäge ja dem anderen und nicht sich selbst die Schuld an dem gibt, was so unangenehm ist. Je natürlicher die Konsequenzen sind, desto geringer ist die Gefahr, dass Sie im Denken Ihrer Nervensäge der Böse sind.

Sobald Ihre Nervensäge erkennt, dass ja sie selbst und nicht Sie die Ursache ihres Elends ist, können Sie sogar ihr Tröster und Helfer werden. Dies geschieht meistens nicht sofort, aber ich habe schon viele Fälle erlebt, wo zum Beispiel ein Mann, der sich seiner Familie entfremdet hat, reumütig sein Tun erkennt, und daraufhin seine Frau ihm liebevoll unter die Arme greift, ohne die Konsequenzen, die sie ergriffen hat, vorschnell zu beenden.

Beziehungskonsequenzen

Konsequenzen bringen meistens mehr, wenn es um den *Verlust einer Beziehung* geht. Das liegt daran, dass Gott uns als Beziehungswesen geschaffen hat. Ihre Nervensäge braucht Beziehungen zu anderen, aus vielen Gründen. Beziehungen sind ein Eckstein unseres Lebens, und eine der schmerzlichsten Erfahrungen, die Menschen machen können, ist die Einsamkeit. Die meisten Menschen wachen auf, wenn eine Beziehung in Gefahr gerät oder abbricht, wie bei Andrea. Es gibt zwar auch den Menschentyp, der so extrem um sich selbst kreist, dass ihm die anderen egal sind, aber in der Regel sind Beziehungskonsequenzen der beste Ansatzpunkt.

Ein Mann, den ich kannte, liebte eine Frau, mit der er seit einiger Zeit zusammen war. Er war bereit, eine ernsthafte Beziehung daraus werden zu lassen. Sie dagegen dachte zwar auch an Liebe, war aber nicht bereit, den Kontakt zu zwei anderen Männern, mit denen sie ebenfalls eine Beziehung hatte, abzubrechen. Der Mann versuchte, geduldig zu sein, aber die Zeit verging, ohne dass sich bei seiner Freundin etwas veränderte. Sie hatte Gefühle für ihn, war aber nicht bereit, ihr Männerproblem aktiv anzugehen und sich zu fragen, warum sie sich immer noch auch mit den beiden anderen traf. Schließlich sagte er ihr: »Ich finde, wir sollten Schluss machen. Ich liebe dich, aber diese Ungewissheit ertrage ich nicht mehr. Sobald du bereit bist, nur mit mir zusammen zu sein, kannst du mich wieder anrufen, eher nicht.«

Sie war wütend über diesen Schritt von ihm. Dabei wollte er sie gar nicht manipulieren, sondern lediglich sein eigenes Herz und Leben schützen. Sie rief ihn mehrere Male »einfach so« an, aber er blieb standhaft und weigerte sich, mit ihr zu reden. Sie vermisste ihn schließlich so sehr, dass sie in sich ging und zu dem Ergebnis kam, dass sie lieber ohne die beiden anderen Männer war als ohne ihn. Sie kontaktierte ihn wieder. Hoffentlich hatte er inzwischen nicht eine andere? Das war nicht der Fall, und sie heirateten schließlich. Die Macht des Beziehungsverlustes, sie ist groß.

Mit Augenmaß

Wenn wir Konsequenzen ziehen, sollten wir weder über- noch unterreagieren. Es ist so ähnlich wie vor Gericht: Die Strafe sollte der Tat angemessen sein. Wenn Ihr schwieriger Partner zum Beispiel, statt Ihnen zuzuhören, sich vor den Fernseher setzt, reicht es, ihm zu sagen, dass Sie das nächste Mal, wenn die Kinder Hilfe bei ihren Schulaufgaben brauchen, vielleicht einen Spaziergang machen müssen, wenn er es nicht fertig bringt, ein wenig Zeit für Sie zu haben.

Ernstere Probleme verlangen ernstere Konsequenzen. Wenn Ihr Ehepartner eine Affäre hat und nicht bereit ist, diese zu beenden, kann es richtig sein, sich in Absprache mit einem Therapeuten eine Zeit lang von ihm zu trennen, damit er zu sich kommen und einsehen kann, was er angerichtet hat. Dies ist ein Schritt, der bei dem »Dauerfernseher«, der keine Zeit für ein Gespräch hat, sicher zu weit ginge.

Lassen Sie sich hier von Ihren Freunden beraten, denn nur zu leicht verlieren wir das rechte Augenmaß, besonders bei Nervensägen, die uns sehr nahe stehen. Entweder wir sind zu milde (weil der andere uns doch so braucht oder wir Schuldgefühle haben) oder wir schießen vor lauter Bitterkeit mit Kanonen auf Spatzen. Suchen Sie das rechte Maß.

Sie haben mehr Einfluss, als Sie denken

Dies ist ein sehr, sehr wichtiger Punkt, den Sie bei allem, was Sie tun, bedenken sollten: *Ihre Nervensäge braucht Sie.* Sie braucht entweder Sie selbst oder etwas, was Sie besitzen oder ihr geben. Warum würde sie sonst in der Beziehung zu Ihnen bleiben, die doch auch für sie so konfliktgeladen ist?

Sie haben in Ihrer Beziehung womöglich mehr Macht, als Ihnen bewusst ist. Aber diese Macht ist nicht dazu da, dass Sie den anderen beherrschen, kontrollieren oder verletzen. Es geht vielmehr darum, dass Sie Ihren Einfluss dazu gebrauchen, Konsequenzen durchzusetzen, die Ihre Nervensäge endlich dazu bringen können, sich zu ändern. Sie sind für diesen Menschen wichtig, und an diesem Punkt können Sie ihn gewinnen.

Ich weiß schon nicht mehr, wie oft ich in unserer Radiosendung mit jemandem gesprochen habe, dessen Ehe nicht gut läuft und der sagt: »Ich kann ihm/ihr sagen und bitten und betteln, was ich will, es wird nicht besser.« Wenn wir dann die Ehe untersuchen, finden wir fast immer etwas, das als »Hebel« gegenüber dem nicht änderungswilligen Partner einsetzbar ist. Die Ehefrau kritisiert ihren Mann pausenlos? Wie wäre es, wenn er einfach das Zimmer verlässt, wenn sie wieder anfängt? Der chronische Kritiker braucht jemanden, der ihm zuhört, und wenn ihm niemand zuhört, hat er eine

Chance, darüber nachzudenken, ob es nicht bessere Methoden gibt, mit seinen Mitmenschen (hier: dem Ehemann) umzugehen.

Ein weiteres Beispiel ist der gefühlskalte Ehemann, der sich für das Leben seiner Frau nicht interessiert. Ihm kann seine Frau klar machen, dass sie mehr Wärme, Interesse und Gespräche von ihm braucht, wenn er möchte, dass sie sich ihm weiter sexuell hingeben kann. Dies ist kein Erpressungsversuch, denn die Frau tut nichts anderes, als die Realität der Beziehung zwischen Sexualität und Intimität zu betonen: Gott hat uns so geschaffen, dass die emotionale Gemeinschaft zur sexuellen überleitet, und nicht umgekehrt.

Dieses letzte Beispiel will sorgfältig überdacht und mit geistlich reifen Freunden besprochen werden. Nach 1. Korinther 7,4-5 sollen Eheleute sich sexuell einander nicht entziehen, um nicht unnötig in Versuchungen zu kommen. Dies ist ein wichtiges biblisches Prinzip. Wenn jedoch ein Ehepartner den anderen zu sexuellen Handlungen drängt, obwohl er sich sonst nicht um ihn kümmert, ja schlecht behandelt, ist etwas überhaupt nicht in Ordnung. Lassen Sie sich bei Problemen dieser Art gut beraten und konsultieren Sie immer die ganze Bibel, nicht nur einzelne herausgerissene Verse. Neben 1. Korinther 7,4-5 will zum Beispiel auch Epheser 5,25.33 bedacht werden, wo von der tiefen, sich hingebenden Liebe die Rede ist. Letztlich geht es darum, dass Sex eine Gabe und nicht eine Waffe ist. Kein Ehepartner sollte ihn verlangen, wenn Liebe und Fürsorge fehlt, oder verweigern, um den anderen zu »bestrafen«.

Das Wissen um die Macht, die Sie letztlich doch in der Beziehung zu Ihrer Nervensäge haben, ist auch emotional eine große Hilfe. Der Partner einer Nervensäge fühlt sich, wie wir schon sahen, oft sehr hilf- und machtlos und frustriert. *Was ich auch mache, es bringt ja doch nichts* ... Erkennen Sie, dass dies nicht so ist! Sie haben mehr Möglichkeiten, als Sie denken.

Kleine »Hebel-Liste«

Die folgende kleine Liste soll Ihnen zeigen, was für »Hebel« Sie möglicherweise, ohne es bisher gewusst zu haben, gegenüber Ihrem schwierigen Menschen haben. Einige dieser Dinge werden Ihrer Nervensäge nicht wichtig sein, andere aber (und auch manche, die nicht in der Liste enthalten sind) sehr wohl. Nutzen Sie die Möglichkeit, dass Sie Ihrer Nervensäge einiges geben können, das sie (auch wenn sie dies vielleicht nicht zugibt) wirklich braucht und will.

Aber achten Sie darauf, dass Ihre Motive rein sind. Es geht nicht darum, »es dem anderen zu zeigen«. Es geht darum, ihn wachzurütteln, sodass er die Verbindung zwischen seinem Verhalten und seinen Problemen sieht und die nötigen Korrekturen in seinem Leben vornimmt. Und wenn er diese vorgenommen hat, müssen Sie ihm das, was Sie einbehalten hatten, natürlich wiedergeben, großzügig und von ganzem Herzen:

- Akzeptieren seiner Fehler
- Herzlichkeit
- Emotionale Präsenz
- Bejahung der Beziehung

- Ermutigung
- Moralische Unterstützung
- Zuneigung
- Interesse an seiner/ihrer Welt und Leben
- Körperliche Präsenz
- Mitgefühl
- Kochen, Putzen, Aufräumen etc.
- Dinge im Haus reparieren
- Ein schönes Heim bieten
- Sich um Bedürfnisse kümmern
- Ruhe und Luft zum Atmen
- Achtung, Respekt
- Spontaneität
- Ihn/sie unterhalten
- Humor
- Zuverlässigkeit
- Ordnung, einen festen Rahmen
- Zeit füreinander
- Unterstützung bei der Pflege von Freundschaften und anderen sozialen Kontakten
- Praktische Ideen, wie man Träume verwirklichen kann
- Finanzielle Unterstützung
- Pläne für die Zukunft machen
- Weisheit und Rat
- Rückmeldung und Unterstützung auf seinem Weg
- Vermittlung von Einsichten zur Einschätzung der Situation
- Innere Tiefe
- Kreativität, um die Dinge in einem anderen Licht zu sehen
- Lösungen für Lebensprobleme

- Die gewohnte Umgebung und ein festes soziales Netz
- Spiritualität; Verankerung in Gott und dem Glauben
- Die Ehe als Anker und Fundament
- Familienbande mit ihrem Zugehörigkeitsgefühl
- Statt Alleinsein zusammenwohnen mit anderen

So manche Nervensäge »braucht« den anderen, weil die übrigen Menschen sich ihr Verhalten nicht gefallen lassen würden. Der Beziehungspartner dient ihr als Schutz, Puffer, Zufluchtsort, der sie davon entbindet, sich ihrer mangelnden Beziehungsfähigkeit zu stellen. Oft kauert hinter der Fassade der selbstgenügsamen Stärke und Unnahbarkeit ein verängstigtes kleines Kind, das verzweifelt nach Freunden sucht. Ich habe es mehr als einmal erlebt, wie solche Menschen dann, wenn sie das, was der Partner ihnen gab, eine Zeit lang nicht mehr bekamen, fast zusammenbrachen. Manchmal verfallen sie in eine Art von Depression, die durchaus produktiv sein kann. Hier ist die Depression der erste Schritt zur Auseinandersetzung mit der Realität, wie sie wirklich ist, und zum Prozess der Veränderung. Retten Sie Ihre Nervensäge nicht aus dieser Depression, wenn sie ihr zur Veränderung hilft. Wenn Sie ihr einige ihrer »Puffer« eine Zeit lang wegnehmen, wird ihr vielleicht ihre Einsamkeit bewusst und sie erkennt, was sie Ihnen, sich selbst und der Beziehung antut.

Gehen Sie also mit klugen Freunden die obige Liste durch und fragen Sie sich, welche der Punkte Ihrer Nervensäge wirklich wichtig sind, und dann sagen Sie ihr bei passender Gelegenheit zum Beispiel Folgendes:

»Wenn du nicht mit diesem Verhalten aufhörst, wirst du einige der Vorteile, die deine Beziehung zu mir mit sich bringen, verlieren. Ich werde sie dir wegnehmen – zu meiner eigenen Sicherheit, weil ich mich von dir nicht geliebt fühle, aber auch, weil ich hoffe, dass du dann endlich begreifst, dass es mir ernst ist und ich dein Verhalten nicht länger hinnehmen werde.«

Seien Sie, wenn Sie Ihre Macht gegenüber Ihrer Nervensäge einsetzen, »vorsichtig wie die Schlangen und sanft wie die Tauben« (Matthäus 10,16).

Wie man Konsequenzen gestaltet

Mit einem Wort: je klarer, umso besser. Dies gilt für die Art der Konsequenzen, den Zeitpunkt der Anwendung, ihren Grad und die Bedingung dafür, sie zu beenden. Seien Sie so deutlich und unmissverständlich wie möglich, damit es nicht später heißt, Sie seien zu streng oder unfair.

Es ist lästig, dass Sie so genau und strikt sein müssen, aber das bringt so eine Beziehung mit einer Nervensäge nun einmal mit sich. Sie haben an diese Grenzen und Konsequenzen nicht gedacht, als diese Beziehung begann, und wenn Ihre Nervensäge auf sie positiv reagiert, werden Sie diese eines Tages auch wieder zurücknehmen können. Gute, gesunde Beziehungen funktionieren ganz anders; ihr Motor ist sozusagen der Geist und nicht der Buchstabe des Gesetzes. Wenn Sie einem normalen Freund sagen, dass er Sie verletzt hat, reden Sie darüber, er entschuldigt sich und ändert sein Verhalten. Die Beziehung geht weiter, und Sie wissen: Sie können sich aufeinander verlassen.

Gesunde Beziehungen gründen auf Vertrauen; ich kann mich auf den anderen verlassen. Doch in Beziehungen mit einem schwierigen Menschen gibt es oft ein Vertrauensproblem; der Einzige, auf den ich mich verlassen kann, bin manchmal nur ich selbst. *Gegenüber einer Nervensäge ist Vertrauen oft ein Ziel, auf das man hinarbeitet, nicht eine selbstverständliche Voraussetzung*. Dies bedeutet, dass man bis auf Weiteres nach dem Buchstaben des Gesetzes vorgehen muss, so lange, bis die Nervensäge sich geändert hat und man ihren Motiven trauen kann. Die Bibel sagt, dass »das Gesetz nicht für den Gerechten bestimmt ist, sondern für Gesetzlose und Ungehorsame« (1. Timotheus 1,9 – Einheitsübersetzung).

Kehren wir zurück zu dem Beispiel mit dem jähzornigen Ehemann aus Kapitel 9. Seine Frau kann ihm zum Beispiel sagen: »Das letzte Mal, als du so getobt hast, bin ich zu Nicole gegangen, aber das scheint nichts genützt zu haben. Ab jetzt werde ich ein paar Mal pro Woche abends zu Freunden und in meine Hilfsgruppe gehen, damit ich unsere Beziehung aushalte, und am Wochenende werde ich außer Haus sein oder Freundinnen besuchen. Gemeinsame Besuche mache ich vorerst keine mehr, weil ich nicht weiß, wann du das nächste Mal ausrastest. Wenn du anfängst, an dir und deiner Wut zu arbeiten, werde ich gerne wieder mehr mit dir zusammen sein, aber vorher nicht.«

Es gibt nichts Gutes, außer man tut es

Es gibt keinen Ersatz für das Durchhalten von Konsequenzen. Hier, und nur hier, werden Ihre Worte zu Taten, und Ihre Nervensäge merkt, dass das, was Sie sagen, mehr ist als nur heiße Luft, die sie getrost ignorieren kann.
Konsequent zu sein, ist nichts Unmögliches. Wichtig ist, dass

Sie die nötige Unterstützung von außen, das emotionale Durchhaltevermögen und den nötigen Mut haben.

Suchen Sie systematisch Hilfe. Wenn es um eine größere Maßnahme geht, suchen Sie sich Helfer. Gehen Sie in eine Gemeinde, die Menschen mit Beziehungsproblemen hilft. Suchen Sie sich Freunde und Helfer, die sich mit Ihrem Problem auskennen. Lesen Sie Bücher zu dem Thema. Ich habe Kirchengemeinden erlebt, in denen die Mitglieder des Gemeinderats gemeinsam einen Hausbesuch machten, um bei einer Ehekrise zu helfen.

Machen Sie sich nicht zu abhängig von der schwierigen Person; suchen Sie den Kontakt zu Freunden. Sie haben die Nase so richtig voll von Ihrer Nervensäge? Das ist keine Garantie dafür, dass Sie auch morgen oder übermorgen die Konsequenzen, die Sie ihr angedroht haben, durchhalten werden. Es ist nicht nur so, dass Ihre Nervensäge *Sie* braucht. Sie brauchen auch einiges von ihr (sie ist ja nicht *nur* Nervensäge), und je mehr das ist, umso größer ist die Gefahr, dass Sie irgendwann nachgeben werden. Also: Holen Sie sich das, was Sie an Wärme, Unterstützung und Bestätigung brauchen, in Ihrem Freundes- und Helferkreis, damit Sie dann, wenn die Erfüllung gewisser emotionaler Bedürfnisse durch Ihre Nervensäge ausbleibt, bei anderen auftanken können. Halten Sie Ihre Freunde auf dem Laufenden; mindestens einige von ihnen sollten Sie jederzeit anrufen können, wenn Sie versucht sind, gegenüber Ihrem schwierigen Menschen nachzugeben.

Vorsicht vor der Schuldgefühl- und Rettungsfalle! Konsequenzen durchsetzen ist für viele Menschen eine neue Welt, etwas, das sie noch nie getan haben (oder jedenfalls nicht erfolgreich). Da ist die Gefahr groß, dass ihre Gefühle ihnen einen Streich spielen. Sie bekommen Zweifel (ist das richtig, was ich da tue?), fühlen sich einsam, haben viele Ängste. Sie kommen sich »grausam« vor und bekommen entsprechende Schuldgefühle oder das dringende Bedürfnis, diesen armen Menschen, den sie doch eigentlich lieben, zu retten, denn sie können nicht mit ansehen, wie er wegen ihrer Sanktionen leidet. Achten Sie auf solche Gefühle und besprechen Sie sie in Ihrem Freundes- und Helferkreis, damit Sie sie loslassen und der Wahrheit über Ihre Situation weiterhin ins Gesicht sehen können.

Keine Angst vor Erstverschlimmerungen. Seien Sie nicht überrascht, wenn Ihr schwieriger Mensch zunächst einmal mit einer Eskalation seines Problemverhaltens reagiert. Das ist völlig normal. Vergewissern Sie sich bei Ihren Freunden, dass Sie nach wie vor auf dem richtigen Weg sind, und dann behalten sie ihn bei. Die Eskalation ist ein Zeichen, dass sich etwas tut bei Ihrer Nervensäge – etwas, das (hoffentlich) für Sie beide gut ist.

In den meisten Fällen ist die Verschlimmerung des Verhaltens keine bewusste Strategie. Sie ist eher so etwas wie ein Wutausbruch bei einem dreijährigen Kind, eine instinktive Protest- und Trotzreaktion. Viele Nervensägen haben als Kind nie konsequente, realistische, von Liebe getragene Grenzen erfahren, mit dem Ergebnis, dass sie wie ein Dreijähriger im Körper eines Erwachsenen sind. Der Prozess, den Sie mit Ihren Sanktionen auslösen, besteht darin, dass Ihre Nervensäge diese Verhaltenseskalation wahrnimmt, erkennt, dass sie nicht ungestraft alles tun oder sagen kann, was sie will, über das, was da geschehen ist, traurig wird und anfängt, innerlich erwachsen zu werden. Das ist vergleichbar mit der Phase, in der ein Kleinkind seine Trotzphase hinter sich bringt, und es kann gut sein, dass Ihre Nervensäge als Kind diese Entwicklung nie erlebt hat.

Ich will damit nicht sagen, dass solche Eskalationen schön sind; sie können sogar gefährlich werden. Wenn jemand, der zu Wutausbrüchen neigt, gewalttätig wird, müssen Sie sich davor schützen und Ihr Hilfsnetz verstärken. Doch meistens geht das Trotzverhalten im Laufe der Zeit wieder zurück, und der Betreffende lernt es, die Realität anzuerkennen und seine Allmachtsfantasien loszulassen.

Seien Sie auch in der Eskalationsphase so weit wie möglich »für« Ihren schwierigen Menschen. Seien Sie vorsichtig mit harten Worten und Predigten, die es ihm einfacher machen, das ganze Problem Ihrer »Gemeinheit« (und nicht seinem eigenen Fehlverhalten) zuzuschieben. Sagen Sie zum Beispiel: »Es tut mir Leid, dass dir das so wehtut. Mir macht das auch keinen Spaß, aber solange du immer so wütend bist, muss ich auf Abstand bleiben, so lange, bis du dich änderst.«

Wie lange? Wie viel?

Gewöhnlich werden Sie die Grenzen, die Sie gezogen haben, und die Konsequenzen, die Sie durchführen, immer wieder neu überprüfen müssen. Dies ist ein fließender Prozess, und die Menschen verändern sich. Seien Sie nicht entmutigt, wenn Ihre Nervensäge nicht sofort auf Ihre Sanktionen reagiert. Versteifen Sie sich nicht auf eine bestimmte Methode.

Seien Sie flexibel, probieren Sie so lange, bis Sie die beste Kombination gefunden haben.

Es kann zum Beispiel sein, dass Ihre Konsequenzen die Nervensäge nicht wirklich berühren oder dass sie nicht strikt genug sind. Wenn innerhalb eines vernünftigen Zeitraums keine Änderung zum Guten erkennbar ist oder die Trotzreaktion immer noch nicht abgeflaut ist, kann es sein, dass eine andere Art Sanktion erforderlich ist. Nein, Ihr Nervtöter ist kein »Versuchskaninchen«, aber Sie brauchen Überlegung, Weisheit und Hilfe, um Ihrer Nervensäge die bestmöglichen, ganz persönlichen Voraussetzungen dafür zu geben, sich zu ändern und zu wachsen.

Ein Freund von mir war im Begriff, seine Familie finanziell zu ruinieren. Er war eine Spielernatur, die ohne hinreichende Sachkenntnis und Erfahrung riskante Investitionen tätigte, mit Geld, das die Familie eigentlich brauchte. Die Warnungen seiner Frau und Freunde schlug er in den Wind; für ihn waren sie von gestern und hatten keine Ahnung ... Die erste Konsequenz, die seine Frau zog, war, dass sie sich emotional von ihm distanzierte und ihre Freizeit alleine verbrachte, da sie kein Vertrauen mehr zu ihm hatte. Als das keine Wirkung zeitigte, drängte sie ihn, in eine Selbsthilfegruppe für Personen mit Finanzproblemen zu gehen, was er auch tat. Als darauf sein Finanzgebaren sich immer noch nicht änderte, beriet seine Frau sich mit mehreren Leuten und forderte ihn auf, auszuziehen und getrennt zu wohnen – so lange, bis er verantwortungsvoller mit dem Geld umging. Das wirkte. Bei seiner Familie zu sein, war ihm sehr wichtig, und die Isolation und Einsamkeit gingen ihm an die Seele. Er warf seiner Frau vor, herzlos zu sein, aber sie hielt die

Sanktion aufrecht. Nach einiger Zeit erklärte er sich bereit, seine Finanzen in die Hände von Freunden in der Gemeinde zu legen, die ihm helfen würden, wieder ins Lot zu kommen.

Wenn Sie die für Ihren Fall richtigen Konsequenzen gefunden haben, dann gilt folgende Grundregel: *Seien Sie so strikt, dass es zu Bewegung und Veränderung kommt, aber nicht noch strikter.* Seien Sie innerhalb dieser Grenzen so freundlich wie möglich. Und wenn Ihre Grenze bzw. Konsequenz zu streng ist, sodass Ihre Freunde sie zu übertrieben finden, dann seien Sie bereit zu Lockerungen. Entscheidend ist, dass die Konsequenzen für die Nervensäge unangenehm genug sind, dass sie sich ändert, aber nicht so unangenehm, dass sie alle Hoffnung verliert und aufgibt.

Wann ist es genug?

Wie stellt man fest, dass es Zeit ist, die Sanktionen gegen die Nervensäge zu beenden? Ihr bloßes Versprechen, sich zu bessern, reicht sicher noch nicht, auch nicht, dass sie sich ein- oder zweimal anders verhalten hat. Hier einige Tipps:

Wenn den Worten Taten folgen. Verlangen Sie von der schwierigen Person, dass sie ihr *Verhalten* ändert, also zum Beispiel mit der Verantwortungslosigkeit, dem ständigen Kritisieren oder dem Trinken aufhört. Es ist ein guter Anfang, wenn sie das verspricht und sich entschuldigt; möglicherweise meint sie das sogar ernst. Wenn Sie aber schon an diesem Punkt Ihre Sanktionen einstellen (weil Sie den anderen so vermissen und seinen Beteuerungen glauben), kann das Endergebnis sein, dass alles beim Alten bleibt, weil die Nervensäge gar nicht die nötigen Voraussetzungen oder den Willen zu einer nachhaltigen Änderung hat. Dies ist eines der größten Probleme, die ich beim Thema »Konsequenzen« erlebe. Worte sind wichtig, aber ohne Taten bleiben sie letztlich leer.

Wenn die Veränderung von Dauer ist. Die Zeit ist ein wichtiger Verbündeter. Es ist erstaunlich, wie schnell manche Menschen ihr äußeres Verhalten verändern können, zum Beispiel ein junger Mann, der zum ersten Mal mit einem Mädchen ausgeht. Aber – und das Wissen darum kann Ihnen helfen – *erst die Zeit zeigt, wie ein Mensch wirklich ist.* So hat Gott das eingerichtet. Wer wir wirklich sind, mit allen unseren Fehlern und Macken, zeigt sich erst im Laufe der Zeit. Echte Veränderungen bestehen den Test der Zeit. Das bedeutet nicht, dass es nicht Ausrutscher und Rückfälle geben kann; haben Sie Geduld mit ihnen, wenn Ihre Nervensäge wirklich versucht, anders zu werden. Aber sprechen Sie mit Menschen, die sich in diesen Dingen auskennen und Erfahrung mit ähnlichen Situationen haben, und warten Sie ab, ob die Person wirklich anders lebt und reagiert als früher.

Bei manchen Nervensägen kann es passieren, dass sie sich zunächst ändern, nur um dann, wenn die Beziehung wiederhergestellt ist, in das alte Verhalten zurückzufallen. Solch ein Mensch hat sich nicht geändert, weil er sein Fehlverhalten eingesehen hat, sondern nur, damit Sie die Sanktion einstellen. Wenn Sie so etwas erleben, ist das nicht das Ende der Welt, sondern Sie haben etwas über das Wesen dieses Menschen dazugelernt. Setzen Sie die Sanktion wieder in Kraft und verschärfen oder ändern Sie die Bedingungen, unter denen Sie sie wieder aufheben werden. Lassen Sie sich dabei von Freunden oder Helfern beraten.

Wenn das Herz sich verändert hat. Das ist ein sehr gutes Zeichen. Wenn der Betreffende traurig darüber ist, dass er Konsequenzen erdulden muss, ist das nichts Besonderes. Aber wenn er traurig über den Schmerz ist, den er Ihnen und anderen zugefügt hat, ist das ein wirklich gutes Zeichen. Achten Sie auf echte Reue.

Wenn die Person selbst Schritte zur Veränderung unternimmt. Hundert Extrapunkte für Ihre Nervensäge, wenn sie anfängt, sich ihren Problemen zu stellen und zum Beispiel einen Pastor, einen Therapeuten oder eine Hilfsgruppe aufsucht! Dies ist nicht nur oft ein Zeichen dafür, dass es ihr ernst damit ist, auch innerlich zu wachsen; sie bekommt dadurch auch zusätzliche Menschen, die ihr bei diesem Wachstumsprozess helfen.

Wenn verlässliche Freunde grünes Licht geben. Pflegen Sie den Kontakt zu den verlässlichen Freunden und Helfern, die für Sie, für die Nervensäge und für die Beziehung sind. Manchmal sehen sie ein grünes (oder auch rotes) Licht, das Ihnen entgangen ist. Hören Sie auf sie.

Wenn Gott zu Ihnen redet. Lauschen Sie auf den Heiligen Geist und bitten Sie Gott immer wieder um seine Führung und Leitung. Er kennt das Herz Ihrer Nervensäge wie kein anderer und wird Ihnen zeigen, wann es Zeit für den nächsten Schritt ist.

Ein Gott der Konsequenzen

Eines der größten Probleme beim Durchhalten von Konsequenzen ist die Angst davor, lieblos zu sein. Wenn Sie das erste Mal Grenzen setzen und anfangen, Konsequenzen zu

ziehen, kann es gut sein, dass Ihre Nervensäge Sie als den Bösen hinstellt. Oder Freunde und Verwandte unterstützen Sie nicht. Oder Ihr eigenes Gewissen klagt Sie an. Es ist sicher kein Fehler, sich immer zu fragen, was für Motive man hat und ob man gerade realistisch mit der Beziehung umgeht. Aber lassen Sie sich von Gott, der Realität und verlässlichen Helfern und Freunden leiten, und nicht von den Protesten anderer, die nicht verstehen, um was es überhaupt geht.
Es kann sehr hilfreich sein, sich einmal anzuschauen, wie Gott selbst gegenüber seinem eigenen Volk Grenzen gezogen und Konsequenzen ergriffen hat. Er freut sich nicht über die Schmerzen, die seine Erziehungsmaßnahmen uns bereiten. Er hat ein ganz bestimmtes Ziel und eine Hoffnung: *dass wir zu ihm zurückkehren*. Zu ihm und zu seinen Geboten. Darauf kommt alles an. Denn wenn dies geschieht, kommt auch der Rest unseres Lebens in Ordnung. Wenn die Nöte, in denen wir stecken, uns endlich zur Besinnung bringen und wir merken, dass es doch viel besser ist, zu Gott zurückzukehren, empfängt er uns mit offenen Armen; die Mühe hat sich gelohnt:

> Wenn du dich bekehrst zu dem HERRN, deinem Gott, dass du seiner Stimme gehorchst, du und deine Kinder, von ganzem Herzen und von ganzer Seele in allem, was ich dir heute gebiete, so wird der HERR, dein Gott, deine Gefangenschaft wenden und sich deiner erbarmen und wird dich wieder sammeln aus allen Völkern, unter die dich der HERR, dein Gott, verstreut hat. (5. Mose 30,2-3)

Betrachten Sie Ihr Verhalten gegenüber Ihrem schwierigen Menschen durch die gleiche Brille: Sie möchten, dass er *zurückkehrt auf den Weg der Liebe und der Verantwortung in*

Ihrer Beziehung. Und wenn er dies tut, sind Sie mehr als bereit, ihm Ihr Herz und all das Gute Ihrer Beziehung wieder zu geben. Das ist keine Strafe, das ist Liebe.

Kapitel 11

Schlüssel 7: Der Zeitfaktor

Ich sprach wieder einmal auf einer Konferenz, in der es um Beziehungsprobleme ging. In der Pause kam ein Pastor, der Eheberatung machte, zu mir und fragte mich: »Wie denken Sie über zeitweilige Trennungen als Mittel, um ernste Eheprobleme zu lösen?«

Ich antwortete: »Das kommt darauf an. Was verstehen Sie denn unter einer zeitweiligen Trennung?«

Er sagte: »Nun, dass zwei Leute sich eine Zeit lang trennen. Einer der Ehepartner zieht aus. Oder zwei Verlobte oder Freunde treffen sich eine Zeit lang nicht mehr.«

»Sind da noch andere Personen beteiligt?«, fragte ich.

Er dachte kurz nach. »Nein, eigentlich nicht. Ich verstehe darunter, dass zwei erwachsene Menschen sich eine Aus-Zeit gönnen, um darüber nachzudenken, was sie da gemacht haben, und dann wieder zusammenkommen.«

Ich sagte: »Was Sie mir da beschreiben, halte ich für wenig bis gar nicht sinnvoll, besonders wenn ich daran denke, was für Scherereien damit verbunden sind.«

Er fragte: »Wie meinen Sie das?«

Ich sagte: »Weil so eine Trennung noch nicht der ganze Heilungsprozess ist. Sie ist nur ein Teil. Sie gibt dem Heilungsprozess sozusagen eine Bühne, auf der er sich abspielen kann. Das wirklich Wichtige bei ihr ist nicht die Abwesenheit des Widersachers, sondern die Gegenwart eines Wachstumsprozesses. So eine Trennung ist eben *keine* Aus-Zeit. Sie ist eine sehr aktive Zeit, in der eine Menge sehr wichtige Dinge ablaufen.«

Vielleicht ist bei Ihrem Problem mit Ihrer Nervensäge eine Trennung kein Thema; *so* schlimm ist es auch wieder nicht. Aber es gibt einen Zeitfaktor, um den Sie wissen und den Sie nutzen sollten. Ihre Beziehung zu der schwierigen Person hat einige Zeit gebraucht, um so zu werden, wie sie heute ist. Ihre Nervensäge ist nicht über Nacht zur Nervensäge geworden. Und genau so wird der Heilungsprozess Zeit brauchen, wenn Ihre Nervensäge die Erfahrungen machen soll, die sie machen muss, um bereit zu werden, die nötigen Veränderungen in ihrem Verhalten vorzunehmen.

Dies also ist Ihr siebter Schlüssel: *Sie sind ein zentraler Faktor in dem zeitlichen Prozess der Veränderung Ihrer Beziehung.*

Zeit haben – aber richtig!

Die Zeit alleine verändert keinen Menschen, genauso wie eine Lungenentzündung nicht einfach von alleine verheilt. Die Zeit an sich ist sogar ein Verbündeter der Nervensäge. Solange Sie höflich darauf warten, dass sie von selbst zur Besinnung kommt, steht sie unter keinerlei Veränderungsdruck, sondern kann das Problem einfach aussitzen.

Aber die richtige »Art« Zeit kann sehr produktiv sein. Das ist Zeit, die Sie Ihrem eigenen Entwicklungsprozess widmen. Zeit, in der Sie beten und Gott bitten, zu Ihrer Nervensäge durchzudringen. Zeit, in der Sie die richtige Art Gespräche führen, wie in Kapitel 9 beschrieben, und die richtigen Grenzen ziehen und Konsequenzen durchhalten, wie in Kapitel 10 erläutert. Es geht also nicht um »leere« Zeit, sondern um Zeit, die Sie zum Handeln nutzen.

Gehen Sie die Ressource »Zeit« also aktiv an und nicht passiv. Wer nur immer wartet, ist meist von Angst und Entmutigung bestimmt und nicht von Glauben und Vertrauen. Benutzen Sie die Zeit, um den Prozess zu beobachten, in dem Ihre Nervensäge sich befindet. Die kranken Stellen in ihrem Denken und ihrer Seele werden ja, bildlich gesprochen, ständig von der Medizin »bombardiert«, die Sie durch Ihre sieben Schlüssel einsetzen. Wie oben schon einmal erwähnt: Gott und die Realität sind stärker als Ihre Nervensäge. Sie hat natürlich die Freiheit, sich zu verweigern, aber das ist auf Dauer nicht leicht für sie. Ihr Ziel ist, dass sie früher oder später den Weg der Veränderung wählt, weil dieser weniger schmerzlich ist und ihr mehr Positives bringt als der alte Weg der Finsternis und inneren Blindheit, den sie bisher gegangen ist.

Im Folgenden einige Aspekte dieses Zeitprozesses, die für Sie wichtig sind:

Beharrlichkeit

Erinnern Sie sich noch an die »Einmal-reicht«-Mentalität, die wir in Kapitel 3 ansprachen? Wenn Sie Ihrer Nervensäge einmal gesagt haben, was sie falsch macht und in welchen Bereichen sie sich zu ändern hat, oder einmal eine Warnung ausgesprochen und eine Grenze gezogen haben, muss dies reichen, und wenn das nicht funktioniert, nun, dann muss man es wohl anders versuchen.

Sie haben völlig Recht: Es funktioniert tatsächlich nicht. Aber dieses »es« ist nicht das, was wir in diesem Buch vorgestellt haben. Die Veränderung eines schwierigen Menschen haben wir uns nicht als einmaliges Ereignis vorzustellen, sondern als *einen Prozess, d.h. einen längeren Zeitraum, in welchem viele gezielte Handlungen und Maßnahmen zusammen eine Umgebung schaffen, die den Betreffenden dazu bringt, sich zu verändern.* Das ist so ähnlich, als wenn man eine Grippe durch eine Kombination aus Vitamin C, viel Flüssigkeit, abwehrstärkenden Mitteln und Bettruhe behandelt.

Und dies erfordert Beharrlichkeit. Es kann gut sein, dass Ihre Nervensäge beim ersten Mal wirklich nicht begreift, was Sie von ihr wollen. Oder sie stellt sich taub, in der Hoffnung, dass Sie aufgeben. Oder sie glaubt nicht, dass es Ihnen ernst ist, oder denkt, dass sie Sie aussitzen, manipulieren oder Ihnen Angst machen kann. Vielleicht geht sie sogar zum Gegenangriff über und gibt Ihnen die Schuld an allem.

Geben Sie hier nicht auf! Sie müssen Ihre Worte und Gespräche womöglich etliche Male wiederholen. Sie müssen die Grenzen mehrmals ziehen. Sie werden höchstwahrscheinlich mehr als ein Mal beweisen müssen, dass es Ihnen mit den Konsequenzen ernst ist. Akzeptieren Sie dies, seien Sie geduldig. Denken Sie daran, wie lange *Sie* gebraucht haben, um gewisse Dinge in Ihrem eigenen Leben einzusehen und zu ändern.

Beharrlichkeit und Ausdauer machen keine Schlagzeilen. Sie sind nicht sexy. Aber kaum etwas Lohnenswertes im Leben geschieht ohne sie. Alles Talent und Genie, alle noch so guten Vorsätze und Wünsche bleiben fruchtlos, wenn der, der sie hat, nicht bereit ist, beharrlich und treu zu üben und zu arbeiten: »Gute Planung und harte Arbeit führen zu Wohlstand, wer aber überstürzt handelt, steht am Ende mit leeren Händen da« (Sprüche 21,5). Die harte Probenarbeit eines Sinfonieorchesters nimmt kaum jemand wahr, aber ohne sie wäre das Konzert nicht denkbar.

Ich habe einen Freund, George, dessen Nervensäge seine Frau, Sharon, ist. Jahrelang hatte sie eine ausgeprägte Neigung, ihn andauernd zu kritisieren. Kleine Dinge, große Dinge, Dinge, die er wirklich falsch gemacht hatte, Dinge, an denen er völlig unschuldig war – Sharon hatte immer einen Tadel bereit. George ist sicher nicht perfekt, aber Sharons Nörgelei hatte er nicht verdient. Seine Ehe war eine Illustration von Sprüche 21,9: »Es ist besser, allein in einem Winkel auf dem Dach zu wohnen als gemeinsam mit einer nörgelnden Frau in einem schönen Haus.«

Nun, George fing an, sein Leben mit Sharon nach den Prinzipien in diesem Buch zu gestalten. Er sagte ihr zum Beispiel: »Ich will es wissen, wenn das, was du über mich behauptest, wahr ist. Aber wenn es nicht wahr ist oder wenn du wieder mal übertreibst, gehe ich in ein anderes Zimmer oder den Garten und lese die Zeitung, bis du dich wieder beruhigt hast.« Wenn Sharon wieder mal loslegte, sagte George: »Okay, ich geh eben«, und dann saß sie allein da und hatte niemanden, den sie ausschimpfen konnte.

Sharon war ein hartnäckiger Fall und wollte partout nicht einsehen, dass sie oft falsch lag. Die Lage war nicht so schlimm, dass George an Scheidung oder eine Intervention von außen dachte, und die Ehe hatte durchaus auch ihre schönen Seiten. *Nun gut,* dachte er, *vielleicht ändert sie sich nie, aber ich verliere jedenfalls nicht meinen Verstand.* Und immer wieder wiederholte er geduldig seinen Satz und ging aus dem Zimmer. Eigentlich hatte er sich damit abgefunden, dass das nie anders werden würde, solange Sharon lebte, aber das Leben war auch so lebenswert, und wer war schon vollkommen?

Aber dann veränderte sich Sharon doch. Nachdem George viele, viele Male geduldig seine Grenze durchgesetzt hatte, erkannte Sharon allmählich, dass er ja gar nicht gemein war, wenn er aus dem Zimmer ging. Er war auch nicht wütend, denn wenn er wiederkam, war er immer gut gelaunt. Und sie wurde weicher und weniger aggressiv. Beharrlichkeit und Geduld sind große Verbündete in Ihrem Leben mit Ihrer Nervensäge.

Der Opfer-Komplex

Ein häufiges Thema in problematischen Beziehungen ist der Opfer-Komplex. Wenn die Nervensäge konfrontiert wird oder Grenzen und Konsequenzen erlebt, reagiert sie häufig nicht so, dass sie in sich geht, sich entschuldigt, ihr Verhalten bereut oder (was das Beste ist) dankbar ist, sondern sie fühlt sich als Opfer, das von dem anderen verfolgt und drangsaliert wird. Dieses Opferverhalten kann Ihre Bemühungen um eine Änderung dieser Person nachhaltig stören, was manchmal sogar die Absicht der Nervensäge ist. Wenn sie Ihnen sagt, dass Sie ihr furchtbar wehtun, können in Ihnen Schuld- oder

Mitleidsgefühle hochkommen, die mit der Realität wenig zu tun haben.

Wenn Ihre Nervensäge verletzt reagiert und sich als Opfer sieht, sollten Sie genau prüfen, was hier vorgeht. Warum reagiert sie so? Sind Sie vielleicht tatsächlich zu grob oder ungerecht zu ihr? Dann müssen Sie das natürlich ändern. *Aber wenn Sie nichts anderes getan haben, als sie zu konfrontieren, Nein zu sagen, eine andere Meinung zu haben oder eine Grenze zu ziehen, und sie trotzdem so reagiert, dann ist das verdächtig.* Es könnte in diesem Fall sein, dass Ihre Nervensäge sich als *Opfer der Wahrheit* sieht. Die Ursachen dafür können sehr tief reichen; oft hat die Nervensäge in ihrem Leben kaum Erfahrungen mit gesunden Konfrontationen gemacht, sodass sie unfähig ist, die Wahrheit als ihren Freund zu sehen. Für sie ist es Liebe, wenn sie ihren Willen bekommt und alle Ja sagen, und es ist Hass, wenn jemand sie mit der Wahrheit konfrontiert.

Wenn Sie so etwas bemerken, ignorieren Sie es nicht, denn es wird nicht von alleine weggehen. Es ist ein Charakterproblem (zu *Charakter* vgl. Kapitel 1), dem Sie sich stellen müssen. Sagen Sie zum Beispiel Folgendes:

»Es ist nicht einfach, mit dir über Probleme zu reden. Wenn ich dir etwas sage, das nun mal so ist, denkst du immer gleich, ich bin gemein zu dir. Daran würde ich gerne arbeiten. Ich möchte doch, dass du mir unbefangen zuhören kannst und dass wir unsere Probleme lösen können.«

Die Arbeit an diesem Charakterproblem kann Ihrer Nervensäge helfen, die Fähigkeit zur Selbstbeobachtung zu entwickeln, also das Vermögen, sich selbst objektiv zu sehen und ihr eigenes Verhalten zu beurteilen. Aus der Distanz der Selbstbeobachtung kann sie dann lernen, es rechtzeitig zu erkennen, wenn sie in die Opfer-Rolle hineinrutscht, und in Konfrontationen als erwachsener Mensch zu reagieren, der kein Spielball seiner Gefühle ist.

Hilfe, er/sie bessert sich!

Ja, es kommt tatsächlich vor, dass sich Ihre Nervensäge wirklich verändert! Und darauf sollten Sie vorbereitet sein. Sie müssen wissen, wie Sie zu reagieren haben, damit Sie weitere Fortschritte fördern und nicht blockieren.

Zeigen Sie, dass Sie sich freuen. Im Himmel wird ein Freudenfest gefeiert, wenn ein Mensch in sich geht und sich ändert: »Genauso herrscht Freude bei den Engeln Gottes, wenn auch nur ein einziger Sünder bereut und auf seinem Weg umkehrt« (Lukas 15,10). Ihre Nervensäge hat wahrscheinlich an sich arbeiten, Risiken eingehen, Schritte ins Unbekannte tun müssen, um sich zu ändern. Zeigen Sie ihr, wie sehr Sie das zu schätzen wissen. Zeigen Sie es ihr vor allem im Rahmen Ihrer Beziehung. Demonstrieren Sie ihr, dass ihr verändertes Verhalten ihr mehr Liebe und Gemeinschaft, mehr Anerkennung, Achtung oder was immer sie in der Beziehung schätzt, einbringt. Vergessen Sie aber nicht, dass ein erster richtiger Schritt noch nicht bedeuten muss, dass Sie Ihre Sanktionen beenden (vgl. oben Kapitel 10). Aber Sie können viel tun, um diese Person zu ermutigen, auf dem Weg der Veränderung weiterzugehen.

Ich beriet einmal ein Ehepaar, das große Schwierigkeiten hatte, vor allem weil der Mann nicht bereit war, seine Fehler und Schwächen zuzugeben. Seine Frau war es leid, immer die Böse zu sein, sie konnte nicht mehr. Nachdem wir einige Zeit an diesem Punkt gearbeitet hatten, sagte der Mann eines Tages zu ihr: »Ich glaub, ich hab echt Mist gebaut, wie ich dich behandelt hab.« Es war kein sehr wortgewandtes Bekenntnis, aber es kam von Herzen, und ich glaubte ihm. Die Frau war toll. Sie sah ihn an und sagte: »Ja, das hast du. Aber es ist gut, dass du das sagst, das hilft mir wirklich. Danke.« Man spürte förmlich, wie die frostige Atmosphäre zwischen den beiden sich aufzuwärmen begann. Der Mann sah plötzlich ganz anders aus, wie jemand, der stolz darauf ist, einen richtigen ersten Schritt getan zu haben.

Mal plötzlich, mal allmählich

Manchmal geschieht es, dass eine Nervensäge so etwas wie ein plötzliches »Bekehrungserlebnis« hat – einen dramatischen inneren Durchbruch, der sie zutiefst aufwühlt und ihr mit einem Schlag zeigt, was sie sich selbst und ihren Mitmenschen angetan hat. Der Auslöser kann ganz unterschiedlich sein: eine Konfrontation, Warnung oder Konsequenz, die ihr unvermittelt die Augen öffnet, eine Anrede durch Gott selbst, der Appell durch einen außen Stehenden. Dies sind gewissermaßen Sternstunden des Lebens, Schlüsselerlebnisse, die das ganze Leben verändern können.

Diese Erlebnisse geschehen meistens nicht in einem Vakuum. Oft sind sie das sichtbare Ergebnis eines unsichtbaren Wachstumsprozesses, der durch die beharrliche Anwendung der in diesem Buch besprochenen Schlüssel zu Stande gekommen ist. Die Medizin, die nach und nach in die Seele der Nervensäge geträufelt wird, entfaltet ihre Wirkung, bis sie schließ-

lich sieht, was sie gemacht hat. Das Durchbrucherlebnis ist das letzte, zentrale Stück in einem Puzzle, der Punkt, wo das Bild die fertige Gestalt bekommt.
Ein Mann, mit dem ich arbeitete, schob seine Internet-Pornosucht seiner Frau, seinem Stress und all den Menschen, über die er sich ärgerte, in die Schuhe. Er sah nicht ein, dass er Hilfe brauchte – bis er eines Tages in einem Gespräch erkannte, wie sehr er seine Frau mit seinem Verhalten verletzt hatte. Er begann hemmungslos zu schluchzen vor Reue, bis er zum Schluss buchstäblich auf dem Fußboden kauerte. Er ist seitdem in vieler Hinsicht ein anderer Mensch geworden. Aber wenn man sich die Monate und Jahre vor diesem inneren Durchbruch bei ihm anschauen würde, würde man feststellen, dass Menschen für ihn gebetet, Freunde ihn beharrlich und liebevoll konfrontiert hatten, dass seine Sucht ihm Verluste im Leben gebracht hatte und dass seine Frau, obwohl sie sich bei ihm nicht sicher fühlte, bei ihm geblieben war. Manchmal sind solche Durchbrucherlebnisse unerklärlich, manchmal sind sie eigentlich kein Wunder.

Doch die Heilung Ihrer Nervensäge kann auch anders geschehen, gleichsam heimlich, still und leise, durch kleine, zunächst unmerkliche Veränderungen, die sich nach und nach zu großen Veränderungen addieren. Diese undramatischen Prozesse sind genauso ein Grund zur Freude wie die plötzlichen Durchbrucherlebnisse. Da lernt ein erwachsenes »Quengelkind« Dankbarkeit. Ein launischer Freund bittet um Hilfe. Der übermächtige Chef wird zugänglicher. Das übertrieben geistliche Gemeindeglied beginnt zuzugeben, dass es auf manchen Lebensgebieten Probleme hat.

Manchmal liegen diese allmählichen Veränderungen zunächst rein auf der Ebene des äußeren Verhaltens. Die Nervensäge explodiert nicht mehr so leicht oder fängt an, weniger Geld für ihr Hobby auszugeben. Ihr Verhalten verändert sich, obwohl sie noch gar nicht »weiß«, dass sie jähzornig oder kaufsüchtig ist; diese Erkenntnis kommt später. Solche Veränderungen signalisieren oft, dass der Druck, den Sie ausüben, funktioniert. Die Nervensäge reagiert, auch wenn in diesem Stadium nur, um Scherereien oder negativen Folgen auszuweichen. Manchmal ist die Selbsterkenntnis erst die Folge des Heilungsprozesses und nicht die Ursache. Es ist wichtig, dass Sie darum wissen, damit Sie nicht enttäuscht sind, wenn sich zwar das Verhalten Ihres schwierigen Menschen ändert, aber er immer noch nicht zugibt, wie schlimm er war. Das veränderte Verhalten ist ein gutes Zeichen, und wenn der Betreffende weiter an Reife zunimmt und nach und nach stabil und demütig genug wird, um sich der Wahrheit zu stellen, folgt dann oft auch das Eingeständnis, wie unmöglich er gewesen war.

Veränderung ist immer gut, ob sie nun plötzlich oder allmählich kommt. Beobachten Sie (ohne den Oberlehrer dabei zu spielen), wie Ihre Nervensäge sich entwickelt, und überlegen Sie sich zusammen mit Ihren Freunden und Helfern, was funktioniert und warum es funktioniert. Bleiben Sie am Ball.

Realitätsbewältigung

Dieser ganze Prozess wird Sie selbst wahrscheinlich genauso stark verändern, wie Sie das für Ihre Nervensäge wünschen, manchmal sogar mehr. Eine dieser Veränderungen besteht darin, dass Sie lernen, mit Ihrer Trauer über bestimmte Dinge umzugehen und sich der Realität zu stellen. Dies liegt daran, dass Ihre Arbeit mit Ihrer Nervensäge fast immer von Fehlschlägen, Rückschlägen, Eskalationen und Sackgassensituationen begleitet ist. Es kann zum Beispiel sein, dass die Veränderung viel langsamer erfolgt, als Sie gehofft hatten, und mit diesem »Verlusterlebnis« müssen Sie fertig werden.

Sie müssen auch mit der Möglichkeit rechnen, dass Ihr schwieriger Mensch, egal wie sehr Sie sich um ihn bemühen, sich überhaupt nicht verändert. Dies kann eine herbe Enttäuschung sein, und Ihre Trauer über die geplatzten Veränderungsträume will verarbeitet werden.

Die Fähigkeit, zu trauern und sich der Realität zu stellen, ist Ihr Verbündeter, selbst dann, wenn Ihr schwieriger Mensch überhaupt nicht reagieren sollte. Sie ermöglicht es Ihnen, die Wirklichkeit anzunehmen und zu verarbeiten, sodass Sie die nächsten Schritte realistisch planen können. Die Chancen, dass es doch noch zu einer Veränderung Ihrer Nervensäge kommt, steigen in dem Maße, wie Sie Ihre Trauer und Frustration dazu nutzen, die Beziehung durch eine realistische Brille zu betrachten.

Sollte Ihr schwieriger Mensch gar nicht reagieren, ist dies sicher ein großer Verlust für ihn, aber das Ende der Welt ist es nicht. Ihr Leben geht weiter, und Sie können es genießen, ob Ihre Nervensäge nun Fortschritte macht oder nicht.

In Kapitel 6 haben wir die Gefahr bereits angesprochen, die es bedeuten kann, Ihr inneres Wohlergehen zu sehr von Ihrer Nervensäge abhängig zu machen. Zu wünschen, dass sie sich ändert, bedeutet noch lange nicht, dass mein Seelenfrieden von dieser Änderung abhängen muss. Selbst in einer gesunden Beziehung kann diese Art Abhängigkeit für Schwierigkeiten sorgen. Suchen Sie Ihre Verankerung in Gott, in seinem Wachstumsprozess und in der Geborgenheit eines Kreises von Freunden und Helfern. Dies ist das Fundament, von dem aus Sie sich um Ihren schwierigen Menschen kümmern können. Geben Sie nicht auf und setzen Sie darauf, dass Gott auch diesen Menschen zu sich zurückholen möchte.

Ich habe einen Freund, dessen Frau eine sehr schwierige Person ist. Sie ist unglücklich und negativ und steckt ihre Mitmenschen mit dieser Krankheit an. Die beiden sind seit vielen Jahren verheiratet, und mein Freund hat sie treu geliebt, obwohl das nicht immer einfach war. Er hat (manchmal viel, manchmal nicht so viel) versucht, ihr zu helfen, sich zu ändern. Bis jetzt hat er keinen Erfolg gesehen.

Aber wenn Sie ihn fragen würden, wie sein Leben ist, würde er Ihnen antworten: »Ich habe ein schönes Leben.« Er sieht seine Frau nicht als die Böse, die ihm sein Lebensglück weggenommen hat. Er hat beharrlich die Fähigkeit kultiviert, sich von ihren negativen Seiten abzuschirmen, sodass sie ihn nicht mehr allzu sehr verletzen, und stattdessen ihre guten Seiten zu genießen. Er hat einen tiefen Glauben, arbeitet in seiner Gemeinde mit und hilft Menschen, die es nicht so gut haben im Leben. Er hat gute, seelisch stabile Freunde und Hobbys und Interessen. Er hat das, was seine Frau ihm nicht geben kann, losgelassen, ohne die Hoffnung, dass sie sich vielleicht doch noch ändern wird, resigniert aufzugeben. Man kann ja nie wissen; nur Gott weiß es.

Wenn jemand mich fragt: »Wann muss ich es aufgeben mit meiner Nervensäge?«, antworte ich: »Solange sie lebt, nie. Hören Sie auf, zu verlangen, dass sie sich heute noch ändern muss. Aber hoffen Sie weiter, tun Sie heute weiter all die Dinge, die Ihren schwierigen Menschen morgen vielleicht verändern könnten.« So leben Sie in der Hoffnung, die Gott Ihnen gibt: »Deshalb bete ich, dass Gott, der euch Hoffnung gibt, euch in eurem Glauben mit Freude und Frieden erfüllt, sodass eure Hoffnung immer größer wird durch die Kraft des Heiligen Geistes« (Römer 15,13).

Schluss

Beziehungsweise

Eine Beziehung zu einem schwierigen Menschen zu haben, führt dazu, das Leben (und uns selbst) auf das zu reduzieren, was wirklich zählt. Das Aushalten der Spannung zwischen unserer Liebe zu einem Menschen und der Akzeptanz seiner Freiheit, diese Liebe nicht zu erwidern, hilft uns, das wirklich Wichtige von dem weniger Wichtigen zu unterscheiden. Und was ist dieses wirklich Wichtige? Mir fallen da nur die großen Lebensthemen wie Gott, Liebe, Beziehungen, Wahrheit, Wachstum, Freiheit und Frucht ein; viel mehr scheint es mir nicht zu geben.

In diesem Sinne: Lernen wir, Gott dafür dankbar zu sein, dass er unsere Nervensägen dazu benutzt, uns so auf den Boden der Tatsachen zurückzuholen, dass wir nicht ziellos durch die Welt streifen auf der Jagd nach diesem und jenem und die Menschen und Aktivitäten, die unser Leben sinnvoll machen können, nicht mehr wahrnehmen.

Es kann helfen, uns hier noch einmal zu fragen, was denn eine Beziehung im Tiefsten ist, gerade auch die zwischen Ihnen und Ihrem schwierigen Menschen. Dass er in Ihrem Leben ist und Sie in seinem, hat ja einen Sinn, und dieser Sinn hat immer etwas mit Wachstum und Erlösung zu tun. Sie sollen ihm zum Wachsen helfen, und er Ihnen. Machen Sie nicht den Fehler, ihn als ein elendes Kreuz zu sehen, als eine lästige Last, als ein Problem, das Sie lösen müssen, oder (was das Schlimmste ist) als ein interessantes Projekt. Er, wie Sie auch, braucht Grenzen und Konsequenzen, Gnade und Vergebung.

Die Schlüssel, die Ihnen für die Veränderung Ihrer Beziehung zur Verfügung stehen, sind mächtig und haben ein großes Potenzial, denn sie kommen von Gott, der möchte, dass wir alle zu ihm zurückkehren und in sein Bild hineinwachsen. Halten Sie also Ihren Blick auf das gerichtet, was wahrscheinlich Ihre ursprüngliche Hoffnung für diese Beziehung war: dass Sie eines Tages die Gegenwart und Nähe dieser Person werden genießen können, ohne sie ständig zu konfrontieren, zu warnen und ihr Grenzen setzen zu müssen. Ihr Ziel sollte eine Beziehung sein, die dann, wenn die Zeit und die Umstände richtig sind, mehr durch Vertrauen und Liebe gekennzeichnet ist als durch Strategien und Druck.

Das Erste, was das neugeborene Kind sieht, ist das Gesicht seiner Mutter, die es lächelnd im Land des Lebens willkommen heißt. Es spürt die Geborgenheit und die Wärme, es saugt sie in sich auf. Und wenn später, im Erwachsenenleben, zwei Menschen heiraten oder eine tiefe Freundschaft schließen, freuen sie sich auf die Stunden, in denen sie einfach beisammen sitzen, ohne Worte, weil ihre Herzen im Gleichtakt schlagen. Und träumen wir nicht alle davon, in den letzten Stunden unseres Lebens von den Menschen umgeben zu sein, die uns am liebsten waren, und uns von ihren Händen und ihren Worten an das Herz Gottes legen zu lassen? Gott möchte, dass Ihre Beziehung wächst und sich verwandelt in eine Einheit, die Ihnen beiden diese Liebe und Fürsorge schenkt.

Letztlich entspringt jede gelungene Beziehung aus der Quelle aller Versöhnung und allen Wachsens, also aus Gott selbst. Er hört nie auf, auf vielfältige Weise um ein störrisches und trotziges Volk zu werben, um es doch noch in die Gemeinschaft mit ihm zu holen: »Und ich will unter euch wandeln und will euer Gott sein, und ihr sollt mein Volk sein« (3. Mose 26,12). Wenn Sie im Glauben den Weg des Wachsens und der Veränderung in Ihrem eigenen Leben gehen und Ihrem schwierigen Menschen helfen, sich ebenfalls zu ändern, dann erfüllen Sie Ihre Rolle in Gottes großem Plan, dann leben Sie ein Leben, das sich lohnt.

Möge Gott Sie segnen.

Was Sie noch lesen können

Cloud, Henry; Townsend, John: *Nein sagen ohne Schuldgefühle* (Holzgerlingen: Hänssler Verlag, 7. Aufl. 2002)

Cloud, Henry; Townsend, John: *Liebevoll Grenzen setzen* (Asslar: Schulte und Gerth, 2001)

Cloud, Henry; Townsend, John: *Fromme Lügen, die wir glauben* (Asslar: Schulte und Gerth, 1998)

[1] C. S. Lewis: *Was man Liebe nennt. Zuneigung, Freundschaft, Eros, Agape* (Basel: Brunnen, 5. Aufl. 1995)